城市轨道交通职业教育系列教材 —— 城市轨道交通控制
CHENGSHI GUIDAO JIAOTONG ZHIYE JIAOYU XILIE JIAOCAI
CHENGSHI GUIDAO JIAOTONG KONGZHI

城市轨道交通
列车牵引与操纵（第2版）

主编 ○ 芦建明
主审 ○ 蔡海云

西南交通大学出版社
·成 都·

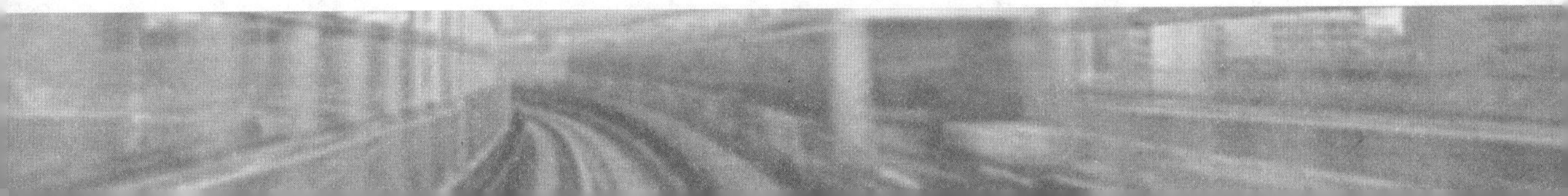

图书在版编目（CIP）数据

城市轨道交通列车牵引与操纵 / 芦建明主编. —2版. —成都：西南交通大学出版社，2016.8（2024.1 重印）
城市轨道交通职业教育系列教材. 城市轨道交通控制
ISBN 978-7-5643-4898-4

Ⅰ. ①城… Ⅱ. ①芦… Ⅲ. ①城市铁路－列车牵挽力－计算－高等职业教育－教材②城市铁路－机车操纵－高等职业教育－教材 Ⅳ. ①U260.13②U268.4

中国版本图书馆 CIP 数据核字（2016）第 190381 号

城市轨道交通职业教育系列教材——城市轨道交通控制

城市轨道交通列车牵引与操纵（第 2 版）

主编 芦建明

责任编辑	宋彦博
封面设计	何东琳设计工作室
出版发行	西南交通大学出版社 （四川省成都市金牛区二环路北一段 111 号 西南交通大学创新大厦 21 楼）
发行部电话	028-87600564 028-87600533
邮政编码	610031
网址	http://www.xnjdcbs.com
印刷	成都蜀通印务有限责任公司
成品尺寸	185 mm × 260 mm
印张	16
字数	400 千
版次	2016 年 8 月第 2 版
印次	2024 年 1 月第 9 次
书号	ISBN 978-7-5643-4898-4
定价	43.80 元

课件咨询电话：028-87600533
图书如有印装质量问题 本社负责退换

出版说明

城市轨道交通凭借快捷、准时、舒适、运量大、能耗低、污染小、占地少等优点，日益成为城市现代化建设进程中重要的公益性基础设施项目。城市轨道交通涉及面广、综合性很强，其发展状况已被当成一个城市综合实力和现代化程度的重要评判指标。由此，城市轨道交通建设正在我国兴起一个新的浪潮，社会对城市轨道交通专业人才的需求巨大，给城市轨道交通类专业的职业教育发展带来了良好契机。

西南交通大学出版社与国内诸多交通院校一直保持友好往来，并整合他们在轨道交通领域的尖端科技优势和人才集成优势，致力于为国家轨道交通教育事业做出贡献，形成了以“轨道交通”为核心的出版特色，在教育界、学界都拥有良好的口碑和较高的品牌知名度。

本套丛书从满足快速增长的城市轨道交通专业实用型人才培养需求出发，从校企结合教学直接面向岗位需求这一特点出发，精心组织国内相关专业优秀教育工作者或优秀教育工作高校，分“运营管理”“工程技术”“车辆”“控制”“供电技术”五大类，系统地为读者呈现城市轨道交通教育课程全景。在编写时，力求体现如下特点：

◎ 适用性

理论知识够用即可，在讲述专业知识的基础上，突出实际操作技能的训练，注重岗位关键能力的培养。

◎ 专业性

图书的顶层设计从国家高职高专专业目录规范出发，内容编排紧密结合岗位应用实际，体现专业性和主流设备前沿特征，体现教学实际需求。同时，在编写或修改时，尽可能地让一线用人单位参与进来，根据生产现场实际提出建议。

◎ 生动性

在架构设计和版式设计上，力求简洁生动，图文并茂；努力体现二维码技术等移动互联网时代元素在图书中的应用，尽可能把生产实际和研究成果，用立体生动的形式予以表达，便于读者理解掌握。

这套书可作为高等职业院校、中等职业学校城市轨道交通相关专业的教学用书，也可作为城市轨道交通企业新职工的培训教材。有关教材的课件资料等，可以联系我社使用。

联系电话：028-87600533

邮箱：swjtucbsfx@163.com

西南交通大学出版社

第 2 版前言

城市轨道交通诞生于 19 世纪中叶的英国伦敦，已经历了 150 多年的发展历史。它技术成熟、安全可靠、形式多样、用途广泛，以其载客量大、快捷、准时、环保等优点而成为解决日益严重的城市交通堵塞问题的最有效手段。

改革开放以来，随着经济的发展，我国内地城市化进程加快，城市交通问题成为制约城市发展的重要因素。为此，国家确立了优先发展城市公共交通的城市发展战略，建立以大容量快速轨道交通为骨干、以公共交通为主体的综合交通体系，以此来解决城市交通拥挤问题，从而实现可持续发展这一治本之策。

未来 10 年，我国内地将新建城市轨道交通线路 60 多条，新建线路里程近 1 700 km，北京、上海、广州更是以每年新增线路 30 ~ 50 km 的速度在发展。

城市轨道交通迎来了最好的发展时机，抓住这一历史机遇，内地许多城市纷纷开始轨道交通的规划和建设。

城市轨道交通的发展，急需大量德才兼备的人才。为了满足对人才特别是高、中级技能型人才培养的迫切需要，湖北铁道运输职业学院（原武汉铁路司机学校）组织编写了适合高、中等职业学校城市轨道交通类专业的系列教材。

“城市轨道交通列车牵引与操纵”是城市轨道交通专业职业教育的一门核心专业课。本书结合当前地铁列车运用的实际情况，紧扣职业教育的特点，在讲述基本专业知识的基础上，注重实际操作技能的培养。内容力求实用、简洁、易懂。为配合教学的需要，每章还配有适量的复习思考题。因地铁是一项新兴产业，新技术、新设备、新工艺被广泛应用，技术装备不断更新，加之各地铁公司车辆形式的不同，管理制度、操纵方法、故障处理可能不尽相同，本书尽可能突出重点，兼顾通用性和理论联系实际，书中个别内容如与实际情况有出入，仅供参考。

本书由湖北铁道运输职业学院芦建明主编，由蔡海云主审。参编人员还有陈超、杨力。在编写过程中，我们参考引用了有关专家、学者的研究成果，书末列出了参考文献，在此对其作者表示衷心的感谢。

同时，本书在编写过程中也得到了武汉地铁公司、南京地铁运营分公司、上海申通公司培训部、广州地铁公司等单位及湖北铁道运输职业学院等同仁的大力帮助，在此一并表示衷心感谢。

由于编者水平和时间有限，书中不足之处在所难免，敬请读者批评指正。

编　者

2016 年 6 月

第 1 版前言

城市轨道交通诞生于19世纪中叶的英国伦敦，已经历了140多年的发展历史。它技术成熟、安全可靠、形式多样、用途广泛，以其大载客量、快捷、准时、环保等优点而成为解决日益严重的城市交通堵塞的最有效手段。

改革开放以来，随着经济的发展，我国内地城市化进程加快，城市交通问题成为制约城市发展的重要因素。为此，国家确立了优先发展城市公共交通的城市发展战略，建立以大容量快速轨道交通为骨干、以公共交通为主体的综合交通体系，以此来解决城市交通拥挤的问题，从而实现可持续发展这一治本之策。

未来10年，我国内地将新建城市轨道交通线路60多条，新建线路里程近1 700 km，北京、上海、广州更是以每年新增线路30～50 km的速度在发展。

城市轨道交通迎来了最好的发展时机，抓住这一历史机遇，内地许多城市纷纷开始轨道交通的规划和建设。

城市轨道交通的发展，急需大量德才兼备的人才。为了满足人才培养特别是高、中级技能型人才培养的迫切需要，武汉铁路司机学校组织编写了适合高、中等职业学校城市轨道交通类专业的系列教材。

本书结合当前地铁列车运用的实际情况，紧扣职业教育的特点，在讲述基本专业知识的基础上，注重实际操作技能的培养。内容力求实用、简洁明了，文字通俗易懂。为配合教学的需要，每章还配有适量的复习思考题。因地铁是一项新兴产业，新技术、新设备、新工艺被广泛应用，技术装备不断更新，加之各地铁公司车辆形式的不同，管理制度、操纵方法、故障处理可能不尽相同，本书尽可能突出重点，兼顾通用性和理论联系实际，书中个别内容如与实际情况有出入，仅供参考。

本书由芦建明和罗闯编写。在编写过程中参阅了大量专业书籍和报刊上的专题文章，书末列出了参考文献，在此向所有作者表示衷心的感谢。

在本书的编写过程中，得到了武汉地铁公司、南京地铁运营分公司、上海申通公司培训部、广州地铁公司等单位及武汉铁路司机学校的大力帮助，在此一并表示衷心的感谢。

由于编者水平有限，加之时间紧促，书中不足之处在所难免，敬请读者批评指正。

编　者

2010 年 8 月

目　录

绪 论

一、学习列车牵引与操纵的目的

社会的文明与进步，推动着城市的繁荣与发展。大城市的公共交通是城市活力和投资环境的一个重要标志，也是确保居民正常工作、学习、生活的重要手段。随着科学技术的发展和城市化进程的加快，大运量的轨道交通在现代大城市中起着越来越重要的作用。发达国家的城市交通发展历史告诉我们，只有采用大客运量的地铁和轻轨交通系统，才能从根本上改善城市公共交通状况。我国的北京、上海、深圳、广州等特大型城市的地铁运营实践则有力地证明了这一点。

我国经济的快速发展，使一些大城市具备了发展城市轨道交通的经济实力。特别是近年来，武汉、南京、成都、杭州等城市先后修建了轻轨或地铁。城市轨道交通正如雨后春笋般蓬勃发展，成为一座城市发展的标志与名片。城市轨道交通是一个庞大而又复杂的系统，作为其主要技术工种之一的列车司机，一年四季，无论是酷暑，还是寒冬，总是驾驶着列车行驶在城市旅客运输线上，而驾驶人员的理论知识与操作技能与安全、正点、优质、高效地完成旅客运输任务关系极大。因此，如何科学地使用城市轨道交通车辆，掌握它的运行规律，充分发挥它的效能，以提高列车运用质量和运行速度，安全正点地完成运输任务，是我们必须研究的课题。学习“列车牵引与操纵”这门课程，有助于我们了解和掌握列车的牵引性能、运行规律和有关操纵知识，正确及时地判断和处理车辆故障及突发事件。这样才能合理运用动车功率，正确地操纵和爱护车辆，安全正点、多快好省地完成旅客运输任务。

二、本课程的内容和任务

本课程是一门与实际密切结合的实用性、综合性课程。它是在熟知行车安全规章、车辆构造、牵引控制、制动技术、电机电器等专业知识的基础上，研究影响列车运行的各种因素，认识列车运行规律，从而达到提高列车经济性和运用效率，发挥车辆效能的目的。

《城市轨道交通列车牵引与操纵》一书分上下两篇：列车牵引理论基础和列车操纵。

上篇“列车牵引理论基础”专门研究列车在外力作用下沿轨道运行的规律及其有关问题。它以力学为基础，以科学实验和先进操纵经验为依据，分析列车运行过程中的各种现象和原理，进而解决一系列与列车运行有关的实际问题。其主要内容包括：运用有关知识，分析、研究动车牵引力、列车阻力、列车制动力产生的原因、过程、变化规律及其对列车运动的影响；了解和掌握在各种力的相互作用下，列车运行的一般规律。这是使列车司机站在一个较高的起点上，提高操纵技术，充分发挥列车效能，熟练平稳地操纵列车的理论基础。

下篇“列车操纵”以牵引理论为依据，系统介绍了司机在操作前必须进行的规范作业、安全要求和对车辆系统检查的目的和任务，在正线或车辆段区域驾驶列车时所需要的信息，所有操作部件及其功能，列车有效操作模式的渐进步骤，以及在列车故障及突发事件情况下可采取的应急措施和处理方法。设置“列车操纵”，是为了使学生全面掌握车辆运用、列车司机一次作业标准、列车驾驶操纵、列车检查、故障应急处理及列车突发事件的处理等基本知识，提高分析问题和综合运用专业知识的能力，培养良好的专业心理素质，以便在较短时间内适应列车司机的特殊要求，掌握列车运用的特殊规律，成为技术水平高、心理素质好、应变能力强的地铁司机。

三、课程的教学方法建议

“城市轨道交通列车牵引与操纵”是城市轨道交通司机专业的必修课之一，是一门贴近生产实践的实用性、综合性学科。讲授本课程时，教师应按照企业对技能人才的需求，注重工学结合与供需结合原则，从了解城市轨道交通列车驾驶的意义、基本概念、安全规定、司机的任务及应具备的素质入手，突出讲授地铁司机应具备的理论知识与实际操作技能，将理论与实践（模拟驾驶）有机结合，并联系实际案例进行分析研究，注重培养学生适应环境和应对突发事件的能力，以及自主学习和掌握新知识的能力，做到厚积薄发、学以致用，使他们成为在未来工作中勇于面对问题、解决问题的尖刀。

城市轨道交通是一项新兴产业，新技术、新设备、新工艺被广泛应用，技术装备不断推陈出新。因此，教学中应根据各地铁公司车辆型式的不同，管理制度、操纵方法、故障处理的不同进行差异化教学，尽可能兼顾通用性和理论联系实际的特点。此外，由于行车条件、运营设备及控制等级的不同，各地铁公司的信号模式及闭塞方法的差异，列车在各种情况下的行车凭证与驾驶模式也不尽相同，书中个别内容如与现场实际有出入，应按各地铁公司的有关规定执行。

上篇 列车牵引理论基础

第一章 牵引力

本章提要

（1）基本概念：黏着与蠕滑、摩擦力与黏着定律。

（2）牵引力的分类、产生过程，黏着系数，黏着牵引力计算。

（3）动轮空转：空转的危害及改善方法，提高黏着牵引力的措施。

（4）牵引特性。

第一节 牵引力概述

一、城市轨道交通车辆的运用特点

城市轨道交通车辆的牵引力来自于动车，而拖车没有牵引力，所以称之为动车牵引力。从牵引电气化、自动化角度来看，城市轨道交通列车（简称列车）和普通铁路的电力机车都是由受流器接受来自接触网（或第三轨）的电能，再在控制系统的指挥下，经主回路、牵引电机将电能转换为驱动列车所需的机械能，并且在必要时使车辆实施制动。但为了满足城市公众对大容量快速交通的需求，主要在市内和市郊运行的城市轨道交通车辆，需要在地下隧道、高架和地面轨道运行，而且具有如下特点：站距短，线路曲线半径小，坡度大；客流量大而集中，乘客上下车频繁，高峰时可能严重超载；为了尽量缩短乘客的乘坐时间，要求有较高的运行速度，特别是较大的起动加速度和制动减速度；传动系统应效率高、能耗少，尽量减少发热，减轻自重；控制系统应可靠、精确，并有良好的适应能力；对乘坐舒适性和对城市环境无公害的要求也越来越高。因此，城市轨道交通相对于普通铁路运输在编组形式、动力配置、铁路线路、操纵方式上仍有一定的区别。这些区别如下：

1. 列车动力配置与编组形式不同

对于中国铁路而言，普通客运列车动力集中在一个或两个机车上，编组辆数一般为 14 ~ 20 辆，编组辆数比较灵活，运营过程中，可以随着客流量的变化而调整。而城市轨道交通的

列车一般是动力分散的，编组辆数一般为 4～8 辆，在运用过程中，列车编组基本固定。动力分散型与动力集中型两者不同的特性以及编组辆数的不同，决定了两种轨道交通在列车起动加速性能、爬坡性能、调速制动性能等控制性能上的差异。因此，在理解相关概念时要注意上述两者的区别。

2. 区间长度短、线路纵横断面变化大

城市轨道交通为了方便人们出行，市区站间距为 0.8～1.8 km，市郊线路站间距为 1～3 km，远远小于普通铁路的站间距。另外，坡度变化较大，20‰ 左右的大上坡及大下坡较普通铁路多，造成线路附加阻力较大；曲线半径较小，一般在 1 000 m 以下，困难地段甚至有 300 m 以下的曲线半径。因此，城市轨道交通的线路条件，决定了地铁列车在运行中存在起动频繁、起动加速和制动减速快、目标速度低等特点。

3. 城轨列车紧急制动距离短、操纵要求更加严格

普通铁路的普速列车在一般条件下的紧急制动距离规定为 800 m，地铁列车在一般条件下的紧急制动距离是 180 m。同时，地铁列车要体现公交的特点，对乘坐舒适要求较高，运行要平稳。它的制动方式主要是电制动与闸瓦制动相结合的形式，对停站要求更严格，要停得准、停得稳。实际的停站误差在米级甚至在 20 cm 以下。因此，城市轨道交通对列车操纵方式的要求更加严格。

城市轨道交通电力牵引系统汇集了电力电子、计算机检测与控制、电机与电器制造等多学科的先进技术，正朝着智能化、模块化、轻量化、节能型、免维修方向发展。特别是地铁列车，普遍具有自动保护（ATP）、自动驾驶（ATO）、自动监控（ATS）等功能，其对安全性、舒适性以及正点率都有较高要求，这些都对城市轨道交通车辆运用提出了更高的标准。

二、动轮与钢轨间的黏着

轨道交通很早就作为公共交通在城市中出现了。目前，绝大多数城市轨道交通车辆属于钢轮钢轨式，其运行的任何一种工况，都依赖于车轮和钢轨的相互作用力。

在钢轮钢轨式城市轨道交通车辆中，牵引动力由牵引电动机通过传动机构，传递给动车的动力轮对（动轮），由车轮和钢轨的相互作用，产生使车辆运动的反作用力。根据物理学中关于摩擦的概念，轮轨之间的切向作用力就是静摩擦力。最大静摩擦力是钢轨对车轮的反作用力的法向分力与静摩擦系数的乘积。但实际上，动轮与钢轨间切向作用力的最大值比物理学上的最大静摩擦力要小一些，情况也更复杂一些。在分析轨道车辆的轮轨相互作用时，通常引入两个十分重要的概念：“黏着”和“蠕滑”。

（一）黏　着

图 1.1 所示为动车以速度 v 在平直线路上运行时一个动轮对的受力情况（忽略内部各种摩擦阻力）。为了更清楚地表示，图中将接触的动轮与钢轨稍稍分开画出。

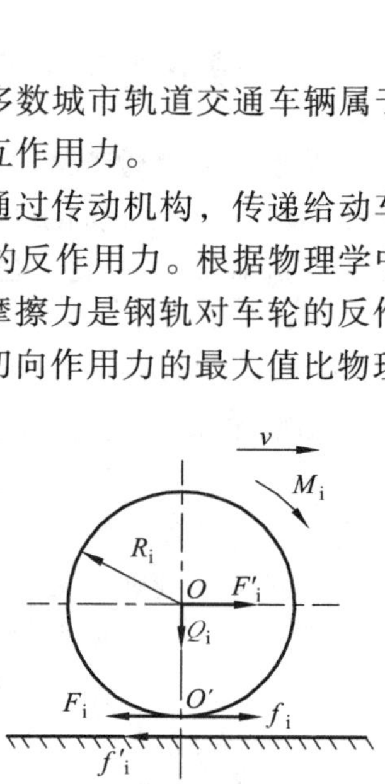

图 1.1　动轮对受力分析

Q_i 为一个动轮对作用在钢轨上的正压力，又称为轮对的轴

重。牵引电动机作用在动轮上的驱动转矩 M_i，可以用一对力形成的力偶代替。力 F_i' 和 F_i 分别作用在轮轴中心的 O 点和轮轨接触处的 O' 点，其大小为 $F_i = F_i' = M_i / R_i$，R_i 为动轮半径。

在正压力 Q_i 的作用下，车轮和钢轨的接触部分紧压在一起。切向力 F_i 使车轮上的 O' 点具有向左运动的趋势，并通过 O' 点作用在钢轨上。f_i' 表示车轮作用在钢轨上的力，其大小 $f_i' = F_i$。由于轮轨接触处存在着摩擦，车轮上 O' 向左运动的趋势将引起向右的静摩擦力 f_i，即钢轨对车轮的反作用力，其大小 $f_i = f_i'$，f_i 称为轮周牵引力。因此，车轮上的 O' 点受到两个相反方向的力 f_i 和 F_i 的作用，而且

$$f_i = F_i \tag{1.1}$$

所以，O' 点保持相对静止，轮轨之间没有相对滑动。在力 F_i' 的作用下，动轮对做纯滚动运动。

由于正压力而保持动轮与钢轨接触处相对静止的现象称为“黏着”。黏着状态下的静摩擦力 f_i 又称为黏着力。

轮轨间的黏着与静力学中的静摩擦的物理性质十分相似。驱动转矩 M_i 产生的切向力 F_i 增大时，黏着力 f_i 随之增大，并保持与 F_i 相等。当切向力 F_i 增大到某一数值时，黏着力 f_i 达到最大值。此后切向力 F_i 如再继续增大，f_i 反而迅速减小。试验证明，黏着力最大值 f_{max} 与动轮对的正压力 Q_i 成正比，其比例常数称为“黏着系数”，用 μ 表示，即

$$\mu = \frac{f_{max}}{Q_i} \tag{1.2}$$

式（1.2）表明，在轴重一定的条件下，轮轨间的最大黏着力由轮轨间黏着系数的大小决定。当轮轨间出现最大黏着力时，若继续加大驱动转矩，一旦切向力 F_i 大于最大黏着力，动轮上的 O' 将向左移动，轮轨间出现相对滑动，黏着状态被破坏，动轮与钢轨的相对运动由纯滚动变为既有滚动又有滑动。此时，钢轨对动轮的反作用力 f_i 由静摩擦力变为滑动摩擦力，其值迅速减小，并使动轮的转速上升。这种因驱动转矩过大，破坏黏着关系，使轮轨间出现相对滑动的现象，称为“空转”。动轮出现空转时，轮轨间只能依靠滑动摩擦力传递切向力，传递切向力的能力大大削弱，同时造成动轮踏面和轨面的擦伤。因此，牵引运行应尽量防止出现动轮的空转。

黏着系数是由轮轨间的物理状态确定的。加大每轴的正压力，即轴重，可以提高每轴牵引力，但轴重要受到钢轨、路基、桥梁等的限制。动力分散型的城市轨道交通车辆，动轴数较多，很容易达到整列车所需的牵引力，因而轴重较小，这对保护轮轨的正常作用是有利的。

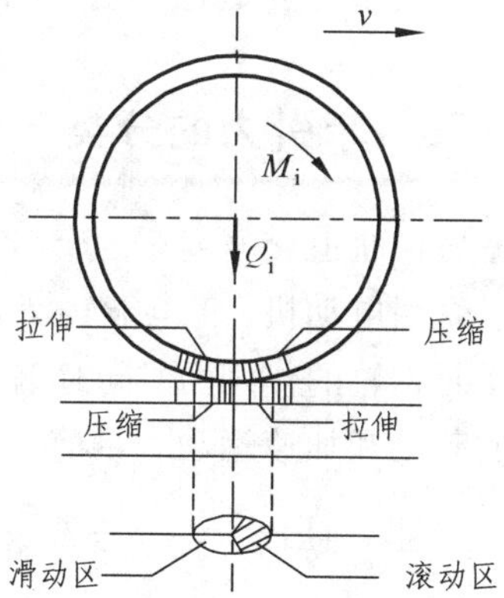

图 1.2　牵引工况轮轨接触处的弹性变形

（二）蠕　滑

分析牵引工况轮轨接触处的弹性变形，可以进一步深化对黏着的认识。如图 1.2 所示，在动轮正压力的作用下，轮轨接触处产生弹性变形，形成椭圆形的接触面。从微观上看，两接触面是粗糙不平的。由于切向力 F_i 的作用，动

轮在钢轨上滚动时，车轮和钢轨的粗糙接触面产生新弹性变形，接触面间出现微量滑动，即“蠕滑”。

蠕滑的产生是由于在车轮接触面的前部产生压缩，后部产生拉伸，而在钢轨接触面的前部产生拉伸，后部产生压缩。车轮上被压缩的金属，在接触表面的前部与钢轨被拉伸的金属相接触。随着动轮的滚动，车轮上原来被压缩的金属陆续放松，并被拉伸，而钢轨上原来被拉伸的金属陆续被压缩，因而在接触面的后部出现滑动。

轮轨接触面存在两种不同区域：接触面的前部，轮轨间没有相对滑动，称为滚动区，在图 1.2 中用阴影线表示；接触面的后部，轮轨间有相对滑动，称为滑动区。这两个区域的大小随切向力的变化而变化。当切向力增大时，滑动区面积增大，滚动区面积减小。当切向力增大到一定程度时，滚动区面积变为零，整个接触面间出现相对滑动，轮轨间的黏着被破坏，即出现空转。

蠕滑是滚动体的正常滑动。动轮在滚动过程中必然会产生蠕滑现象，正所谓“滚中有微滑，滑中有微动”。伴随着蠕滑产生静摩擦力，轮轨之间才能传递切向力。由于蠕滑的存在，牵引时动轮的滚动圆周速度将比其前进速度高。这两种速度的差称为蠕滑速度，蠕滑的大小用蠕滑率 σ 表示：

$$\sigma = \frac{\omega R_{\mathrm{i}} - v}{v} \tag{1.3}$$

式中 v—— 动轮的前进速度；

ω—— 动轮转动的角速度。

轮轨间由于摩擦产生的切向力反过来作用于驱动机构。随着切向力的增大，驱动机构内的弹性应力也增大。当切向力达到极限时，由于蠕滑的积累波及整个接触面，发展为真滑动。积累的能量使车轮本身加速，这时驱动机构内的弹性应力被解除。由于车轮的惯性和驱动机构的弹性，在轮轨间出现滑动→黏着→再滑动→再黏着的反复振荡过程，一直持续到重新在驱动机构中建立起稳定的弹性力为止。

三、牵引力的分类

城市轨道交通列车的牵引力来自于其中的各个动车。动车的本质是一个能量转换机构，它通过牵引电动机，将电能转换为机械能，传递到动车的动轮上，动轮通过与钢轨的接触和摩擦，产生对钢轨的作用力，同时钢轨对于动轮有一个与动车运动趋势方向相同的反作用力，造成动车的起动和加速运动。目前，世界上的地铁和轻轨一般采用电力拖动作为列车的动力。

（一）按照动车变能部分的能力划分

由上述讨论得知，动车牵引力的形成，须经过两个主要的连续阶段来实现：牵引电机将电能变为机械能；传动装置将机械能变为动车动轮轮周的内机械功，依靠轮轨间的黏着条件，实现了动轮轮周的内机械功转变为动车轮周牵引力。

根据动车变能的顺序，得到两个牵引力概念：

（1）牵引电动机牵引力—— 按牵引电动机容量所能得到的牵引力。

（2）黏着牵引力—— 根据动车动轮与钢轨间的黏着能力而确定的最大牵引力。

以上两种牵引力，分别属于牵引电机、轮轨间的黏着条件这两个变能部分。这两个变能部分都有一定的变能能力，二者能力相匹配，对于一台动车来说是比较理想的，否则，动车牵引力就要受到能力最小者的限制。

（二）按照机械功传递过程中的不同作用点划分

（1）轮周牵引力 F：使列车发生运动或加速的外力是由动力矩 M 引起的钢轨对动轮的纵向反作用力 F（参见图 1.1），习惯上称之为牵引力。由于它作用于动轮轮周（踏面），所以通常称为轮周牵引力。

（2）车钩牵引力 F_g：顾名思义，车钩牵引力应为动车牵引拖车的纵向力，又称“挽钩牵引力”。作用在动车车钩上的力，其值等于轮周牵引力减去动车运行阻力，即

$$F_g = F - W' - am_m \quad (\text{kN}) \tag{1.4}$$

式中 W'—— 动车车身阻力（kN）；

m_m—— 动车质量（t）；

a—— 动车加速度（km/h^2）。

当 $a = 0$ 时

$$F_g = F - W'$$

即列车匀速运行时，车钩牵引力等于列车总阻力。由于车钩牵引力的作用点是在动车车钩上，动车运行时，为克服其自身阻力，以及各种附加阻力，不可避免地要消耗一部分轮周牵引力，所以，车钩牵引力永远小于轮周牵引力。

我国及一些国家，以轮周牵引力为计算标准，用来衡量和表示动车牵引力的大小。

第二节　牵引力的产生与传递

一、牵引力的定义

牵引力是由动车的动力装置引起的，通过轮轨之间的相互作用而产生的与列车运行方向相同，并可由司机控制和调节其大小的外力。

二、牵引力的产生

传动装置中的主动齿轮轴通过联轴节与电机轴固定在一起，从动齿轮固定在车轴上，而主动齿轮与从动齿轮是相互啮合的。如图 1.3 所示，当牵引电动机得电输出力矩 M_d 时，首先经联轴节传递到主动齿轮上。在轴重 Q_i 的作用下，轮轨间已形成黏着状态，当轮对受

到驱动力矩 M 作用时，产生对钢轨的作用力 F_k'，同时钢轨对动轮产生反作用力 F_k。根据平衡原理，在黏着极限范围内，两者大小相等，方向相反。通过轴箱装置的作用，使车辆产生平移运动。

综上所述，牵引力的产生必须具备下列两个条件：

① 动轮与钢轨接触并存在黏着作用；

② 动轮上有动力传动装置传来的旋转力矩。

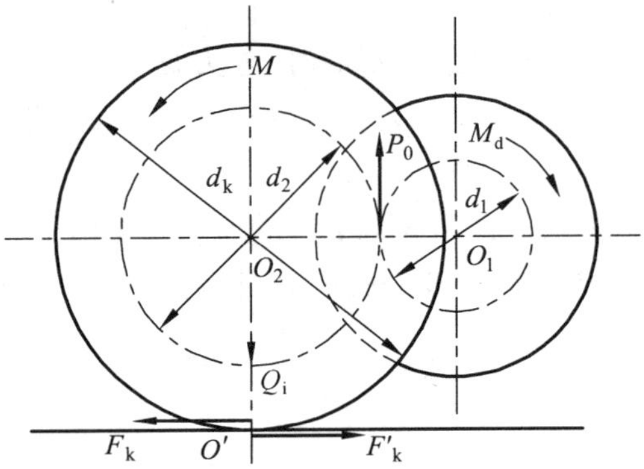

图 1.3 牵引力的产生过程

O_1—电机与主动齿轮的轴心；O_2—车轮与从动齿轮的轴心；d_k—车轮滚动圆直径（mm）

三、牵引力的传递

轻轨列车纵向牵引力的传递路径是：车轮→车轴→轴承→轴箱→定位销、套→构架侧梁→牵引拉杆→摇枕→下心盘→上心盘→主车架→车体。

地铁列车纵向牵引力的传递路径是：牵引电机→联轴节→齿轮箱→轮对→轴箱→一系弹簧→构架→牵引拉杆→中心销座→中心销→车体。

第三节　黏着限制、动轮空转及改善方法

一、黏着对牵引力的限制

调节牵引电动机转矩，改变切向力 F_k 的值以得到不同的轮周牵引力的前提条件是不破坏黏着。也就是说，动车所能实现的最大牵引力受黏着的限制，即在任何时候、任何速度下，动车真正能够实现的牵引力不能超过轮轨间的黏着力。

由黏着条件决定的最大黏着力，也就是动轮不空转所能实现的最大牵引力，称为黏着牵引力，用 F_μ 表示：

$$F_\mu \leqslant \mu\left(\sum m_m \cdot g\right) \quad (\text{kN})$$

式中　μ—— 黏着系数；

$\sum m_m$ —— 全部动轮的黏着质量（t）;

g —— 重力加速度（取 9.81 m/s^2，下同）。

如果各动轴驱动转矩归算到轮缘的作用力之和超出上式的限制时，黏着条件相对最差的动轮就会产生空转，动车的牵引力立即下降。

综上所述，动车牵引力最大值在任何时候都不得超过动轮与钢轨间黏着力的最大值的总和，这一原理称为“黏着定律”。动车牵引力的最大值可用下式表示：

$$F_{max}=\left(\sum m_m\cdot g\right)\cdot\mu_{max}\quad (kN) \tag{1.5}$$

式中 F_{max} —— 动轮最大轮周牵引力（kN）;

μ_{max} —— 最大物理黏着系数。

二、黏着系数

在第一节所谈的物理黏着系数是一个由多因素决定的变量，当动车黏着质量确定后，黏着系数的变化就是决定黏着牵引力大小的因素。

动车在运行中，由于以下因素影响使实际黏着能力小于理论值—— 最大静摩擦力。

（一）动轮踏面与钢轨表面状态

干燥清洁的动轮踏面与钢轨表面黏着系数高，冰、霜、雪等天气的冷凝作用或小雨使轨面轻微潮湿时轨面黏着系数低。大雨冲刷、雨后生成薄锈使黏着系数增大，油垢使黏着系数减小。

（二）线路质量

钢轨越软或道砟的下沉量越大，黏着系数越小。钢轨不平或直线地段两侧轨顶不在同一水平，动轮所处位置的轨面状态不同，都会使黏着系数减小。

（三）车辆运行速度和状态

车辆运行速度增高，加剧了动轮对钢轨的纵向和横向滑动及车辆振动，使黏着系数减小。特别是在轮轨表面被水污染的情况下，黏着系数随速度增加而急剧下降。

车辆运行中由各种因素导致轴重转移，也会影响黏着系数。如车辆过弯道时，会出现车辆车轮一侧增载，另一侧减载，造成黏着系数大幅降低；曲线半径越小，黏着系数降低越多。

（四）动车有关部件的状态

（1）各动轴上牵引电动机的特性不完全相同，在同一运行速度下产生牵引力大的轮对将首先发生空转。

（2）各个动轮的直径不同，直径小的动轮发出的牵引力大，容易首先发生空转。

（3）各个动轮的动负荷不同，运行中动负荷轻的动轮将首先空转。

空转必然导致动车的黏着系数减小。由于以上原因，黏着系数具有随机性，变化范围大，影响因素多，所以很难准确计算。一般都是通过大量试验，将试验结果用统计方法整理成经验公式作为计算的依据。根据该经验公式得出的黏着系数就是计算黏着系数，用 μ_j 表示。计算黏着系数可概括为：动车在运用条件下，能不空转而得到的黏着牵引力与黏着质量之比。

目前，地铁列车轮轨间的计算黏着系数，参照国产电力机车计算黏着系数的经验公式。当 v=0 ~ 50 km/h，曲线半径 $R>600$ m 时：

$$\mu_j = 0.24 + \frac{12}{100 + 8v} \tag{1.6}$$

当曲线半径 $R<600$ m 时，计算黏着系数有所下降：

$$\mu_r = \mu_j(0.67 + 0.000\,55R) \tag{1.7}$$

式中 μ_r—— 曲线上的计算黏着系数；

v—— 运行速度（km/h）。

按计算黏着系数 μ_j 计算的黏着牵引力，称为动车计算黏着牵引力，即

$$F_\mu = \left(\sum m_m \cdot g\right) \cdot \mu_j \quad (\text{kN}) \tag{1.8}$$

【例 1.1】 某地铁采用动力分散型电动车组，每列列车采用 6 节车辆编组，编组形式为 A-B-C-C-B-A，其中 B、C 为动车，平均车辆质量（载客后）为 60 t，试计算该列车速度为 40 km/h 时的黏着牵引力。

解：（1）计算 $\sum m_m$：

$$\sum m_m = 60 \times 4 = 240 \ (\text{t})$$

（2）计算黏着系数 μ_j：

$$\mu_j = 0.24 + \frac{12}{100 + 8 \times 40} = 0.269$$

（3）计算黏着牵引力：

$$F_\mu = \left(\sum m_m \cdot g\right) \cdot \mu_j = 240 \times 9.81 \times 0.269 = 633 \quad (\text{kN})$$

答：该列车速度为 40 km/h 时的黏着牵引力是 633 kN。

三、动轮空转与改善黏着的方法

（一）空转的产生和危害

若由于各种原因，使得轮轨间的黏着系数下降，黏着力减小，当动轮对的牵引力大于轮轨间的最大黏着力时，轮轨接触点的受力则不再平衡（参见图 1.1），车轮开始沿钢轨向后滑动，在强大力矩作用下，车轮飞快转动，而轮轨间的纵向水平作用力变成了滑动摩擦力，其值比最大静摩擦力小得多，因而车辆运行速度并不高，在铁路术语中，把这种状态称为“空转”。

空转的危害性很大。空转发生时，轮对转速迅速上升，如果任其发展，往往可能在数秒或略长时间内超出车辆构造速度，这样不仅使动车牵引力下降，而且还会使钢轨和车轮遭到剧烈磨耗。如果列车在起动时发生空转，列车没有起动，而司机又没有及时采取措施减小驱动力矩，轻则不能充分发挥动车的牵引能力，造成列车晚点，重则可能造成钢轨和动轮严重磨损的事故发生，降低了列车的使用寿命，因此必须对空转加以保护。

（二）改善黏着的方法

轮轨之间的黏着力是轮轨相互作用并产生动车牵引力的根源。随着牵引力的发展、动车功率的加大、载客量的增加，轮轨间的极限黏着力已经限制了动车牵引力的进一步提高，因此，提高轮轨间的黏着力，防止动轮空转，就成为一个重要的课题。目前，改善黏着的方法主要有：

（1）提高轮轨间的黏着系数，将动车的机械能更有效地转化为牵引力。例如，修正轮轨表面接触条件，改善轮轨表面清洁状态。

（2）在设计列车时，应使其具有较高的黏着质量利用率，并改善轨道车辆的悬挂系统，以减轻因轮对减载带来的不利影响。例如：① 采用机械特性硬的牵引电动机。机械特性硬的牵引电动机，负载大幅度变化时转速变化很小，也就是说，如果电机转速略有上升，就会使转矩大幅度下降，因而具有良好的防空转性能。如采用鼠笼式交流牵引电动机的动车不会产生持续空转。② 机械走行部分采用低位牵引，以及采用合适的悬挂系统等。

（3）司机要正确地操纵车辆，在手动驾驶时，应力求起动平稳，平滑调节牵引力；有空转预兆时，提前采取措施，适当减小牵引力，使轮轨间保持较高的黏着系数。

（三）黏着控制系统

现代列车上多装有防空转检测保护装置，使动车在空转刚刚发生时，就能检测出来，并能自动采取措施消除空转，以保证列车正常运行。

1. 黏着控制的必要性

在设计轨道交通车辆时，充分考虑了轮轨之间黏着的利用，但是没有黏着控制系统的轨道车辆动车只能靠其自然特性运行，难以将黏着运用到极限，即使短时达到高的牵引力，也难以维持，因为轮对空转随时可能发生，因此只能远离黏着极限使用。同样，在车辆制动时，若无防滑行保护，一旦制动力大于轮轨黏着极限，就会出现滑行，将导致轮对擦伤、制动距离增加。

因此，在现代车辆的控制中，一般都设有黏着控制系统—— 防空转/滑行保护系统。

2. 校正型黏着控制系统

目前，国内外常见的黏着控制系统主要有校正型和蠕滑率控制型两大类。城市轨道交通车辆要求动车具有良好的防空转和防滑行性能，因此大多采用校正型的控制系统。

当轨道交通车辆产生空转时，会有如下情况发生：① 空转轮对转速不正常地大幅度上升（较大的 dn/dt）；② 空转牵引电动机电流不正常地大幅度下降（较大的 di/dt）；③ 串联电路中一台电动机的端电压迅速上升，而另一台迅速下降（较大的 du/dt）；④ 轮对空转前有某种一定频率的扭振。

控制系统是通过检测装置测得上述空转信号的。当动车牵引力超过黏着值，空转或空转趋势达到一定程度时，控制系统快速并深度削减动轮驱动转矩，使空转得到强烈的抑制；进入再黏着恢复区后，又迅速恢复牵引力；当回升到空转前转矩的一定百分比时，再以缓慢速率增长，以便寻找一个黏着极限点。采用这种短时超越黏着的最大值，又不让空转发展的简单办法，可使轮轨经常运用在高黏着区，而使每次校正削减造成的牵引力损失都减到最小。

第四节　牵引特性

一、牵引特性

当动车在一定的功率下运行时，随着运行速度的变化，其轮周牵引力也作相应的变化，即 $F = f(v)$。这种牵引力随速度变化而变化的规律，被称为动车的牵引特性。

二、牵引特性曲线

动车牵引力可以通过计算和实测得出，将动车轮周牵引力与速度的关系曲线绘在一张图上，即构成动车轮周牵引力曲线。牵引特性曲线不仅可以用来查取各速度的牵引力；还可以用来判定和比较不同类型动车的牵引性能。不同车辆生产厂家给出的动车的牵引特性曲线不同，有的以单电机特性曲线方式给出，有的以牵引单元的特性曲线方式给出。图 1.4 所示为广州地铁 5 号线使用的动车中单电机牵引特性曲线。

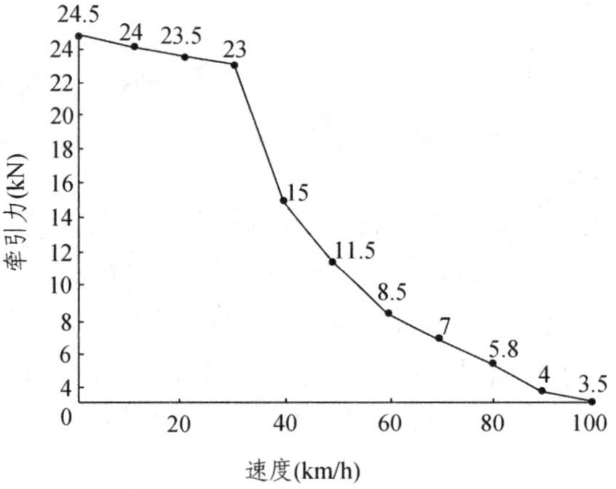

图 1.4　广州地铁 5 号线使用的动车单电机牵引特性曲线

从城市轨道交通运输的要求和特点来看，为了提高线路通过能力，列车应能在保证行车安全的前提下，以尽可能高的速度（不超过最大限制速度）运行；而在起动或低速时，又能很快加速。因此，动车在以其最低持续速度与最高速度之间的任何一种速度运行时，都要求它的功率是恒定不变或是接近恒定的，只有这样，才能充分地发挥动车牵引力。

复习思考题

1. 城市轨道交通车辆的运用特点有哪些？
2. 何谓黏着？何谓蠕滑？
3. 什么叫牵引力？如何分类？
4. 何谓轮周牵引力？何谓车钩牵引力？
5. 牵引力的产生需要具备哪两个条件？
6. 什么叫空转？有什么危害？
7. 改善轮轨间黏着条件的方法有哪些？
8. 何谓牵引特性？牵引特性曲线有何意义？

第二章　列车运行阻力

本章提要

（1）列车运行阻力的概念、阻力的分类、阻力的单位。

（2）引起基本阻力的主要因素及各主要因素的分析、基本阻力的计算。

（3）坡道附加阻力、曲线附加阻力、隧道附加阻力的概念，大风、低温条件下的附加阻力及附加阻力的计算。

（4）减少列车阻力的措施。

第一节　阻力概述

列车运行的过程，就是以牵引力不断地克服运行阻力的过程。列车阻力与牵引力不同，它不仅产生在动车上，而且产生在包括拖车在内的所有车辆上。

一、列车运行阻力定义

列车运行过程中产生的一种与其运行方向相反、阻止其运行且大小不能由司机控制的外力，叫作列车运行阻力，用 W 表示。

二、列车阻力的分类

1. 按阻力作用部位分类

（1）动车阻力：动车惰行工况下，由于牵引齿轮及电枢轴的机械阻力存在，所以惰行工况下的动车阻力大于拖车阻力。

（2）车辆（拖车）阻力：车身移动阻力。

2. 按阻力形成的原因分类

（1）基本阻力：基本阻力是列车在任何运行（包括起动）情况下都存在的阻力。由于列车在空旷、平直道上运行时一般只有基本阻力，所以，基本阻力即为空旷、平直线路上的阻力。

（2）附加阻力：附加阻力是列车在个别情况下运行时才遇到的阻力。如列车在坡道上运行时有坡道附加阻力，在曲线上运行时有曲线附加阻力，在隧道中运行时有隧道附加阻力。

综上所述，列车在空旷、平直道上运行时，由于轴颈与轴承间的摩擦、车轮与钢轨间的作用及周围空气影响等所引起的始终存在的阻力，称为基本阻力。除基本阻力外产生的额外阻力，如坡道阻力、曲线阻力、隧道阻力、起动阻力、大风阻力、低温阻力等，称为附加阻力。列车阻力分类表见表 2.1。

表 2.1　列车阻力分类表

- 基本阻力
  - 动车
    - 牵引运行基本阻力
    - 惰行基本阻力
  - 拖车基本阻力
- 附加阻力
  - 坡道附加阻力
  - 曲线附加阻力
  - 隧道附加阻力
  - 起动附加阻力
  - 大风、低温附加阻力

三、阻力的计量单位

（一）总阻力

作用在列车全部质量上的阻力，称为列车总阻力，即各单位阻力与相对应的列车质量乘积之总和，以大写字母 W 表示，单位是 kN。

（二）单位阻力

平均到列车单位重力上的阻力，称为列车单位阻力，即以牛计的阻力与以千牛计的重力之比，以小写英文字母 w 表示，单位是 N/kN。

列车单位阻力与总阻力的关系为

$$w=\frac{W\times 10^{3}}{\left(\sum m_{\mathrm{m}}+\sum m_{\mathrm{t}}\right)g}\quad (\mathrm{N/kN}) \tag{2.1}$$

$$W=\left(\sum m_{\mathrm{m}}+\sum m_{\mathrm{t}}\right)wg\times 10^{-3}\quad (\mathrm{kN}) \tag{2.2}$$

式中　m_{m}—— 动车质量（t）;

　　　m_{t}—— 拖车质量（t）。

第二节　基本阻力

一、基本阻力的产生原因

基本阻力是牵引计算中常用的重要参数之一。引起基本阻力的因素很多，其中最主要的是车辆各零部件之间、车辆表面与空气之间以及车轮与钢轨之间的摩擦和冲击。归纳起来，基本阻力由以下 5 种因素组成。

（一）轴承摩擦阻力

如图 2.1 所示，车轮和车轴通过轴承相连，轮对滚动时，轴颈和轴承之间发生相对运动，接触面处将产生摩擦力，其值等于轴承荷重 Q_i 与摩擦系数 φ 的乘积。

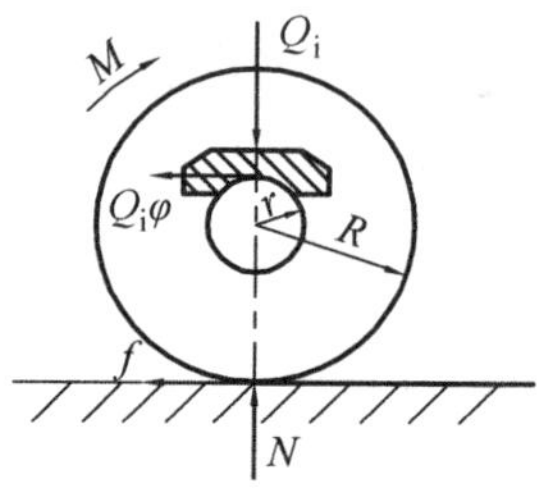

图 2.1 轴承阻力示意图

由轴颈与轴承之间的摩擦产生的车辆运行阻力与轴荷重、摩擦系数、轴颈半径、车轮半径有关。对于一定的车辆，其构造参数不变，即轴颈及车轮半径都是常数；轴荷重取决于车辆的轴数和总重（自重和载重）。摩擦系数则是变化比较复杂的参数，它受下述几个因素的影响：

1. 轴承类型

如图 2.2 所示为由试验方法获得的轴承摩擦系数对比曲线。它表明，滚动轴承摩擦系数比滑动轴承摩擦系数小得多（一般相差 3～5 倍），而且随速度的变化也比滑动轴承摩擦系数平缓。因而，采用滚动轴承是减少列车基本阻力的首要措施。当前，铁路机车和车辆采用滚动轴承的比例已经高达 95%，地铁和轻轨的列车和车辆几乎全部采用滚动轴承。

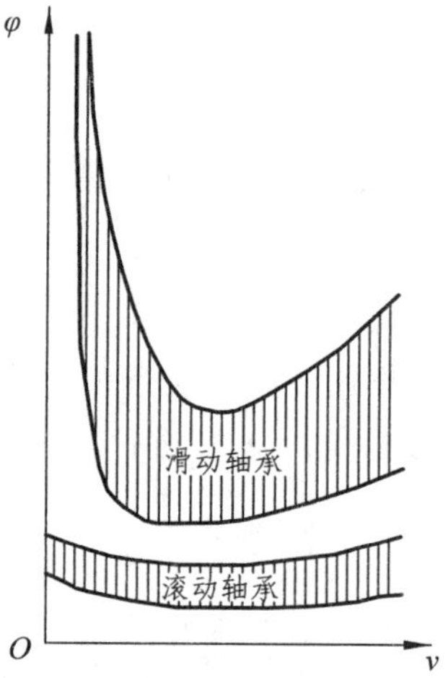

图 2.2 轴承摩擦系数的对比

2. 润滑油的影响

润滑油黏度小时，摩擦系数较小；黏度大时，摩擦系数加大。为减小轴承摩擦阻力及保证润滑油必需的黏度和流动性，在冬、夏季应使用不同标准的润滑油。

3. 轮对转速或列车运行速度

由图 2.2 可以看出，列车的运行速度对轴承摩擦力的大小有一定影响。起动的时候，基本阻力较大；起动以后（一般认为 $v > 2.5$ km/h），只要轴颈一转动，润滑油被带到摩擦面，轴承间的半干摩擦状态即被液体润滑状态所替代，摩擦系数 φ 急剧下降，基本阻力会显著减小。随着速度增大，滚子的轴向滑动，滚子与轴承座、轴承座与轴箱间振动的加剧等，摩擦系数 φ 值有所增大。这是列车基本阻力随速度的升高而增大的原因之一。

（二）车轮在钢轨上滚动所产生的列车运行阻力（简称滚动阻力）

钢轨并非绝对刚体，车轮压在轨面上时，轨面产生少许凹面变形，如图 2.3 所示。变形程度与轴重、钢轨刚度及表面硬度、轨枕种类及铺设密度、道床质量和列车停留时间的长短有关。车轮在轨面滚动时，轨面因被碾压而产生弹性波，这种弹性波受车轮的推动向前移动。此时，钢轨反作用于车轮踏面的施力点向前移动距离 l 而至 A 点。将此法向反力移到车轮中心，并分为两个分力，如图 2.3 所示。其中一个分力 f 起着阻碍列车运行的作用，消耗一部分牵引力。f 即为车轮在钢轨上滚动而引起的列车运行阻力。

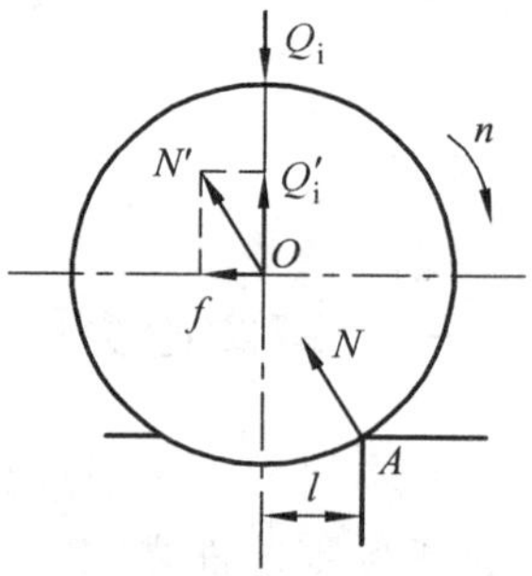

图 2.3 滚动阻力示意图

（三）车轮与钢轨的滑动摩擦所产生的列车运行阻力（简称滑动阻力）

车轮在钢轨上滚动时，由于下述原因还会发生少量的滑动。

（1）车轮踏面与轨面各接触点的直径不相等。车轮踏面是圆锥形的，由于轮轨间的挤压变形，它们是面接触的，即车轮以各种不同的直径与钢轨接触。但同一轮对的两个车轮滚动一周在钢轨上只能运行相同的距离，因此车轮只有一个直径处是纯滚动的，其他直径处在滚动的同时必然有纵向滑动，以适应这一个共同的运行距离。另外，由于车轮的圆锥形踏面引起列车的蛇行运动，这又产生了车轮在钢轨上的横向滑动摩擦及车轮轮缘与钢轨侧面的摩擦。

（2）同一轮对的两个车轮直径不同。因加工误差或磨损的程度不同而使同一轮对的两个车轮直径不同，将使轮对在滚动的同时产生滑动。

（3）轮对组装不正确，也要引起车轮在钢轨上发生纵向和横向的滑动摩擦。这些摩擦都将消耗列车牵引力，这也是列车运行阻力的一部分。

（四）冲击和振动阻力

列车运行时，由于钢轨接缝、轨道不平直、轮轨擦伤等原因会引起轮轨间的冲击和车辆振动的加剧。同时，车辆间也存在纵向和横向的冲击和振动。所有这些冲击和振动都将使列车的动能减少，消耗牵引力。因此，冲击和振动阻力也是列车运行阻力的一部分。

显然，这部分阻力受线路质量（轨缝多少、轨道是否平直与良好）及车辆状态等因素的影响。随着速度的提高，这些影响也就越大，所以，改善线路结构对实现铁路高速重载运输具有重要意义。其中最重要的措施是采用焊接长钢轨。

（五）空气阻力

列车运行时与周围空气发生相对运动，列车前面的空气被压缩和赶开，尾部则产生真空和涡流，上下、左右的外表面则与空气摩擦。这些都会产生阻碍列车运行的阻力，称为空气阻力。

空气阻力的大小取决于列车运行速度、列车外形和尺寸，通常用下式表示：

$$W_a = C_x \cdot A \cdot \frac{\rho v^2}{2} \tag{2.3}$$

式中　C_x—— 空气阻力系数，决定于列车外形；

A—— 列车最大截面面积（m^2）；

ρ—— 空气密度（kg/m^3）；

v—— 列车运行速度（km/h），无风时即为列车速度。

由式（2.3）可见，空气阻力与列车运行速度的平方成正比。因此对高速列车来说，通过减小列车横截面面积，采用流线型车体以降低 C_x 值，对减小列车运行阻力具有重大意义。有试验表明，流线型车体可减小空气阻力 50%。

上述 5 种阻力在基本阻力中所占的比例随着列车速度的变化而变化。低速时，轴承阻力占较大的比例；速度提高后，轮轨间滑动阻力、冲击和振动阻力、空气阻力占的比例逐渐加大；高速时（200 km/h 以上），列车基本阻力则以空气阻力为主。

二、基本阻力的计算

由以上分析可知，影响列车基本阻力的因素很多，在实际运用中很难用理论公式来计算。因此，为了简化基本阻力的计算方法，通常采用由大量试验综合得出的经验公式进行计算。这些公式都采用单位基本阻力等于列车运行速度的二次三项式形式，即

$$w_0 = a + bv + cv^2 \tag{2.4}$$

式中，a、b、c 为与车辆类型有关的经验常数。

《牵规》只给出了城际列车的基本阻力计算公式，对于城市轨道交通系统，不同类型的列车有不同的计算公式。下面给出了国内外部分车型的单位基本阻力的经验公式供参考。

日本新干线 100 系电动车组：$w_0 = 12.50 + 0.0160v + 0.001449v^2$

日本新干线 200 系电动车组：$w_0 = 11.54 + 0.15110v + 0.000883v^2$

法国 TGV 电动车组（2 辆动车、8 辆拖车）：$w_0 = 7.132 + 0.0785v + 0.001450v^2$

德国 ICE 电动车组（2 辆动车、14 辆拖车）：$w_0 = 11.381 + 0.0520v + 0.001177v^2$

意大利 ETR500 电动车组：$w_0 = 5.984 + 0.1001v + 0.001109v^2$

中国部分地铁 A 型车：$w_0 = 2.7551 + 0.014v + 0.00075v^2$（N/kN） （2.5）

中国部分地铁 B 型车：$w_0 = 2.4 + 0.014v + 0.001293v^2$（N/kN） （2.6）

现行《牵规》中关于运行阻力的计算，是根据国家普通铁路列车运行情况测得的，对于城市轨道交通系统而言，参考这种算法基本可行，但是最好能够根据牵引运行情况得出其运行阻力的计算公式。列车牵引运行下的基本阻力和惰行情况下的基本阻力之差是牵引电动机的空载阻力和牵引齿轮的机械阻力（电传动）或车轴齿轮箱、中间齿轮箱和牵引齿轮的机械阻力。

应用上述公式计算时应注意以下问题：

（1）基本阻力的试验都是在运行速度不小于 10 km/h、气温不低于 −10 °C、风速一般不大于 5 m/s 的条件下进行的。因此，当气候条件变化时，计算结果与实际情况有不同程度的误差。上述计算公式也不适用于速度较低、情况较特殊的场合。

（2）低速运行时列车阻力变化比较复杂，所以当 $v < 10$ km/h 时，规定按 $v = 10$ km/h 计算基本阻力。

（3）对于高速列车及无缝长钢轨的线路，阻力计算公式应作相应改变。

第三节　附加阻力

如前所述，附加阻力主要有坡道附加阻力、曲线附加阻力、隧道附加阻力和起动附加阻力等，是特定条件下产生的阻力。

附加阻力与基本阻力不同，其受车辆类型的影响很小，主要决定于运行的线路条件。因此，附加阻力不分动车、拖车，而是按列车计算。

一、坡道附加阻力

列车在坡道运行时，除基本阻力外，还受到重力沿轨道方向的分力的影响，这个分力就是坡道附加阻力。列车在下坡道运行，坡道附加阻力与列车运行方向相同，阻力是负值（起的是负作用，即变成了“坡道下滑力”）。

通常，线路坡道的坡度以坡段终点对起点的高度差与两点间水平距离的比值计算，以字母 i 表示，单位为千分率（‰），规定取二位小数。

图 2.4 所示为一辆车（代表一列车）运行于上坡道的示意图。

BC 为 AB 距离中标高上升的高度，则坡度的千分数为

$$i=\frac{BC}{AB}\times 1\,000=1\,000\tan\theta \quad (‰)$$

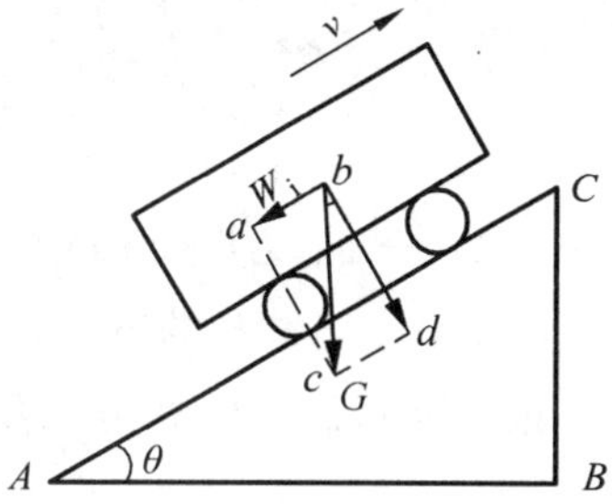

图 2.4　坡道附加阻力示意图

设列车所受重力为 G（kN），即 $G=(\sum m_m+\sum m_t)g$。将它分解为两个分力，其中 bd 方向的分力被钢轨垂直反力所平衡，另一个与轨道平行的 ba 方向的分力即为坡道附加阻力 W_i。由几何关系可得

$$\frac{W_i}{G}=\frac{BC}{AC}$$

则

$$W_i=G\cdot\frac{BC}{AC}=G\sin\theta \quad (\text{kN})$$

如果用牛（N）作为坡道附加阻力的单位，则

$$W_i=1\,000G\sin\theta \quad (\text{N}) \tag{2.7}$$

单位坡道附加阻力

$$w_i=\frac{W_i}{G}=1\,000\sin\theta \quad (\text{N/kN}) \tag{2.8}$$

由于铁路线路坡段的 θ 角很小，当 θ 为 5° 时，线路坡度约为 87 ‰，这时，以 $\tan\theta$ 取代 $\sin\theta$ 所引起的误差不超过 0.4%，而线路坡度大部分在 2°以下，因此这种误差是可以接受的。可以认为

$$\sin\theta\approx\tan\theta$$

所以

$$w_i=1\,000\sin\theta\approx 1\,000\tan\theta=i \quad (\text{N/kN}) \tag{2.9}$$

即列车的单位坡道附加阻力 w_i 在数值上等于该坡道的坡度千分数 i。例如，$i=6$ ‰ 时，单位坡道附加阻力 $w_i=6$ N/kN；若为下坡道，即 $i=-6$ ‰，则 $w_i=-6$ N/kN。

二、曲线附加阻力

列车由于通过曲线而产生的附加阻力，称为曲线附加阻力。引起曲线附加阻力的原因有：

（1）车轮对于钢轨的横向及纵向滑动；

（2）轮缘与外轨轨头内侧的摩擦；

（3）轴颈与轴承的摩擦；

（4）车辆转向架上下心盘间和上下旁承间（或牵引装置）的摩擦。

曲线附加阻力与许多因素有关，如曲线半径、运行速度、外轨超高、车重、轴距、轮箍磨耗程度等。此外，曲线附加阻力还与曲线中心角 α、曲线长度 L_r 和列车长度 L_c 等因素有关。因此很难在理论上确定其值，通常采用对比试验方法，考虑易于计算的主要因素——曲线半径，制定经验公式进行计算。

计算单位曲线附加阻力的经验公式为

$$w_r = \frac{A}{R} \quad (\text{N/kN})$$

式中 R——曲线半径（m）；

A——用试验的方法确定的常数，各国都不相同，其值通常为 450 ~ 800。

根据《牵规》的规定，我国标准轨距的单位曲线附加阻力的计算公式为

$$w_r = \frac{600}{R} \quad (\text{N/kN}) \tag{2.10}$$

由于地铁的轨距符合《牵规》的规定，故可以采用式（2.10）计算曲线附加阻力。如果知道曲线的中心角 α 及曲线长度 L_r，则曲线附加阻力计算公式为

$$w_r = \frac{600}{R} = \frac{600}{\frac{360}{2\pi} \cdot \frac{L_r}{\alpha}} = \frac{10.5\alpha}{L_r} \tag{2.11}$$

式（2.10）和式（2.11）的适用条件是列车长度小于曲线长度。如果列车长度大于曲线长度，列车不是全部同时在曲线上，而仅有一部分车辆受到曲线阻力，因此，单位曲线附加阻力应按下式计算：

$$w_r = \frac{600}{R} \cdot \frac{L_r}{L_c} \quad (\text{N/kN}) \qquad \text{或} \qquad w_r = \frac{10.5\alpha}{L_c} \tag{2.12}$$

式中 L_r——曲线长度（m）；

L_c——列车长度（m）。

三、隧道附加空气阻力

列车进入隧道时，对隧道的空气产生冲击作用，使列车头部受到突然增大的正面压力。进入隧道后，列车驱使空气移动，列车头部的正压与尾部负压形成压力差，产生阻碍列车运行的阻力。同时，由于车辆外形结构的原因，隧道的空气产生紊流，造成空气与车体表面、

洞壁表面的摩擦，也产生阻碍列车运行的阻力。以上阻力之和，称为隧道附加空气阻力。应当指出，列车在空旷地段运行也有空气阻力，只是比较小。所以，所谓隧道附加空气阻力，是指隧道空气阻力与空旷地段空气阻力之差。

单位隧道附加空气阻力以 w_s 表示。隧道越长，此阻力越大；列车越长，速度越高，此阻力也越大。另外，此阻力还与隧道的断面面积、列车外形等因素有关。通常采用下面的经验公式进行计算：

$$w_s = 0.000\,13L_s \quad (\mathrm{N/kN}) \tag{2.13}$$

式中　L_s —— 隧道长度（m）。

对于城市轨道交通而言，如果是地铁系统，则不存在单独计算隧道附加空气阻力的问题，因为在计算列车基本阻力时，已经考虑了其隧道附加阻力的影响；如果是轻轨系统经过隧道，则可以参考式（2.13）进行计算。

四、加算附加阻力

在曲线、坡道和隧道同时出现时，为了计算方便，用单位加算附加阻力 w_j 表示因线路条件产生的附加阻力之和。即单位加算附加阻力为

$$w_j = w_i + w_r + w_s \quad (\mathrm{N/kN}) \tag{2.14}$$

根据单位加算附加阻力与坡道坡度的关系，通常将曲线阻力、隧道空气阻力折合成相当的坡道坡度，并和实际的坡道坡度相加，称为加算坡度，用 i_j（‰）表示。加算坡度为

$$i_j = i + i_r + i_s \quad (‰) \tag{2.15}$$

或

$$i_j = i + \frac{600}{R} + 0.000\,13L_s \quad (L_c < L_r) \tag{2.16}$$

或

$$i_j = i + \frac{600}{R} . \frac{L_r}{L_c} + 0.000\,13L_s \quad (L_c \geqslant L_r) \tag{2.17}$$

式中　i —— 实际坡段的坡度（‰）；

i_r —— 曲线折算坡度（‰）；

i_s —— 隧道附加空气阻力折算的坡度（‰）。

坡道坡度的千分数 i 有正负之分，而曲线阻力和隧道附加空气阻力总是起阻力作用，故 i_r 和 i_s 恒为正值。

【例 2.1】 在 9‰的上坡道上，有一半径为 300 m，长 450 m 的曲线，列车长度 $L_c = 120$ m，计算在此曲线地段内的加算坡度是多少。

解：

$$i_j = i + \frac{600}{R} + 0.000\,13L_s$$

$$= 9 + 600/300 = 11 \quad (‰)$$

答：此曲线地段内的加算坡度为 11‰。

【例 2.2】 某列车行驶在非平直的线路上，该线路曲线半径 $R = 400\ \text{m}$，曲线长度 $L_r = 380\ \text{m}$，坡度为 3‰下坡，列车长 $L_c = 120\ \text{m}$。求该线路的加算坡度 i_j 和单位加算附加阻力 W_j。

解： (1) 计算该线路的加算坡度 i_j：

$$
\begin{aligned}
i_j &= i + \frac{600}{R} + 0.000\,13 L_s \\
&= -3 + 600/400 + 0 \\
&= -1.5\ (‰)
\end{aligned}
$$

（2）单位加算附加阻力：

$$W_j = i_j = -1.5 \quad (\text{N/kN})$$

答：该线路的加算坡度为 −1.5 ‰，单位加算附加阻力为 −1.5 N/kN。

五、其他附加阻力

除了上述几种附加阻力以外，还有因气候条件如大风或严寒所引起的阻力。

由于车辆的基本阻力经验公式是在一定的气候条件下进行试验得出的，所以气候条件变化时，列车的基本阻力也将发生变化。风向与列车运行方向相反时，列车阻力增大；反之则阻力减小。如果大风从列车侧面吹来，将使列车表面摩擦加大，并使车轮轮缘紧靠钢轨一侧，发生摩擦；同时，轴承摩擦以及轮轨间的滑动摩擦也会加剧，且列车越长，这种附加阻力就越大。因此，侧向大风对于列车运行是不利的。

严冬季节，在气温很低的地区，列车运行阻力会增大，原因是润滑黏度随着气温下降而增大，摩擦系数和摩擦阻力也就随之增大；同时气温降低时，空气密度增大，空气阻力也有所增加。

第四节　减小列车运行阻力的措施

针对城市轨道交通列车运行阻力的产生原因，采取有效措施尽可能减小运行阻力，对提高运行速度、旅客装载量及其他技术经济指标具有十分重要的意义。通常可采取如下措施减少运行阻力：

（1）按季节变化选用适当牌号的润滑油，以保证轴承良好润滑。

（2）维护好车辆走行部，保证正常的技术状态。

（3）提高载客率，增加车辆质量，减小单位基本阻力。

（4）维护动车组所有制动装置良好的技术状态，避免出现自然制动和缓解不良现象。

（5）采用动力制动，以减小制动损失。
（6）车辆滚动轴承化，列车外形流线化。

复习思考题

1. 什么是列车运行阻力？如何分类？
2. 什么是基本阻力？什么是附加阻力？
3. 什么是总阻力和单位阻力？如何计算？
4. 构成基本阻力的主要因素有哪些？它们的数值大小与哪些因素有关？
5. 何谓坡道附加阻力？如何计算？
6. 引起曲线附加阻力的原因有哪些？
7. 何谓加算附加阻力？何谓加算坡道？
8. 减小列车运行阻力的措施有哪些？

第三章　列车制动力

本章提要

（1）制动系统在城市轨道交通车辆运行中的重要意义，制动力的基本概念、分类，制动方式与操纵方法。

（2）闸瓦制动力的产生和计算，闸瓦摩擦系数及其影响因素，制动滑行的原因、危害，制动力的限制，列车制动率，自动防滑装置。

（3）动力制动力的产生和计算。

第一节　制动力概述

一、制动系统在城市轨道交通车辆运行中的重要意义

人为地使运动物体减速或阻止其加速叫作制动。对于城市轨道交通车辆来说，为了使运行着的列车能迅速地减速或停车，必须对它施行制动；为了防止列车在下坡道上运行时由于列车的重力作用导致列车速度增加，也需要对它施行制动；另外，为了避免停放的车辆因重力作用或风力作用而溜走，也需要对它施行制动（称停放制动）。因此，良好的车辆制动系统对保证列车安全和正点运行具有极其重要的意义，同时这也是提高载重和运行速度的前提条件。

二、列车制动力定义

列车制动力是由制动装置产生的、与列车的运行方向相反、阻碍列车运动的、可由司机根据需要或由自动驾驶装置控制和调节的外力。制动力和列车运行阻力虽然都能阻止列车的运动，但是制动力是人为产生的和可控的。另外，制动力较运行阻力要大得多，毕竟产生制动力的目的是控制列车的运动。

三、制动功率与制动能力

从能量的角度来看，制动的实质就是将列车所具有的动能转移出去。制动系统转移动能的能力称为制动功率。在一定的制动距离内，列车的制动功率是其速度的三次函数，即 $P=f(v^3)$。

列车的最高运行速度虽然与其牵引功率有关，但也受其制动能力的限制。列车的制动能力是指制动系统能使其在规定的制动距离内安全停车的能力。按照城市轨道车辆的运行规程，要求列车在非正常情况下的制动距离（称紧急制动距离）不超过某一规定值，例如地铁规定

的紧急制动距离一般为 180 m。这个距离要比起动加速距离短得多，所以，列车的制动功率要比驱动功率大 5 ~ 10 倍。

四、城市轨道交通车辆的制动系统应满足的条件

城市轨道交通的站距较短，因此列车的调速及停车都比较频繁。为了提高运行速度，尤其是对高架有轨交通车辆和地铁列车，必须使其起动快、制动距离短。同时城市轨道交通车辆的旅客上下波动较大，对车辆载重有较大的影响。针对这些特点，城市轨道交通车辆的制动系统应满足以下条件：

（1）操纵灵活，制动减速快，动作灵敏可靠，车组前后车辆制动、缓解作用一致。

（2）具有足够的制动能力，能保证列车在规定的制动距离内停车。在长大下坡道上运行时，其制动力不会衰减。

（3）新型的城市轨道交通车辆，应具有动力制动与摩擦制动的联合制动能力。在正常制动过程中，优先使用动力制动，以减少对城市环境的污染和降低运行成本。

（4）车辆应具有载荷校正能力，能根据乘客载荷的变化自动调节制动力，使车辆制动率保持恒定，以减小列车冲动，保证乘客乘坐的舒适性。

（5）具有紧急制动性能，遇到紧急情况时，能使列车在规定距离内安全停车。紧急制动作用除可由司机操纵外，必要时还可由行车有关人员利用紧急按钮（紧急阀）进行操纵。此外，运行中发生诸如列车分离、制动系统故障等危急行车安全的事故时，应能自动实施紧急制动。

五、制动分类

地铁车辆牵引电传动系统采用先进的调频调压交流感应电机驱动系统，在高速时具有良好的电制动性能，但是由于电制动的效率随着运行速度的降低而降低（低速时电制动的作用发挥不出来）以及安全要求，在车速降低到一定程度以后必须采用空气制动系统。因此，将制动系统分为两大类：空气（摩擦）制动和动力制动。

（一）空气（摩擦）制动

空气（摩擦）制动是用来补充所要求的制动力与已达到的电制动力之间的差额，以及没有电制动时，完全满足列车的制动要求。电制动和空气（摩擦）制动之间的混合制动是平滑的，并满足正常运行的冲击极限。每节车设计有独自的空气制动控制及部件，每根轴设计有独立的防滑控制。

空气（摩擦）制动时，列车的动能通过摩擦转变为热能。城市轨道交通车辆常用的摩擦制动方式主要有闸瓦制动和盘形制动，在高速列车的制动系统中还有轨道电磁制动等方式。

1. 闸瓦制动

闸瓦制动又称为踏面制动，它是最常用的一种制动方式，如图 3.1 所示。

制动时闸瓦压紧车轮，轮、瓦间发生摩擦，列车的动能大部分通过轮、瓦间的摩擦，并通过车轮与钢轨间的黏着，产生使列车减速或停车的制动力。

在闸瓦制动方式中，动能转化为热能的能力大，但热能散发到大气的能力相对较小。当要求的制动功率较大时，产生的热能有可能来不及散发到大气，而在闸瓦与车轮踏面积聚，使它们的温度升高，严重的甚至导致闸瓦熔化（铸铁闸瓦）或车轮踏面产生裂纹等。因此，在采用闸瓦制动时，对制动功率要有限制。

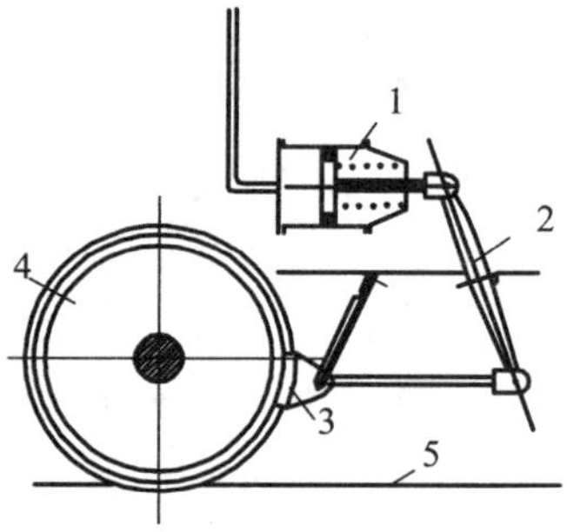

图 3.1　闸瓦制动

1—制动缸；2—基础制动装置；3—闸瓦；4—车轮；5—钢轨

2. 盘形制动

如图 3.2 所示，盘形制动有轴盘式和轮盘式之分。一般情况下采用轴盘式盘形制动装置，当轮对中间由于牵引电机等设备使制动盘安装发生困难时，可采用轮盘式盘形制动装置。

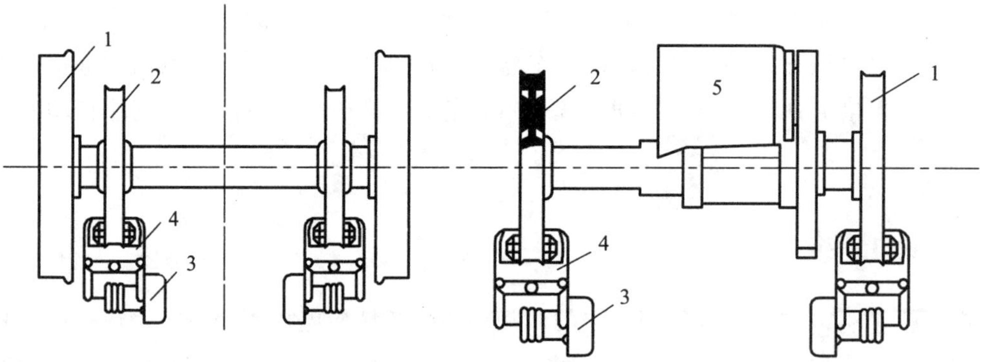

图 3.2　盘形制动

1—轮对；2—制动盘；3—单元制动缸；4—制动夹钳；5—牵引电机

制动时，制动缸通过制动夹钳使闸片夹紧制动盘，使闸片与制动盘间产生摩擦，把电动车组的动能转变为热能，热能通过制动盘与闸片散发到大气。盘形制动能双向选择摩擦副，可以得到比闸瓦制动大得多的制动功率。

3. 磁轨制动

磁轨制动也叫轨道电磁制动。如图 3.3 所示，在转向架构架侧梁 4 下通过升降风缸 2 安装有电磁铁 1，电磁铁下设有磨耗板 5。制动时将电磁铁放下，使磨耗板与钢轨 3 吸住，列车的动能通过磨耗板与钢轨的摩擦转化为热能，然后经钢轨和磨耗板最终散发到大气。轨道电磁制动能得到较大的制动力，因此常常被高速列车用作紧急制动时的一种补充制动手段。

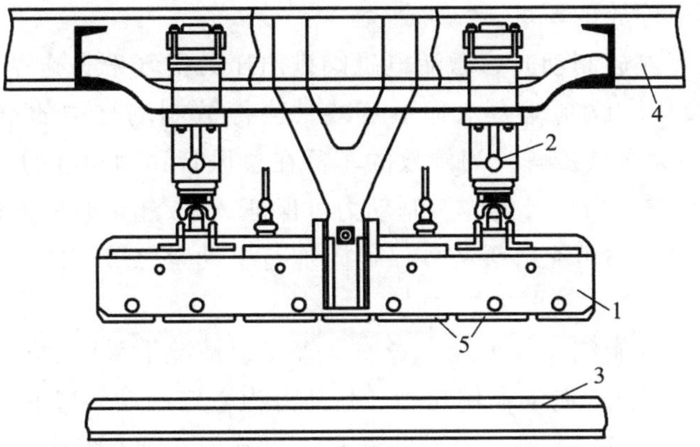

图 3.3 磁轨制动

1—电磁铁；2—升降风缸；3—钢轨；4—转向架构架侧梁；5—磨耗板

（二）动力制动

动力制动时，将牵引电机变为发电机，使列车动能转化为电能，对这些电能的不同处理方式形成了不同方式的电制动。电制动是车辆在常用制动下的优先选择，仅带驱动系统的动车具有电制动。电制动具有独立的滑行保护和载荷校正功能。它又有再生制动和电阻制动两种形式。

1. 电阻制动

如果制动列车所在的接触网供电区段内无其他列车吸收该制动能量，VVVF 则将能量反馈在制动电阻上，将电机上的制动能量转变成电阻的热能消耗掉，此即电阻制动（亦称能耗制动）。制动电阻上的热能靠强迫通风而散发到大气中。电阻制动能提供较稳定的制动力，能单独满足常用制动的要求。

2. 再生制动

当发生常用制动时，电动机变成发电机状态运行，将车辆的动能变成电能，经 VVVF 逆变器整流成直流电反馈于接触网，供列车所在接触网供电区段上的其他车辆牵引用和供给本车的其他系统（如辅助系统等），此即再生制动。再生制动取决于接触网的接收能力，亦即取决于网压高低和负载利用能力。这种方式既能节约能源，又减少制动时对环境的污染，并且基本上无磨耗，因此是一种较为理想的制动方式。目前，地铁车辆普遍采用这种制动方式。

六、制动操纵方式

在制动操纵上，按其作用条件和性质的不同，司机对列车制动系统的操纵方式有以下几种：

1. 弹簧停放制动

列车的停放制动采用的是弹簧实施的形式，停放制动既可由压力空气来控制也可由司机操纵。由于列车断电停放时，制动缸压力会因管路漏泄无压力空气补充而逐步下降到零，所以停放制动不同于一般的“充气制动、排气缓解”，它是通过弹簧作用力而产生制动作用，能满足列车较长时间断电停放的要求。

由司机操纵来执行停放制动时，激活电磁阀排出压力空气来实施停放制动。停放制动的执行机构的设计要求其停放制动力永远不衰减，当停放制动缸中的空气压力达到 3.8 bar（1 bar=100 kPa）时制动必须缓解，当停放的车辆在总风管和制动缸的空气下降到 3.3 bar 之前停放制动必须全部实施，所设计的弹簧制动力可保证 AW3 超员载荷列车停于 4‰的坡道上。

另外，弹簧停放制动除可充气缓解外，还附加有手动紧急缓解的功能。

2. 紧急制动

紧急制动是列车在可能危及行车及人身安全等紧急情况下采取的异常措施，其目的是要求列车尽快停止运动，因此，制动作用猛烈，制动力为空气制动装置的全部制动能力。另外，紧急制动装置经常有冗余设备，其可靠性非常高，以确保在列车发生断电、车体分离等紧急情况下也能保证良好制动效果。列车设计有一个“失电制动、得电缓解”的紧急空气制动系统，贯穿整个列车的 DC 110 V 连续电源线控制制动系统的缓解，线路一旦断开，所有车立即实施紧急制动。紧急制动可不经过制动微机控制单元的控制，直接由制动控制单元 BCE 中的紧急电磁阀失电而产生。

3. 快速制动

当将主控制器手柄移到“快速制动”位时，列车将实施减速度与紧急制动相同的快速制动（部分车辆有区别，如武汉地铁 2 号线，快速制动的减速度为 1.0 m/s^2，紧急制动的减速度为 1.3 m/s^2。）。所不同的是紧急制动是不可逆的，必须待列车完全停稳后方可缓解制动，而快速制动时，司机则可根据需要随时实施缓解。此外，列车在长大坡道制动停车时，采用快速制动停车，可以防止因制动力不足而导致的车辆后溜。

4. 常用制动

常用制动是正常情况下为调控列车速度或进站停车所施行的制动，其作用较缓和，而且制动力可以调节。根据制动级数，常用制动力一般为制动装置制动能力的 20% ~ 80%。

在常用制动模式下，电制动和空气（摩擦）制动一般都处于激活状态。一般情况下（车载 AW2 以下，速度 8 km/h（可调）以上），电制动完全能满足车辆制动要求，当电制动力不能满足制动要求时，空气制动能够迅速、平滑地补充，实现混合制动的作用。

以上几种制动操纵方式中，常用制动和紧急制动是两种最主要的方式。

第二节　闸瓦制动力的产生和计算

闸瓦制动是应用最广泛的制动方式，也是在我国最主要的制动方式。下面先介绍闸瓦制动的制动力。

一、闸瓦制动力的产生和计算

制动一般是在牵引力为零的情况下进行的，制动以前，列车靠惯性运行。司机将制动手柄推向某一制动位，压缩空气经列车管进入制动缸，在制动缸鞲鞴上产生压强 p，p 乘以鞲鞴面积即为制动缸鞲鞴杆所受推力 P_b

$$P_b = \frac{\pi d^2}{4} \cdot p \cdot 10^{-3} \quad (\text{N}) \tag{3.1}$$

式中　d—— 制动缸鞲鞴直径（mm）。

制动原力 P_b 经制动杠杆放大后传给闸瓦，转向架同一侧前后两个闸瓦压力之和，或同一轮对上左右两个闸瓦压力之和为

$$K = \eta_z \cdot \beta \cdot P_b \cdot 10^{-3} \quad (\text{kN}) \tag{3.2}$$

式中　η_z—— 基础制动装置传动效率；

　　　β—— 制动倍率。

如图 3.4 所示，当两个闸瓦以 $\eta_z \cdot \beta \cdot P_b$ 的压力压上轮对时，闸瓦与正在转动（或有转动趋势）的轮对之间产生摩擦力 B'：

$$B' = \varphi_k \cdot K = \varphi_k \cdot \eta_z \cdot \beta \cdot P_b \cdot 10^{-3} \quad (\text{kN}) \tag{3.3}$$

式中　φ_k—— 闸瓦与车轮的摩擦系数，简称为闸瓦摩擦系数。

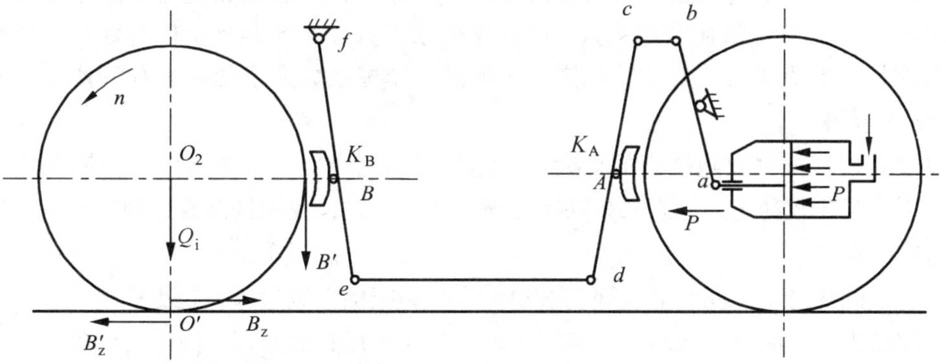

图 3.4　制动力产生过程

应注意的是闸瓦摩擦力并不能使列车减速，只能阻止车轮转动。但正是这个摩擦阻力，使轮轨接触点 O' 有向前滑动的趋势，产生轮轨间的相互作用力。即轮对钢轨的作用力是 B'_z，B'_z 引起了轮轨间的黏着力 B_z。在黏着极限范围内，B_z 的存在阻止了轮对沿钢轨的滑动，从而使轮对在惯性作用下继续向前滚动。由于 B' 的作用，轮对转速逐渐降低，车辆运行速度相应降低。

由此可见，B_z 是由闸瓦摩擦力 B' 引起的、钢轨作用在轮周上的外力。它与列车运行方向相反，大小可在一定范围内由司机控制，是使车辆急剧减速的制动力。根据图 3.4，忽略轮对的转动，将轮对作隔离体而建立力矩平衡方程：

$$B_z \cdot \frac{D_k}{2} - B' \cdot \frac{D_k}{2} = 0$$

因为

$$B_z = B' = \varphi_k \cdot K = \varphi_k \cdot \eta_z \cdot \beta \cdot P_b \cdot 10^{-3} \quad (\text{kN}) \tag{3.4}$$

因此，一列列车的制动力

$$B = k_z \cdot B_z = k_z \cdot \varphi_k \cdot \eta_z \cdot \beta \cdot P_b \cdot 10^{-3} \quad (\text{kN}) \tag{3.5}$$

式中　k_z—— 列车实施闸瓦制动的轮对数。

将式（3.1）代入式（3.5），得

$$B = \frac{1}{4}\pi d^2 \cdot p \cdot \varphi_k \cdot \eta_z \cdot \beta \cdot k_z \cdot 10^{-6} \quad (\text{kN}) \tag{3.6}$$

式中，p为制动缸充气压强（kPa），与司机制动级位有关，如DK20车最大常用制动时制动缸空气压强为 260 kPa；d, β, k_z等结构常数，对一定车辆来说是固定值，均可从车辆的有关参数表中查出；在《牵规》中规定了基础制动装置传动效率η_z的取值，机车及客车均取0.85，客车盘形制动单元及其踏面制动单元均取0.90。

二、闸瓦摩擦系数和制动力限制

（一）闸瓦摩擦系数

闸瓦紧压车轮，引起阻止车轮转动的力叫作摩擦力，摩擦系数就是摩擦力与闸瓦压力的比值，用φ_k表示，简称闸瓦摩擦系数。闸瓦摩擦系数直接影响制动性能的好坏，对闸瓦摩擦系数的要求是：数值要大，要比较稳定。影响闸瓦摩擦系数大小的因素有下列几个：

1. 闸瓦材质

铸铁闸瓦的摩擦系数随硬度的加大、车速的增高而降低。含磷量较高的铸铁闸瓦的摩擦系数也较大，且比较稳定，但高磷铸铁闸瓦脆性大。所以，我国铁路普速列车现阶段仍大量采用中磷铸铁闸瓦。

塑料合成闸瓦与车轮间是非金属与金属的摩擦，摩擦系数较大，且更稳定。但塑料的传热性能差，散热难，易使车轮踏面产生热裂剥离。合成闸瓦有低摩瓦、高摩瓦两种，通常所说的合成闸瓦均指摩擦系数较高的高摩瓦。目前，我国地铁车辆与高速列车大量装配的均为高摩瓦。

2. 闸瓦压强

试验结果表明，对于铸铁闸瓦来说，在闸瓦压强小于3 000 kPa时，闸瓦压强越大，摩擦系数越小，压强增大一倍，摩擦系数下降27%。实际运用中闸瓦压强一般不允许超过1 200 kPa。因此，对于需要增加制动力的车辆，应注意加大闸瓦与车轮踏面的接触面积。例如，采用“双侧制动”的办法，在每个车轮的前后分别设置一块闸瓦，用增加闸瓦数量的方法来增大闸瓦与车轮的接触面积，降低闸瓦压强，并使轮对受力均匀，这样可更加有效地提高摩擦系数。

3. 列车运行速度

摩擦系数受列车运行速度影响很大，速度越高，摩擦系数越小。在列车要接近停车的瞬间，摩擦系数急剧增大到平均值的1.5 ~ 2.0倍。

4. 其　他

除上述主要因素之外，闸瓦摩擦系数还与气候，车轮踏面湿度、清洁状况，以及轮瓦新旧程度等因素有关。

由于影响闸瓦摩擦系数的因素很多、很复杂，很难用理论方法来推导闸瓦摩擦系数。经过一系列试验，在《牵规》中，将高摩合成闸瓦瞬时实际摩擦系数计算公式确定为

$$\varphi_k = 0.35 \times \frac{v+150}{2v+150} \tag{3.7}$$

将盘形制动合成闸片的换算摩擦系数计算公式确定为

$$\varphi_k = 0.358 \times \frac{v+150}{2v+150} \tag{3.8}$$

式中　v—— 制动时列车运行速度（km/h）。

（二）制动力的限制

根据对制动力产生过程的分析得知，当 $K \cdot \varphi_k$ 的值不超过轮轨间的黏着力时，制动力 B_z 在数值上等于闸瓦与车轮间的摩擦力，即 $B_z = K \cdot \varphi_k$。可见制动力随闸瓦与车轮间摩擦系数的增大而增大，也可以说制动力随闸瓦压力的增大而增大。众所周知，列车运行时，增大制动力可缩短制动距离，提高行车的安全性，但是，这也和动车牵引力一样，必须遵守黏着定律，不能无限制地盲目增大制动力，当 $K \cdot \varphi_k$ 值增大到等于轮轨间的极限黏着力时，这时制动力实现了最大值，当制动力超过轮轨间的黏着条件允许的最大值时，由于车轮被闸瓦抱紧而不能转动，此时，列车因惯性作用不能立即停止，因而使车轮在轨面上滑行前进。这种列车运行时车轮不转动，而沿钢轨滑行的现象，称为车轮滑行，所以，我们说制动力受轮轨间黏着条件的限制。

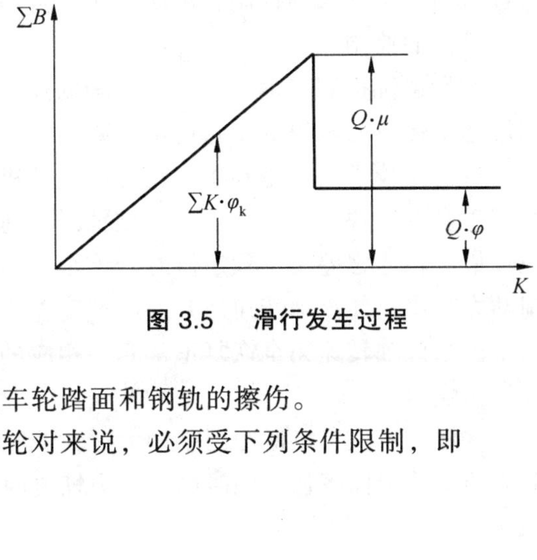

图 3.5　滑行发生过程

在不滑行的前提下，闸瓦压力越大，制动力也越大，所以，闸瓦压力的限制就成了制动力的限制。从图 3.5 可看出，滑行后的制动力急剧下降，因为滑行时轮轨间的滑动摩擦力成为制动力，而轮轨间的滑动摩擦系数 φ 值要比黏着系数 μ 小很多，所以司机在制动机操纵中应了解闸瓦摩擦系数 φ_k 和轮轨间黏着系数 μ 的变化规律，控制闸瓦压力不超过最大值。因为，滑行会使制动距离延长，而且会造成行车事故或车轮踏面和钢轨的擦伤。

为保证正常的制动力不超过黏着力，对一个轮对来说，必须受下列条件限制，即

$$K \cdot \varphi_k \leqslant Q_i \mu$$

或

$$\frac{K}{Q_i} \leqslant \frac{\mu}{\varphi_k}$$

式中　μ—— 黏着系数；

φ_k—— 闸瓦与车轮摩擦系数；

Q_i—— 一个轮对的轴重；

K—— 一个轮对的闸瓦压力。

三、列车制动率

列车制动率是牵引计算中的重要数据，它表示列车所具有的制动能力。

列车全部闸瓦压力之和与该车的总重之比称为列车制动率，用 δ_C 表示，即

$$\delta_C = \frac{\sum K}{\left(\sum m_m + \sum m_t\right) g} \tag{3.9}$$

在安全范围内，δ_C 值应尽可能取得高一些，但 δ_C 值越高，制动滑行危险就越大，所以，在设计制造时合理选择 δ_C 是防止制动滑行的一种手段。在制动时，尽可能不使用紧急制动，必要时要适量撒砂，以增大轮轨间的黏着力。

四、自动防滑装置

自动防滑装置采用了模糊控制技术、微处理机系统、高抗干扰电源、四种滑动判断检测轮对的运转工况、重叠采样、多路通道分析、多种状态分段巡回检测等多种技术，还具有自动保护、自动检测、故障显示等功能。防滑系统是电子控制系统的一部分。它的作用如下：

（1）防止轮子抱死，避免滑行。

（2）最佳地利用黏着，以获得最短的制动距离。

防滑系统将检测到的轮子线速度与车辆速度某一个量的比较，来判断轮子是否打滑，并通过对防滑排气阀的控制，来防止车轮打滑，从而达到控制车辆减速度的要求。

具体的控制原理如下：

防滑系统检测车辆的每一根车轴的速度后形成一个参考速度来代替车辆的真实速度。将利用速度传感器测得的车轮速度和减速度与规定的标准值进行比较。

目前比较常用的是利用车轮的速度差进行控制，即同一辆车的几根轴中的一个轮对制动力超过黏着而快要发生滑行时，该轴的转速必然要大大慢于其他轴的转速，当该轴转速与其他轴最高转速之差大于预定值时，该轴的防滑排风阀便排风，降低控制该轴的制动缸压强，制动力减小，使该轴转速回升，当速度差小于预定值时，该轴排风阀口关闭，相应的制动缸保压；当该轴转速完全恢复正常时，相应的排风阀得电，使该轴的制动缸压强回升，恢复到较高压强。

这样，不仅可以避免因制动力过大或轮轨间黏着力降低，引起车轮抱死（产生滑动）所造成的车轮踏面擦伤，同时当黏着力恢复时，制动力可以快速上升，确保安全的制动距离。

第三节　动力制动力的产生和计算

动力制动，无论是电力机车或电传动内燃机车采用的电阻制动，还是液力传动内燃机车所采用的液力制动，都具有与闸瓦制动很不相同的性能：在高速时制动力随速度的降低而增大，而在低速时制动力随速度的降低而减小。在长大下坡道上，采用动力制动可使列车安全

地以较高速度行驶，提高线路通过能力；通过站场或在缓行区段，使用动力制动减速，可节省轮、瓦的磨耗。但是，动力制动只是在机车或动车上才能应用，所以它并不能代替闸瓦制动。且由于低速时动力制动的制动力随速度降低，列车在减速和停车时还必须依靠闸瓦制动来控制。

一、动力制动力的产生

电制动是利用直流电机的可逆原理，在制动工况时，使牵引电动机变为发电机，由轮对驱动，将列车的动能转换成电能，再通过制动电阻转变成热能后散逸掉。

牵引电动机由牵引工况过渡到制动工况要完成下列的转换：① 切断牵引电动机电源，使牵引电动机与牵引发电机或牵引变压器断开；② 将牵引电动机的励磁绕组与电源接通，建立一定的磁场，使被轮对驱动的牵引电动机转为发电机工况；③ 在牵引电动机电枢回路中串入制动电阻，以消耗电能。这三个步骤是司机或制动控制器下达了电制动指令以后瞬间完成的，转换完后的牵引电动机的接线如图 3.6 所示。图中 I_t 为牵引电动机励磁电流，R_Z 为制动电阻，I_Z 为制动电流。

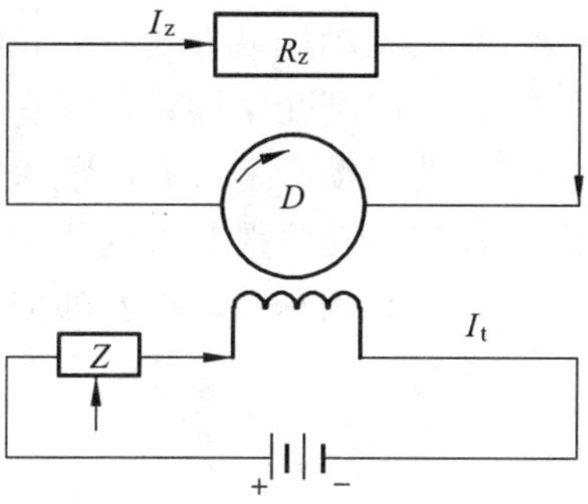

图 3.6　电阻制动

在牵引工况下，牵引电动机的电流与感应电动势方向相反，电枢产生的转矩与电机旋转方向相同。当电机处于制动工况成为发电机时，电流与感应电动势方向相同，而电磁转矩则与电枢的旋转方向相反。这个反向转矩经齿轮传到动轮上，与闸瓦制动作用于车轮的摩擦力矩在本质上是一样的，两者制动力产生的过程也相同。因此，由电阻制动所产生的制动力同样要受到轮轨间黏着的限制。

二、动力制动力的计算

设此时电机产生的电磁转矩为 M_d，则动车电阻制动所产生的电阻制动力 B_d 为

$$B_d = \frac{2m \cdot i}{D_k \cdot \eta_d} \cdot M_d \tag{3.10}$$

车辆速度与电机转速的关系如下：

$$v = \frac{60\pi D_k}{i \times 10^3} \cdot n \quad (\text{km/h}) \tag{3.11}$$

式中　m—— 电机台数；

D_k—— 车轮滚动圆直径（mm）；

i—— 齿轮传动比；

M_d—— 电机电磁转矩；

η_d—— 传动效率，为电机效率与齿轮传动效率的乘积；

n—— 电机转速（r/min）。

复习思考题

1. 城市轨道交通车辆的制动系统应满足哪些条件？
2. 什么叫列车制动力？说明制动力的产生过程。
3. 列车制动力如何分类？
4. 列车制动操纵方式有哪几种？
5. 什么叫闸瓦摩擦系数？它与哪些因素有关？
6. 何谓制动滑行？有何危害？
7. 简述自动防滑装置的作用和原理。
8. 什么是列车制动率？如何计算？

第四章 作用于列车的合力与牵引模式

本章提要

（1）合力、单位合力的概念。

（2）作用于列车上的力与操纵的关系。

（3）轨道交通站间运行模式。

第一节 作用于列车的合力与操纵的关系

一、作用于列车的合力

从物理学中我们知道，如果物体上同时有几个作用力，那么物体的状态就由这些力的合力来决定。地铁列车的起动、运行、停车，都是作用在列车上的力使其运行工况发生变化，弄清弄懂这些力的形成以及影响这些力的因素，掌握这些力的变化规律，就能合理地操纵列车，做到起车稳，加速快，无冲动，不空转。

（一）合　力

作用于列车上的牵引力 F、运行阻力 W 以及制动力 B 的代数和，称为合力，用 C 表示。即

$$C=F-W-B\ (\mathrm{kN}) \tag{4.1}$$

它决定着列车运行的性质——列车的加速、减速或停车。因此，了解作用于列车上各种外力的形成和变化规律，是研究列车运动的基础。通常，我们把与列车运行方向相同的力规定为正，反之，与列车运行方向相反的力规定为负。

（二）单位合力

单位合力即单位列车质量受到的合力，单位是 N/kN，则

$$c=\frac{C\times 1\,000}{(\Sigma m_{\mathrm{m}}+\Sigma m_{\mathrm{t}})g}\ (\mathrm{N/kN}) \tag{4.2}$$

式中　m_{m}——1 辆动车的质量（t）;

m_{t}——1 辆拖车的质量（t）。

式（4.2）的分母表示电客车的全部质量，实际计算时，应根据其编组进行计算。

二、作用于列车上的力与操纵的关系

列车在运行中，受着各种力的作用，但列车牵引理论基础，只研究与列车运行方向平行且和列车运行有关的外力，这些力分为以下三种：

（1）动车牵引力 F；

（2）列车运行阻力 W；

（3）列车制动力 B。

上述三种力在一般情况下并不是同时存在的，而是在列车不同工况时以下列组合形式之一作用在列车上：

列车牵引运行时，作用于列车上的力有牵引力 F 和运行阻力 W。其合力表达式为：

$$C=F-W \tag{4.3}$$

列车处于惰行工况时，作用于列车上的力有基本阻力和附加阻力。当列车在平直线路上运行时，合力为负，列车减速运行。当列车在坡度较大的下坡线路惰行时，合力为正，列车加速运行，其合力表达式为：

$$C=-W \tag{4.4}$$

列车制动运行时，作用于列车上的力有电客车阻力和制动力，列车的合力为负，列车作减速运行，直至停车。当列车运行于坡度较大的下坡道，其坡道阻力为负且大于制动力时，则列车作加速运行，以方程式表示为：

$$\mathrm{C}=-(W+B) \tag{4.5}$$

运行中的列车状态随列车的三种工况（牵引运行、惰性运行和制动运行）的不同及线路纵断面的变化等诸多因素的变化而不断变化着。当作用于列车上的合力 $C>0$ 时，列车加速运行；$C=0$ 时，列车匀速运行；$C<0$ 时，列车减速运行。牵引力是司机可以控制的使列车前进的外力，而列车运行阻力不论列车在何种工况，总是客观存在且司机不能控制的阻止列车运行的外力，这两个力的大小和方向决定着列车的加速和减速。动车牵引列车运行的过程，就是用牵引力克服列车运行阻力的过程。列车制动力是司机可以控制和调节的使列车减速或停车的外力。

综上所述，司机操纵列车的实质，就是适时地控制和调节作用于列车的力，人为改变列车牵引力和列车制动力的大小和有无，以适应列车的运行要求，同时做到充分利用动车功率，最大限度地节省能源，安全、正点地全面完成旅客运输任务。

第二节　牵引运行模式的选择

轨道交通站间运行模式、轴功率的大小、启动加速度的高低，直接关系到牵引重量、运行速度、运输成本等一系列技术经济问题。与干线列车不同，城市轨道交通车辆的运行特点是站距短而旅行速度较高。

城市轨道交通中，地铁和高架线路站距为 0.8 ~ 1.8 km，市郊线路站距为 1 ~ 3 km。由于站距短，需要频繁地起动和停靠，每站又需要 30 s 左右的停站时间，而其运行一般要求在最节约资源的条件下实现 40 ~ 60 km/h 的旅行速度，因而牵引运行模式的选择十分重要。

一、轨道交通站间运行模式

轨道交通系统站间距较短，一般有两种运行模式，如图 4.1 所示。

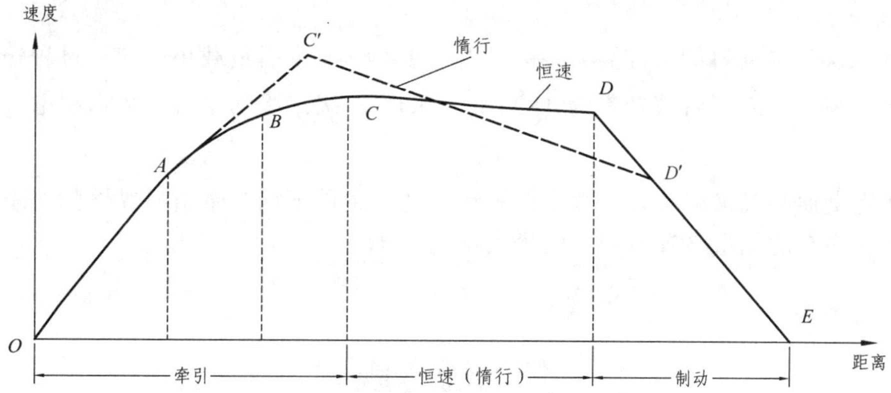

图 4.1 站间牵引模式

（1）牵引-恒速-制动模式。该模式下，列车起动加速到某一经济速度（满足运行点要求）之后，将操纵手柄退至牵引力等于运行阻力的位置，使列车保持均衡速度运行。在列车进站时，根据列车速度、制动力大小、制动地点的坡度等情况，抓住时机开始制动，使列车准确地在规定的地点停稳。图 4.1 中 *OA*、*AB*、*BC* 段分别对应于交流异步牵引电动机的 v/f 恒定控制、恒功率控制和恒转差率控制方式；*CD* 段为列车保持某一恒定速度的运行模式（也称为巡航模式），它是以列车的牵引与制动能力足以维持列车在一般线路条件下的可能运营状态为前提的；*DE* 段为恒减速运动，城市轨道交通车辆一般均采用再生制动与电阻制动相结合的电制动优先、空电联合制动方式，以保证在制动系统允许条件下得到尽可能大的制动减速度。

（2）牵引-惰行-制动模式。该模式与前一种模式在起动加速及制动停车段基本相同。当列车牵引运行到某一速度（略高于该区间的平均速度）后，将操纵手柄退至“0”位，改为惰行，使列车自然降速，直到列车进站前开始制动停车。该模式适合区间运行时间较富余的情况。

上述两种模式适用于大多数场合。不过，当站间距较大、线路条件变化也很大时，可能需要多次牵引-惰行（恒速）的组合。同时，司机在手动驾驶时，应将图 4.2 中的 *A*、*B*、*C*（*C*′）和 *D*（*D*′）点，即列车的升速点、保速点、制动点与地面的参照物结合起来，经济、合理地操纵列车。

二、轴功率的计算

城市轨道交通车辆的运行阻力包括基本阻力和附加阻力，其中，单位质量基本阻力主要由摩擦和冲击引起，一般与速度呈二次曲线关系。

试验表明，城市轨道交通车辆的单位质量所需功率主要应满足图 4.1 中 *A* 点的要求。根据 *A* 点决定的单位质量所需功率（N_A）、轨道交通车辆的总质量（m_Z）和动轴数（D），可以很容易地得到轨道交通车辆的轴功率（P_A）：

$$P_A = N_A m_Z / D \quad (\text{kW}) \tag{4.6}$$

应当指出，这样得到的 P_A 对电动机来说是暂载功率，乘以过载系数（k_g）和传动效率（η）才是电动机的额定功率（P_N）。即

$$P_N = P_A k_g \eta \quad (\text{kW}) \tag{4.7}$$

k_g 主要取决于电动机的允许温升，一般为 1.1 ~ 1.4。牵引负载小、起动过程短，则可取较大的 k_g 值。例如，对于暂载功率为 180 kW、采用 H 级绝缘的交流变频牵引电动机，可取 $k_g = 1.2$。

城市轨道交通一般采用动力分散型动车组，通常条件下列车牵引对黏着的要求都可以满足。其动车与拖车的轴重略有不同，但最大不超过 16 t。

复习思考题

1. 什么是作用于列车上的合力？
2. 列车在不同运行工况时，作用于列车上的合力表达式是怎样的？
3. 什么是单位合力？单位合力表达式如何表示？
4. 在什么情况下列车运动的趋势将发生加速、减速、等速变化？
5. 轨道交通站间运行模式有哪几种？试作简要说明。

下篇　列车操纵

第五章　地铁运行安全与行车管理基础

本章提要

（1）地铁安全基本知识：安全技术、海恩法则。

（2）地铁列车运行安全：安全驾驶的基本要求、列车驾驶作业安全准则、司机安全管理条例、列车安全关键点与预防措施。

（3）地铁行车信号：信号基础知识、行车标志、视觉信号与听觉信号。

（4）行车管理基础：行车工作的原则、列车运行图、列车运行方向及车次、行车闭塞法、列车运行交路、乘务制度。

（5）行车事故与案例分析：行车事故的定义与分类，事故案例分析。

（6）驾驶员个性心理与安全：个性心理及其特征、乘务人员心理分析、心理疏导与基础管理、行车中的心理调适。

第一节　安全基本知识

一、安全技术

（一）什么是安全？什么是危险？

随着现代科学技术的发展和生产规模的日益扩大，由此带来的安全问题也越来越引起人们的重视。地铁运输系统是运送旅客的高速运转的人机动态系统，安全问题尤为重要。人们都说“安全是铁路运输的生命线”，这实在是用无数血的教训换来的至理名言。那么，究竟什么是安全？

关于安全的严格的科学的定义，目前还很不统一，但多数学者倾向于认为，安全是一个相对的概念，简明牛津词典将安全定义为“不存在危险或风险”，显然是过于绝对的提法。因此，许多学者提出相对安全的观点，美国哈佛大学的劳伦斯教授指出：“安全就是被判断为不超过允许极限的危险性。”尽管如此，安全所涉及的领域毕竟太大了，在人类社会的阶级斗争、生产斗争和科学实验三大范畴，在政治、经济、军事、科教、体育和卫生等各个领域，安全问题总是一直困扰着人们。如果我们将考虑的范围只局限于生产领域，那么可以认为，安全是指在生产活动过程中，能将人员或财产损失控制在可接受水平的状态。

我们可以继续将这句话作如下的引申：安全是伴随生产过程而存在的，是对于某种过程状态的描述；安全是相对的，时代不同，经济发展水平不同，可接受的损失水平不同，因而衡量系统安全的标准也不同。

我们已经说过，安全是相对于危险而言的。而关于危险，目前同样没有统一的定义。如果我们将考虑的范围同样只局限于生产领域，那么比较一致的意见认为，危险是在生产活动过程中，引起人员伤亡或设备损坏的倾向性和可能性，是这种倾向性和可能性超出了可接受范围的一种状态。危险包含各种意外的灾变，包含各种尚未被人们认识或虽被人们认识但尚未被人们有效控制的各种潜在的隐患。

（二）什么是事故？什么是事故隐患？

牛津词典将事故定义为“意外的、特别有害的事件”；美国安全工程师海因里希认为，事故是“非计划的、失控的事件”；甘拉塔勒等人从更一般的意义上提出，“事故是与系统设计条件具有不可容忍偏差的事件”；还有的学者从能量观点出发解释事故，认为事故是能量逸散的结果。现将事故的概括如下：

（1）事故是违背人们意愿的一种现象。

（2）事故发生的原因及后果，有的已经认识，有的尚未认识，所以有的事故可预防，有的还无能为力。

（3）事故的原因可归结为：① 目前尚未认识的原因；② 已经认识但目前还不可控制的原因；③ 已经认识、目前可以控制而未能有效控制的原因。

（4）事故是不确定事件，其发生形式既受必然性的支配，也不可避免地受偶然性的影响。

事故发生可造成以下几种结果：① 人受到伤害，物受到损失；② 人受到伤害，物未受损失；③ 人未受伤害，物受到损失；④ 人、物均未受伤害或损失。如铁路和地铁运输系统，虽然系统运行中断不一定会造成直接的财产损失或人员伤害，但却严重干扰了系统的正常运行秩序，从而将带来难以估量的间接损失。

事故的内涵相当复杂，事故是安全与危险的矛盾斗争中某些瞬间突变结果的外在表现形式，单个事故本身也是一个动态过程，可看作是极短时间内相继出现的事件序列，可表示为：危险触发→以一定逻辑顺序出现的一系列事件→产生不想要的后果。

综上所述，可以将事故定义为：事故是指在生产活动过程中，由于人们受到科学知识和技术力量的限制，或者由于认识上的局限，当前还不能防止，或能防止而未能有效控制而发生的违背人们意愿的事件序列。它的发生，可能迫使系统暂时或较长时间地中断运行，也可能导致人员伤亡或财产损失，或者二者同时出现。

隐患同事故既有区别又有联系。一般把系统潜在的危险称为隐患。隐患是事故发生的必要条件，隐患可能是人的不安全行为，也可能是设备的不安全状态，也可能是二者的结合。因此预防事故要从各种事故隐患的认识和分析入手，才能有的放矢。

（三）什么是人员安全素质?

人员安全素质指人员所具有影响安全工作的各种要素，它主要包括：

（1）人员的生理素质，即人员生命活动的身体条件和生理状况，包括年龄、性别、记忆力、体力、耐力、血型、视力、视觉（色觉、形觉、光觉）、听觉、动作反应时间等。

（2）心理素质，即人员的心理过程及个性心理特征，主要有个人的气质、性格、情绪、需要、动机、爱好、兴趣、意志力等。

（3）技术素质，包括业务文化知识、文化素质以及处理各种非常规情况的能力。

（4）思想素质，包括职业道德、劳动纪律、安全观念等。

以上四种素质，会因个人情况不同有很大差异。

（四）什么是人为失误？如何防范?

1. 人为失误

人为失误就是人为地使系统发生的故障或发生机能不良的事件，它是违背设计和操作规程的错误行为。人为失误并不是指人员有目的、有意识、故意造成的差错，而是一种非目的性的行为。它主要包括：

（1）由于制造工艺质量低劣、错用材料造成的制造失误；

（2）由于设计不同或模型选择错误造成的设计失误；

（3）由于操作者未按正确的步骤操作造成的操作失误；

（4）由于恶劣的运输条件或存储条件出现的管理失误；

（5）由于拒收合格品、错收不合格品造成的检验失误；

（6）考虑的复杂机制及现代系统多变性而出现的综合失误。

2. 防范人为失误的措施

如前所述，人为失误并不是人员故意造成的人为差错，而是人类在劳动过程中不可避免的一种客观现象，因此完全杜绝人为失误基本上是不可能的。但是，如果在研制劳动设备、劳动工具以及劳动场所的空间布置等方面都注意为劳动人员创造适合的环境和良好的条件，使人为失误减少到最低限度仍是可能的。

对于城市轨道交通运输安全来说，可以采用针对不同工种、不同工作性质的多种方法来防范人为失误。从大的方面来说，可以采用以下办法：注意改变劳动组织，科学地安排工作和休息时间，防止超劳现象，作好安全预防工作。例如对处于疲劳时刻、生物节律临界期和低潮期的主要行车人员进行预测、预报，提醒他们注意，并有针对性地采取措施，如查岗、调班、设置监控设备等，从而预先控制安全隐患。

（五）运输安全保障系统及其结构体系

安全保障系统，从字面上可以理解为保护或确保安全的系统。因此，运输安全保障系统可认为是配备在铁路运输系统上，起保障运输安全的所有的手段。换言之，这个系统一方面要保证运输系统内的人员和设备安全；另一方面还要保证运输系统能够抵御外部环境恶化的威胁，从而实现运输系统的安全运行。因此，运输安全保障系统也可认为是以管理人员为控制者，以运输安全影响因素为被控对象，将所有可能的预防和控制手段有机结合的一种预防和控制系统。

欧洲的行车安全保障系统包括以下四个组成部分：

（1）为防止列车尾追及正面冲突等事故的闭塞系统；

（2）把列车运行进路及允许速度等信息直接通知给司机的信号系统；

（3）对车站内的进路、道岔、信号等的操作顺序进行控制的联锁系统；

（4）防止司机人为失误造成冒进信号的列车自动控制系统。

这种系统代表一种设备优先的思想。诚然，以先进的设备尽量防止和减少人在设备操作中的失误，是运输安全发展的必然趋势，但机器毕竟不能完全取代人的作用，因此，日本的东海道铁路运输保障系统包括：

（1）健全安全促进体制，实行安全责任制和行车无事故表彰制度；

（2）开展技术培训和技术比赛；

（3）为防患未然，加强对铁路设备、机车车辆的维护管理，开发和引进新技术；

（4）建立行车安全保障信号系统；

（5）确保道口和线路的安全，积极安装道口安全设备；

（6）采用地震早期报警等先进防灾技术，预防台风、地震、滑坡等自然灾害给铁路带来的危险；

（7）防止铁路施工中的事故。

该安全保障系统涉及人员、设备、环境和管理诸因素，措施的制定密切结合公司的实际情况，相当具体，但只是一个适用于短期（年度）计划的安全保障系统。

综上所述，运输安全保障系统在本质上是一个管理系统。通常被看作是防止事故的三大支柱的“3E”安全对策，即技术对策（Engineering）、教育对策（Education）和法制对策（Enforcement），属于管理的范畴。因此，铁路运输安全保障系统必须结合管理来构造，可将管理划分为针对具体管理对象如人员、设备和环境的管理以及不针对具体管理对象的综合性的基础管理，如组织、法制、技术、信息和资金的管理两大组成部分。

二、海恩法则

海恩法则是德国飞机涡轮机的发明者帕布斯·海恩提出的一个在航空界关于飞行安全的法则。海恩法则指出：每一起严重事故的背后，必然有29次轻微事故和300起未遂先兆以及1000起事故隐患。该法则强调两点：一是事故的发生是量的积累的结果；二是再好的技术，再完美的规章，在实际操作层面，也无法取代人自身的素质和责任心。

海恩法则多被用于企业的生产管理，特别是安全管理中。其对企业来说是一种警示，它说明任何一起事故都是有原因的，并且是有征兆的；它同时说明安全生产是可以控制的，安全事故是可以避免的；它也给了企业管理者生产安全管理的一种方法，即发现并控制征兆。具体来说，利用海恩法则进行生产的安全管理主要步骤如下：

（1）任何生产过程都要进行程序化，这样使整个生产过程都可以进行考量，这是发现事故征兆的前提。

（2）对每一个程序都要划分相应的责任，可以找到相应的负责人，要让他们认识到安全生产的重要性，以及安全事故带来的巨大危害。

（3）根据生产程序的可能性，列出每一个程序可能发生的事故，以及发生事故的征兆，培养员工对事故征兆的敏感性。

（4）在每一个程序上都要制定定期的检查制度，及早发现事故的征兆。

（5）在任何程序上一旦发现生产安全事故的隐患，要及时地报告，及时地排除。

（6）在生产过程中，即使有一些可能避免不了或者经常发生的小事故发生，也应引起足够的重视，要及时排除。当事人即使不能排除，也应该向安全负责人报告，以便找出这些小事故的隐患，及时排除，避免安全事故的发生。

许多企业在对安全事故的认识和态度上普遍存在一个“误区”：只重视对事故本身进行总结，甚至会按照总结得出的结论“有针对性”地开展安全大检查，却往往忽视了对事故征兆和事故苗头进行排查。而那些未被发现的征兆与苗头，就成为下一次事故的隐患，长此以往，安全事故的发生就呈现出“连锁反应”。一些企业的安全事故，甚至重特大安全事故接连发生，问题就出在对事故征兆和事故苗头的忽视上。

第二节　地铁列车运行安全

地铁列车运行是一个具有规律性的动态过程。在这个动态过程中要避免各种不利因素对正常行车所造成的不良后果，如人为因素、设备因素、环境因素等。这些不良后果将辐射到安全服务、营运乃至社会的各个方面。为了减少和消除由各类因素造成的不良影响，每位参与地铁运行的工作人员必须时刻牢记“安全第一、便民第一”的运营宗旨，确立安全行车和服务乘客的思想意识，并落实在我们的各项工作之中。

一、列车安全驾驶的基本要求

（一）强化行车安全意识和社会服务意识

地铁在社会生活、社会经济中的重要地位决定了地铁行车安全的重要性。国内外轨道交通运输都把运行管理中的行车安全放在突出位置，行车安全的质量指标成为衡量城市轨道交通管理水平的重要环节和内容。由于行车安全涉及企业的形象、人民生命财产安危、国家财产以及社会稳定，因此强化行车安全意识，确保运行安全成为列车司机工作的重中之重，成为列车运行的永恒主题。

安全是企业的生命,安全是最大的经济效益,已越来越成为广大地铁员工的共识。服务社会、保障行车安全是地铁运输行业强化基础管理的目的所在，也是地铁人的责任和义务。因而安全意识和社会服务意识是我们在行车工作中必须树立的。

随着社会发展和人民生活水平的不断提高，越来越多的市民选择乘坐地铁列车，地铁已经成为市民出行的重要交通工具。因此。地铁列车的运行与广大人民群众的利益紧密联系起来，社会服务成为我们列车运行的立足点和出发点。我们只有真正树立社会服务意识，真诚为乘客服务，才能树立良好的企业形象、增强企业的竞争力，使企业的经济效益不断提高、使企业职工的受益不断提高，使企业在整个社会经济的竞争中立于不败之地。

行车安全和服务社会是相辅相成、相互联系的。如果没有列车运行的安全，服务社会就将是一句空话、将成为无源之水、无根之木；而如果没有真正树立社会服务意识，缺乏为乘客服务的思想观念，就不可能切实、完整地做好行车安全工作。

（二）影响行车安全的重要因素

在地铁运营过程中，行车安全是直接关系到人民生命财产、国家财产、社会安定等的大事。因此分析和研究影响行车安全的主要因素，寻找确保安全行车的对策，是确保地铁运行长治久安的根本任务。

1. 违章行车的基本分类与危害

违章行车是指列车驾驶员在值乘、出勤或操纵列车运行过程中与有关安全规定、运行规定、行车纪律等的要求相违背的行为。

（1）违章行车的基本分类。

按照违章行车实施时的意识倾向可以把违章分为有意识的和无意识的违章。有意识的违章一般是指列车驾驶员在明知其行为触犯有关规定的情况下，存在着侥幸心理而实施的违章；无意识的违章一般是指列车驾驶员由于在技术业务上或经验上的缺陷而产生的没有知觉的违章。

按照违章行车的后果和程度可以把违章分为严重违章和一般违章。严重违章是指在违章行为的实施过程中，可能或者已经对行车安全构成威胁和影响的违章；一般违章是指在违章行为的实施过程中，没有对行车安全产生直接威胁和影响并且情节比较轻微的违章。

按照列车驾驶员值乘列车的过程，可以把违章分为值乘准备阶段违章、操纵列车阶段违章和退勤阶段违章。值乘准备阶段的违章是指列车驾驶员在出勤后至列车动车前进行各种值乘准备的过程中产生的违章行为。操纵列车阶段违章是指列车驾驶员在操纵列车运行过程中产生的违章行为。退勤阶段违章是指列车驾驶员在退出列车运行进行各项退勤以及收车辅助工作时产生的违章行为。

（2）违章行车的危害。

违章行车无论是何种类型、何种表现形式，从一开始产生就会造成不良后果与危害，所不同的只是这种不良后果与危害的程度以及损害的客体有区别。其危害性主要有以下几个方面：

① 违章行车是行车事故的源头，是行车事故的隐患、恶疾，是行车事故发生的先兆。

② 违章行车使操纵者对行车事故的后果失去应有的警惕，一次违章可能不会立即产生事故，但是在每一次行车事故中都隐藏着违章行车的痕迹。

③ 违章行车会给地铁运输正常的运行秩序造成紊乱，给市民的出行造成不便。

④ 违章行车给企业以及轨道交通运输的形象造成伤害。

2. 行车事故的危害性

行车事故的发生，必然会产生相应的后果，而这种后果由于受环境影响、受事故性质的作用，从事故产生的一开始就不以人的意志、愿望而变化或终止，具有十分严重的不可预测性和危害性。

（1）造成人民生命财产的损失与伤害。

（2）造成国家财产的严重损失，给企业的经济效益造成损失。

（3）给地铁运输的正常秩序造成紊乱，严重影响乘客出行。

（4）严重的行车事故将会给地铁的形象以及社会造成十分恶劣的负面影响。

3. 影响行车安全的主要因素

（1）行车纪律松弛、制度执行不严。纪律松弛，出乘标准化作业不落实，责任制贯彻不力，是影响安全行车的一大顽症。

（2）疲劳行车、情绪开车。睡眠不足，或受外界环境影响产生情绪并带入运行作业中，使司机产生生理、心理的疲劳，使操纵者精力不济，精神不能集中，给安全行车造成事故隐患。

（3）业务素质不高。由于技术培训学习不够，司机业务水平不精，不能及时处理运行中的突发事件和故障。

（4）安全意识不强。司机思想波动大、情绪不稳定、责任心不强、行车纪律观念淡薄、臆测行车是造成行车事故发生的重要原因。

（5）行车技术设备不完善。行车设备老化，技术设备结构的不合理使之不能符合适应实际行车的需要。

（6）风、雪、雷、电等恶劣气候及环境的影响。风、雪、雷、电等恶劣气候对安全运行的影响是不可低估的。列车司机对气候环境变化、突发事件的适应与处置直接影响地铁运输的安全。

（7）安全管理以及制度、规章的适应性存在缺陷。安全管理归根结底是对人的管理，而各项制度的建立和完善是行车安全的基础，是行车安全的依据，没有完整有效的制度与规定是制约安全行车的重要因素。

（三）行车不安全因素的控制

从安全运行管理的角度分析，行车事故的发生是由多种原因造成的，它必然包含一系列的变化——失误连锁，最终导致由各种不安全因素的演变，造成行车事故。因而对行车不安全因素的控制是行车安全的重要环节。

1. 加强对列车司机违章行为的管理与控制

对许多行车事故案例的分析表明，人的不安全行为是引起行车不安全因素的产生以及行车事故的发生的直接原因。因此必须通过对列车操纵者实行教育、培训、考核、惩戒等方法，使其对安全行车采取正确的态度。

2. 不断做好对列车操作者的技术业务培训

操纵者的技术知识不足特别是安全行车知识的缺乏，以及没有经验是引起行车不安全因素的重要原因。必须通过加强安全行车知识、业务技术知识的不断学习和“传、帮、带、教”的措施，使列车操纵者在技术和经验上提高，成为合格的操纵者。

3. 强化和改善对行车设备的管理

许多行车事故的发生，都留下了行车设备技术状态不良的痕迹，因而必须不断进行相关行车设备的技术改造，使行车设备功能符合运营要求。

4. 提高操纵者适应环境变化与处置突发事件的应变能力

由于运行环境变化和行车中产生突发事件的经常性，因而提高操作者在产生意外事件时的应变能力是防止与减少行车事故的重要因素。因此必须在不断学习的基础上，以各类预案和规定为依据，开展定期和不定期的讲解、演练与培训，以增强地铁司机的安全意识和应变能力。

二、列车驾驶作业安全准则

（一）司机的基本要求

（1）列车司机必须牢记“安全第一”的宗旨，学习和遵守有关的安全规定和运行规则，严格按照安全制度、行车规则执行乘务驾驶任务。

（2）列车司机必须掌握列车（车辆）的基本构造、性能，具有一般的故障处理能力，熟悉地铁线路和站场等基本设施情况，包括明确担任驾驶区段、站场线路纵断面情况。

（3）列车司机还必须掌握其他相关的业务能力和具有一定的应变能力。如懂得救援的过程和方法，懂得消防灭火的要求，掌握扑灭初起火灾的方法，知道常用灭火机的使用方法等。

（二）客车司机的安全准则

（1）司机必须在取得司机驾驶证并经鉴定合格后，方准独立驾驶客车。

（2）严格遵守各项规章制度，按照要求操作使用设备，正确执行各项作业程序，确保列车运行安全。

（3）严禁攀登车顶，受电弓升起后，严禁触摸电气设备带电部分。使用安全疏散门前，司机必须确认人员均处在安全的区域。

（4）严格按运营时刻表动车，动车前必须确认行车凭证。列车退行或推进运行时，运行前端必须有人引导。

（5）班前注意休息，班中集中精力，保持不间断瞭望。严禁在列车运行中打盹、看书或干与工作无关的事。工作时严守岗位，不得擅自离岗。

（6）接受调度命令或行车指示时，司机必须认真逐句复诵并领会命令内容。

（三）列车整备作业安全准则

整备作业是指列车司机在出勤后，按技术规定和操作规范对即将投入运营的列车部件、性能进行各种检查、试验，以满足列车良好运用状态的技术作业过程。

列车的整备作业的内容有目测检查、升弓试验、制动机试验、列车动态试验以及其他的操作性能测试等项目，具体要求按“电客车司机一次出乘作业标准”有关条款执行。整备作业中必须遵守的安全准则如下：

（1）整备作业前必须了解列车停放位置及列车状态。

（2）严禁跨越地沟或紧靠移动中的车辆行走。

（3）检查列车时必须携带检查灯与工具，严格按要求整备列车，列车没有经过整备严禁动车；检查列车走行部时，禁止从停留的车辆下部钻越或横越线路，禁止行走时脚踏道岔尖轨与道岔转动部分。

（4）禁止未经登记、许可操作各类电器开关、闸刀；受电弓升起后，严禁触摸电气带电部分、进行地沟检查及攀登车顶。

（5）禁止飞乘、飞降以及车辆未停稳就开始进行各种抢修、检修工作。

（6）禁止在检修工作场地吊装物件下部停留或行走，禁止在工作中嬉闹及抛扔工具、杂物。

（四）调车作业安全准则

（1）设置铁鞋防溜时，不拿出铁鞋不动车。

（2）凭自身动力动车时，没有制动不动车。

（3）机车、车辆制动没有缓解不动车。

（4）调车作业目的不清不动车。

（5）调车作业没有联控不动车。

（6）没有信号或信号不清不动车。

（7）道岔开通不正确不动车。

（8）侵限、侵物不动车。

（五）折返作业安全准则

（1）严格遵守交接班制度。

（2）列车清客完毕，必须确认行车凭证、道岔、进路正确后方可关闭客室车门。

（3）动车前确认所有人员均在安全区域。

三、司机安全管理条例

行车安全是地铁运营最重要、最核心的部分。地铁运输并不生产有形的产品，而只是改变运输乘客的空间位置。以列车运行的方式对乘客进行安全位移，是地铁运输生产过程中的基本特点，也是司机工作的重中之重。

（一）地铁员工安全行为“两不动”

（1）对正在使用中的设备未经授权的不动。

（2）对性能、状态不清楚的设备的不动。

（二）“三严格”

（1）严格遵守各项规章制度，正确执行各项操作程序，确保客车运行安全。

（2）严格按照列车运行图及信号显示行车，工作中严守岗位，不得擅自离岗。

（3）严格按照要求规范使用司机室设备，爱护列车，精心操作。

（三）“八必须”

（1）司机必须经考试合格，并取得岗位资格后，方准独立驾驶客车。

（2）客车司机必须严格执行有关行车安全规章制度，服从调度指挥，按照运行图行车，为乘客提供安全、正点、快捷、舒适的服务。

（3）升弓前，必须确认所有人员在安全区域，方可鸣笛升弓。

（4）司机在动车前升降弓，在鸣笛标、平交道口，遇天气不良以及其他需要鸣笛警示的情况时，必须鸣笛。

（5）整备作业或正线运行时，需要离开司机室时必须锁闭司机室门窗。

（6）起动列车前，必须确认信号(地面信号及车载信号)，防止闯红灯。

（7）行调发布口头命令时，受令司机必须认真逐句复诵，领会命令内容，并做成书面记录，以备向接班司机进行交接。

（8）班前充分休息，做好行车预想，班后做好行车总结。对于行车工作中发生的事故，必须要及时准确的汇报，便于有关人员进行调查处理。

（四）“十严禁”

（1）横越线路时，严禁跨越地沟、钻车底。

（2）穿越道岔区时，严禁脚踏尖轨与道岔转动部分。

（3）受电弓升起后，严禁触摸电气带电部分、进行地沟检查及攀登车顶。

（4）上下列车站稳抓牢，严禁飞乘飞降。

（5）严禁学习司机在没有司机监督的情况下擅自操作列车。

（6）司机当班时，必须集中精力，认真瞭望，严禁做与行车无关的事。

（7）严禁列车在无人引导的情况下推进运行。

（8）在非正常行车的情况下，严禁无凭证（或携错误凭证）开车。

（9）原路折返时，严禁没有指令和未确认道岔动车。

（10）严禁擅自带无关人员进入驾驶室。因工作需要登乘列车驾驶室时，必须严格执行客运部的登乘制度。

四、列车安全关键点与预防措施

（一）列车安全关键点

（1）防错开车门；

（2）防夹人夹物动车；

（3）防挤道岔；

（4）防列车追尾；

（5）防撞车挡；

（6）防止压人，防撞侵限物体；

（7）防技术状态不良车辆出库；

（8）防列车冒进信号。

（二）列车安全预防措施

1.“防错开车门”的措施

（1）采用 SM.RM.URM 驾驶模式时，应按顺序开关屏蔽门和车门，严格执行“先确认、再呼唤、跨半步、再开门”的开门程序。

（2）当设备故障需使用“强行开门”按钮时，必须确认显示屏出现车门释放令、图标，严格执行开门程序。

（3）在岛式车站确需开关两侧车门时，严格执行呼唤应答制度，认真确认后按照规定的顺序操作。

（4）列车停稳未准确对标时做好防范措施。

（5）加强检查列车驾驶员人工开门操作程序及有关设备的完好情况。

2.“防夹人夹物动车”的措施

（1）客车在站停车开门后，及时立岗，密切注意乘客上下车情况。

（2）严格执行关门程序，严禁盲目赶点。

（3）关好门后，认真确认列车与屏蔽门之间的空隙无人无物。

（4）遇屏蔽门不能打开时，及时进行列车广播，引导乘客从其他屏蔽门下车，认真确认站台岗的“好了”信号才能动车，保证乘客有足够的时间下车。

（5）人工开门时，列车驾驶员必须严格按章操作并加强确认。

（6）旁路车门时，必须确认车门锁闭良好且得到行调的授权。运行途中应密切留意列车状态，出现车门紧急解锁信息时，应及时采取防范措施。

3.“防挤道岔”的措施

（1）认真执行规章制度，动车前必须确认“五要素”（即进路、信号、道岔、车门、制动），严格执行呼唤应答制度。

（2）加强责任心，班前必须注意充分休息，作业时集中精神，认真瞭望，确认进路。

（3）调车作业时，列车驾驶员与调车长、信号值班员保持联系，详细了解和明确作业计划内容和要求并控制好速度。

（4）在前一条进路或进路的某一区段未解锁前，不允许再排列与此进路有关联的进路。

4.“防列车追尾”的措施

（1）手动驾驶时，列车驾驶员应加强瞭望，平稳驾驶，严禁超速运行。

（2）认真确认行车凭证（如信号、路票、调度命令等）和行车“五要素”。

（3）站务员显示停车手信号时，列车驾驶员要马上采取停车措施。

（4）需切除 ATP 时，列车驾驶员必须得到行调的授权。

（5）担当救援任务时，距被救援列车前一站应严格控制好速度，并在被救援列车前 20m 时一度停车。

5.“防撞车挡”的措施

（1）进入车挡 10 m 内进行调车作业，动车前车长要通知列车驾驶员，严格控制速度（不超过 3 km/h），并加强瞭望和引导工作，作好随时停车准备。

（2）人工折返时，列车驾驶员要加强瞭望，控制好车速。

（3）试车线上要有完善的行车标志，调试时司乘人员要加强瞭望，控制好速度，防止撞车挡。

6.“防止压人、防撞侵限物体”的措施

（1）列车运行时加强瞭望，遇有危及行车或人身安全情况时，应立即采取减速或停车措施。

（2）通过道口时，一度停车。

（3）客车进站、进出隧道前要鸣笛。

（4）工程车在隧道运行时严禁超速；施工时作业人员在后，工程车在前并不得后退；工程车进站、弯道、进出隧道、动车前须鸣笛示警。

（5）进站时加强瞭望，注意站台安全，作好随时停车准备。

7.“防技术状态不良车辆出库”的措施

（1）认真执行车辆的交验确认制度。

（2）坚持动车前检查制度，发现问题立即报告车厂调度员。

（3）防车底有障碍物出库。

（4）防止客车自动广播作用不良及语音不正确。

（5）严禁手闸未缓解动车。

8.“防列车冒进信号”的措施

（1）熟知正线及车厂的信号名称及其分布位置。

（2）动车前必须确认五要素，严格执行防止列车冒进信号的各项措施。

（3）严格执行联控措施和呼唤应答制度，按标准化作业。

（4）提高工作责任心，班前充分休息，出乘后精力充沛，思想集中。

（5）行调及信号楼应加强对列车或调车作业的跟踪监控。

第三节　行车信号

一、信号基础知识

（一）信号的定义与基本要求

1. 定　义

所谓信号，是指示列车运行与调车工作的命令，它用于传达指挥者的意图，指示列车运行条件，表示有关行车设备的位置和状态等，是行车指挥的一种形式，有关行车人员必须严格遵照执行。

信号装置就是实现信号含义的专用装置。

2. 对信号的基本要求

（1）各种信号机的灯光排列、颜色、外形尺寸应符合相关标准的规定。

（2）信号机的显示方式和表达的含义必须统一并且符合规定。

（3）信号机的设置须保持能够进行实时检测、故障警告，为列车运行提供安全保障、正确信息。

（4）在一般情况下，信号机设置在运行线路的右侧，与驾驶员的驾驶位置相同，便于瞭望和确认信号。

（5）行车手信号、行车听觉信号的显示方式和表达的含义应该符合规定。

（6）信号机的设置以及行车手信号、行车听觉信号的显示应考虑线路地形、地物的相关影响。

（二）信号的基本分类

1. 按接受信号的感觉器官分类

根据器官感受的不同把信号分为视觉信号和听觉信号两大类。

（1）视觉信号：以信号的颜色、形状及用数字、灯光数目和状态等来表达的信号，如信号机、信号旗、信号标志牌、信号灯、信号表示器等。

（2）听觉信号：以不同器具发出的音响的次数、音响长短作为符号来表达的信号，如口笛、铃声以及车辆的鸣笛声等。

2. 按信号的形式分类

按信号的形式把信号分为固定信号、移动信号和手信号三类。

（1）固定信号：被固定地安装在运行线路一定位置，用以指示列车运行和调车工作的信号，如信号机、行车信号标志牌、信号表示器等。

（2）移动信号：当运行线路在特殊情况下需要施工、救援，要求列车禁止驶入某地点、区域或须减速运行时，应设置移动信号，如停车信号牌或灯、减速信号牌或灯、减速防护地段终端信号牌或灯。移动信号应根据需要临时设置或撤除。

（3）手信号：行车有关人员手拿信号旗（灯）或直接用手臂显示的信号，用来表达相关的含义，指示列车或者车辆的允许和禁止条件。

3. 按信号的用途和功能分类

（1）信号机信号、手信号和音响信号：通常用以指示列车、车辆的运行条件和要求的信号。

（2）信号表示器信号：表示运行线路设备状态、位置变化的信号，如道岔表示器、脱轨表示器、车挡表示器、发车表示器等。

二、行车标志

地铁运行中的行车有关标志分为线路标志和信号标志。它们是行车工作的一个重要组成部分，主要用来对列车运行时的驾驶以及运行设备的巡检、维修等指示相关目标、条件、操作等要求。

1. 线路标志

表示建筑物及线路设备位置或状态的标志称为线路标志。通过各种线路标志可以使工作人员知道或明了线路情况，方便进行各种设备维修、检查，使列车司机能够依据各种标志指示的条件与要求驾驶列车，达到运行安全和规范行车的目的。与行车直接有关的线路标志主要有以下几种：

（1）百米标：设在地铁正线自起点计算每 100 m 处，如图 5.1 所示。

（2）公里标：设在地铁线路自起点计算每一整公里处，如图 5.2 所示。

（3）曲线标：设在曲线中点处，标明了曲线中心里程、半径大小、圆曲线及缓和曲线长度、超高、加宽等有关数据，如图 5.3 所示。

图 5.1　百米标

图 5.2　公里标

图 5.3　曲线标

（4）圆曲线及缓和曲线始终点标：设在直线、曲线、缓和曲线三者相互联系的节点处或开始与终止处，标明所向方向为直线、圆曲线、缓和曲线，如图 5.4 所示。

图 5.4　圆曲线和缓和曲线始终点标

① 缓和曲线是指线路上直线和圆曲线相接处为减少振动而设置的一段半径渐变的曲线，它的起点没有弯度，然后逐渐变弯，弯度加大、半径减小到与圆曲线半径相同时和圆曲线相接。

② 圆曲线是线路上的一段弧，它的弯曲程度用圆半径表示，即曲线半径，以“米”为单位。曲线半径越大弯度越缓和，曲线半径越小弯度越紧促。

（5）坡度标：设在线路纵断面的变坡点处。它在正面与背面分别表示两边的坡度与坡段长度，箭头所指为上坡或下坡，箭尾数字表示坡度千分率，侧面标明变坡点位置，如图 5.5 所示。

（6）桥梁标：表示桥梁位置（中心里程）的标志，一般设置在桥梁中心里程处或桥头端，上面标明桥梁编号及中心里程数，如图 5.6 所示。

图 5.5　坡度标

图 5.6　桥梁标

2. 信号标志

表示运行线路所在地点的情况和状态，指示行车人员依据标志的要求，及时、正确地进行相关作业与操作的标志称为信号标志。与行车相关的信号标志主要有以下几种：

（1）警冲标：设在两汇合线路线间距离为 4 m 的中间，线间距离不足 4 m 时设在两线路中心线最大间距的起点处，如图 5.7 所示。警冲标是为了防止停留在一线的车辆与邻线上的车辆发生侧面冲撞而设的信号标志。

（2）站界标：是车站与区间的分界处的标志，主要用于车站管辖范围区界划分和列车运行时位置识别，如图 5.8 所示。

（3）鸣笛标：设在道口、桥梁、隧道口以及线路状况复杂地段的外方规定位置，如图 5.9 所示。司机见此标志，须长声鸣笛。

图 5.7　警冲标

图 5.8　站界标

图 5.9　鸣笛标

（4）停车牌：指示列车停车位置的标志。通常用于车站站台规定的乘客上下车的停车地点以及列车折返时指示司机停车的地点，它固定设置在规定位置，如图 5.10 所示。

（5）一度停车标：要求列车（机车）在该地点停车后确认线路、道岔以及进行相关操作后继续行驶的指示标志，如图 5.11 所示。

图 5.10　停车牌

图 5.11　一度停车标

（6）车挡表示器：设在线路尽头线车挡上的表示器，便于司机以及调车员确认车挡位置。隧道内显示红色灯光；地面线路昼间使用红色方牌，夜间使用红色灯光，如图 5.12 所示。

（7）接触网终止标：表示接触网已终止的标志，设在接触网终端，警告司机不准越过该标，防止脱弓，如图 5.13 所示。

图 5.12　车挡表示器

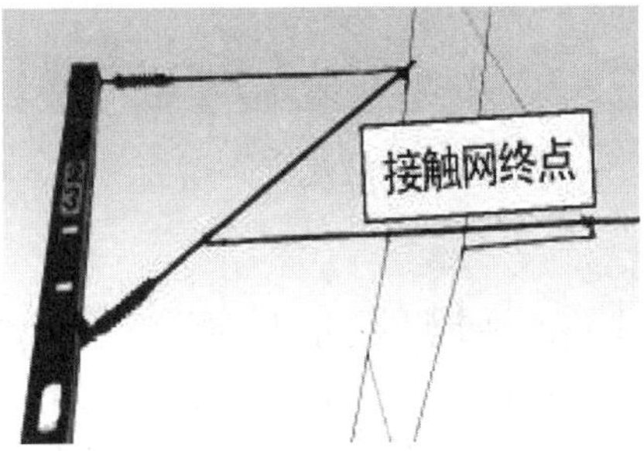

图 5.13　接触网终止标

（8）预告标：通常设于非自动闭塞区段进站信号机外方，用以预告进站信号机位置的标志，如图 5.14 所示。预告牌（警告牌）为直立白色长方形牌，三个为一组，牌上分别涂有三条、两条、一条黑色斜线，表示距车站站界 300 m、200 m、100 m 的距离。在地铁基地（车辆段）的试车线也设置了类似的预告牌（警告牌），用于预告试车线尽头端距离。

（9）引导员接车地点标：指示引导员引导接车时所站位置的标志，如图 5.15 所示。引导员接车时原则上应站在进站信号机外方、引导员接车地点标或车站端墙处。如因地形、地物影响在上述地点显示手信号不能保证列车在 200 m 以外确认时，引导地点应向区间延伸，须在列车距站界 200 m 外能清晰地看见引导人员手信号的地点设置。

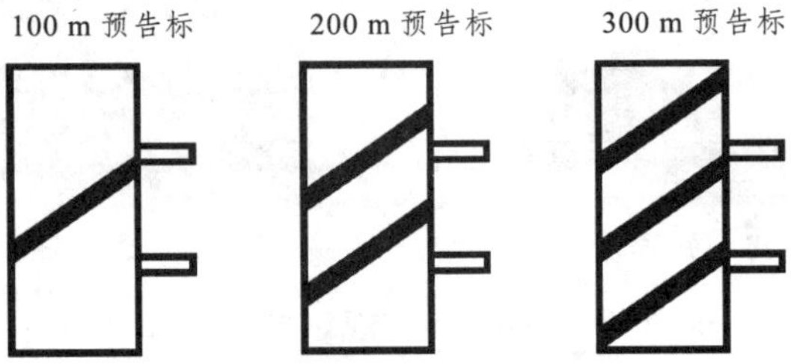

图 5.14　预告标

图 5.15　引导员接车地点标

立牌地点距尽头的距离由地铁管理部门依据实际情况制订。

在信号标志中，有些标志具有警告意义和防护功能，运行列车必须在其标志的内方停车，不得越过或者相碰，一旦越过或者相碰将构成行车事故（事件），如警冲标、车挡表示器、接触网终止标等，它们与行车信号显示有相同性质的含义。

三、视觉信号

（一）信号颜色应用的基本依据

地铁运输组织中使用的视觉信号基本上和目前世界上各类运输业使用的视觉信号的颜色

与基本含义相一致。它有三种基本颜色，分别表示不同的意思。

红色——停车。

黄色——注意并减速运行。

绿色——按规定速度运行。

（二）色灯信号机的基本种类

信号机是地铁最常用的视觉信号设备，它的作用贯穿于行车工作的整个过程中。一般情况下，信号机按其功能可分为进站信号机、出站信号机、防护信号机、调车信号机、复示信号机、阻挡信号机、防淹门信号机、引导信号机等。

（1）进站信号机：防护车站和指示列车运行条件的信号机。

（2）出站信号机：防护发车进路及运行线路。

（3）防护信号机：防护敌对进路的列车相互冲突的信号机，通常设置在平面线路的交叉地点。

（4）调车信号机：保证机车、车辆在站内或基地内能够安全高效地进行转线、编组作业的信号机。

（5）复示信号机：受地形、地物影响，主体信号机的显示达不到规定的显示距离时，调车、出站及发车信号机前应设置复示信号机，复示主体信号机的显示状况。

（6）阻挡信号机：设置在线路尽头，不准车辆越过该信号机，防护线路终端。

（7）防淹门信号机：设置在防淹门前方，防护防淹门及列车运行进路。

（8）引导信号机：设置在进站信号机或接发车进路信号机机柱上。当主体信号机进行信号因故不能开放，显示一个红色灯光时，其可点亮一个月白色灯光或月白灯光闪光引导列车进站（场）。

（三）色灯信号机的显示方式和意义

色灯信号机是运行组织过程中最基本的信号设备，它通过固定装置上的各种光色的变化来表达列车或其他车辆运行的条件，以及对列车、车辆的开行指示命令。

1. 正线行车信号

1）防护信号机

防护信号机是列车运行正线上为防护道岔以及运行进路而设置的信号，它对通过的列车或车辆显示信号。

它有以下四种显示状态：

① 一个绿色灯光——表示前方进路道岔在直向位置，准许列车按规定速度越过该信号机，如图 5.16 所示。

② 一个黄色灯光——表示前方进路道岔在侧向位置，准许列车按规定速度越过该信号机，如图 5.17 所示。

③ 一个红色灯光——不准列车越过该架信号机，如图 5.18 所示。

④ 一个红色灯光及一个白色灯光（有的地铁规定为红灯+黄灯，以下同）——准许列车在该信号机前方不停车，以不超过 20 km/h 的速度进站或越过该架信号机继续运行，并须准备随时停车，如图 5.19 所示。

图 5.16　防护信号机显示状态①

图 5.17　防护信号机显示状态②

图 5.18　防护信号机显示状态③

图 5.19　防护信号机显示状态④

2）阻挡信号机

阻挡信号机一般设置在线路的尽头线，用以指示列车的停车位置或者在停运检修期间指示检修作业位置，阻挡列车（车辆）越过，确保安全。

尽头线是指线路一端已经终止，无任何道岔连接，并设置安全车挡，以防车辆溜出的线路。

显示状态：一个红色灯光——不准列车（车辆）越过该架信号机，如图 5.20 所示。

图 5.20　阻挡信号机

3）进站信号机

进站信号机一般设在进入车站前方的线路上，用于防护车站和指示列车运行条件。它有以下两种显示状态：

① 一个绿色灯光——允许列车越过该架信号机，进入车站，如图 5.21 所示。

② 一个红色灯光——禁止列车越过该架信号机，列车在该架信号机外方停车，如图 5.22 所示。

图 5.21　进站信号机显示状态①

图 5.22　进站信号机显示状态②

4）出站信号机

出站信号机一般设在站界内出站前方的线路上，用于防护发车进路及运行线路。它有以下两种状态的显示：

① 一个绿色灯光——允许列车越过该架信号机，出站运行，如图 5.23 所示。

② 一个红色灯光——禁止列车越过该架信号机列车不得出站，如图 5.24 所示。

图 5.23　出站信号机显示状态①

图 5.24　出站信号机显示状态②

5）复示信号机

在主体信号机的显示受地形、地物影响，达不到规定的显示距离时，设置复示信号机，复示主体信号机的显示状况。它有以下两种显示状态：

① 一个绿色灯光——表示前方主体信号机显示为绿灯或白灯，允许列车越过该架信号机继续运行，如图 5.25 所示。

② 一个黄色灯光——表示前方主体信号机显示为红灯或引导信号（白灯+红灯），允许列车越过该架信号机，以随时准备停车速度继续运行至次一信号机前，按其显示要求执行，如图 5.26 所示。

图 5.25　复示信号机显示状态①

图 5.26　复示信号机显示状态②

6）通过信号机

采用ATC系统的城市轨道交通，自动闭塞通过信号机已经失去主体信号的作用，一般在区间不设置通过信号机。为便于司机在ATP设备发生故障时控制列车运行，可以根据需要设置通过信号机。它有以下两种显示状态：

① 一个绿色灯光——允许列车越过该架信号机继续运行，如图5.21所示。

② 一个红色灯光——禁止列车越过该架信号机，列车在该架信号机外方停车，如图5.22所示。

7）道岔预告信号机

道岔预告信号机一般设置在防护信号机的前方，用以预告防护信号机的显示状态。它有以下三种显示状态：

① 一个绿色灯光——表示前方防护信号机显示绿灯或黄灯，允许列车越过该架信号机继续运行或停站，如图5.21所示。

② 一个红色灯光——不准列车越过该架信号机，列车在该架信号机外方停车，如图5.22所示。

③ 一个红色灯光加一个白色灯光（引导信号）——允许列车在特定的模式下越过该架信号机，并随时准备停车，如图5.19所示。

8）防淹门防护信号机

防淹门防护信号机设置在防淹门前，采用单显示机构，它有以下两种显示状态：

① 一个红色灯光——表示防淹门已关闭，禁止列车越过该信号机，列车在该架信号机外方停车，如图5.22所示。

② 不着灯时——不起信号作用。

2. 基地（车辆段）调车信号机的显示意义

车场调车信号机是对车场内进行调车作业的列车（车辆）指示准许或禁止作业条件和要求的信号机。它有以下两种显示状态：

① 一个白色灯光——准许越过该架信号机进行调车作业，如图5.27所示。

② 一个月红色（蓝色）灯光——禁止越过该架信号机进行调车作业，如图5.28所示。

起阻挡列车运行及防护重要处所的调车信号机，用红色灯光代替蓝色灯光，如图5.29所示。当该信号机的红色灯光熄灭、显示不明或显示不正确时，应视为列车的停车信号。

图5.27 调车信号机显示状态①

图5.28 调车信号机显示状态②

图5.29 调车信号机显示状态③

3. 发车表示器（DTI）

车站可在正向出站方向的站台一侧、列车停车位置前方适当地点设置发车表示器，以指示司机能否关闭车门及发车的时间，如图 5.30 所示。

图 5.30　发车表示器

4. 信号机显示的距离要求

信号机的显示距离均应达到最远，即使是在曲线上的信号机，也应使接近的列车尽量不间断地看到显示。具体来说，信号机的显示距离应满足以下要求：

（1）正线上行车信号机和防护信号机的显示距离应不小于 400 m；

（2）调车信号机的显示距离应不小于 200 m；

（3）引导和道岔表示器以外的各种表示器的显示距离应不小于 100 m。

（四）手信号

1. 手信号的作用与分类

1）手信号的基本作用

手信号是人手持信号旗（灯）或徒手所显示的一种信号。手信号的基本作用是机动地指挥列车运行和调车作业，也可作为联系和传达行车有关事项的旗语，是地铁现场广泛采用的一种视觉信号，有关行车人员必须遵照执行。手信号旗如图 5.31 所示，手信号灯如图 5.32 所示。

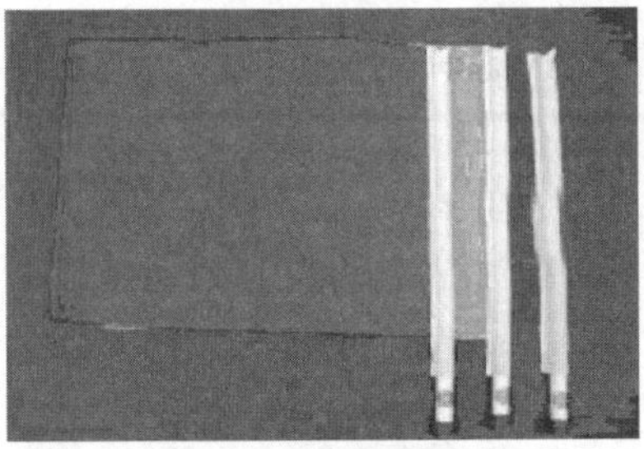

图 5.31　手信号旗

图 5.32　手信号灯

显示手信号时，必须严肃认真，做到：横平竖直、灯正圈圆。手信号显示的停车信号、准许通行信号、注意或减速信号、引导信号同固定信号机所显示的信号具有相同的作用。

2）手信号的分类

手信号根据其作用与用途可以分为列车运行有关手信号、调车手信号、试验制动机的手信号和联系用手信号。

2. 手信号的表示方式和意义

1）列车运行有关手信号

（1）停车信号：要求列车停车。

昼间——展开的红色信号旗；夜间——红色灯光。（图 5.33）

昼间无红色信号旗时，两臂高举在头上向两侧急剧摇动；夜间无红灯光时，用白色灯光上下急剧摇动。（图 5.34）

图 5.33 停车信号

图 5.34 停车信号

（2）减速信号：要求列车减速到规定速度。

昼间——展开的黄色信号旗；夜间——黄色灯光。（图 5.35）

昼间无黄色信号旗时，用绿色信号旗下压数次；夜间无黄色灯光时，用白色或绿色信号灯下压数次。（图 5.36）

图 5.35 减速信号

图 5.36 减速信号

（3）发车信号：要求司机发车。

昼间——展开的绿色信号旗沿上弧线向列车方面作圆形转动；夜间——绿色灯光沿上弧线向列车方面作圆形转动。（图 5.37）

在设有发车表示器的车站，按发车表示器显示发车。

（4）通过手信号：在列车具备行车凭证的条件下，向准许从车站通过的列车显示的信号。

昼间——展开的绿色信号旗；夜间——绿色灯光。（图 5.38）

图 5.37 发车信号

图 5.38 通过手信号

（5）引导手信号：准许列车进入车场或车站。

昼间——展开的黄色信号旗高举头上左右摇动；夜间——黄色灯光高举头上左右摇动。（图 5.39）

图 3-39　引导手信号

2）调车手信号

（1）停车信号。

显示方式如图 5.33、图 5.34 所示。

（2）减速信号。

昼间——展开的绿色信号旗下压数次；夜间——绿色灯光下压数次。（图 5.36）

（3）指挥机车向显示人方向来的信号。

昼间——展开的绿色信号旗在下部左右摇动；夜间——绿色灯光在下部左右摇动。（图 5.40）

（4）指挥机车向显示人方向稍行移动的信号。

昼间——拢起的红色信号旗直立平举，再用展开的绿色信号旗左右小动；夜间——绿色灯光下压数次后，再左右小动。（图 5.41）。

图 5.40　指挥机车向显示人方向来的信号

图 5.41　指挥机车向显示人方向稍行移动的信号

（5）挥机车向显示人反方向去的信号。

昼间——展开的绿色信号旗上下摇动；夜间——绿色灯光上下摇动。（图 5.42）

（6）指挥机车向显示人反方向稍行移动的信号。

昼间——拢起的红色信号旗直立平举，再用展开的绿色信号旗上下小动；夜间——绿色灯光上下小动。（图 5.43）

图 5.42　挥机车向显示人反方向去的信号

图 5.43　指挥机车向显示人反方向稍行移动的信号

对显示本条第（2）（3）（4）（5）（6）款中转信号时，昼间可用单臂，夜间可用白色灯光依式中转。

3）联系用手信号

联系用手信号一般情况下与调车手信号配合使用。在整个调车作业包括正线列车救援作业过程中，仅有调车手信号的显示是不能够完成调车作业任务的，必须有联系用手信号辅助，才能形成完整的调车作业过程。由于在调车作业时会存在特殊环境因素的影响，如噪声、距离、气候、语言规范程度等，使用一般的语言联系会产生失误与误解，所以用联系用手信号作为调车工作特殊的“语言”表示形式，表达工作要求。

（1）道岔开通信号：表示进路准备妥当，准许列车通过道岔区段。

昼间——将拢起的黄色信号旗高举在头上左右摇动；夜间——将白色灯光高举在头上。（图 5.44）

（2）连挂信号：向驾驶员指示可以进行连挂作业。

昼间——两臂高举头上，使拢起的手信号旗杆呈末端水平相接；夜间——红、绿灯光交替显示数次（无绿色灯光时用白色灯光交替显示数次）。（图 5.45）

图 5.44　道岔开通信号

图 5.45　连挂信号

（3）停留车位置信号：向机车、列车驾驶员表示线路上停留车地点和位置，便于驾驶员确认，准备停车进行下一程序的作业步骤（用于夜间作业时或确认停留车位置困难时）。

夜间——白色灯光左右小动。（图 5.46）

（4）三、二、一车距离信号：向驾驶员指示推进车辆的前端距被连挂车辆的距离，便于驾驶员在调车作业时掌握制动时机，采取相应的减速措施，选取适当的运行速度。

昼间——展开的绿色信号旗单臂平伸，在距停留车三车（约 60 m）时连续下压三次，二车（约 40 m）时连续下压二次，一车（约 20 m）时下压一次；夜间——绿色灯光在距停留车三车（约 60 m）

时连续下压三次，二车（约 40 m）时连续下压二次，一车（约 20 m）时下压一次。（图 5.47）

图 5.46　停留车位置信号

图 5.47　三、二、一车距离信号

4）试验列车自动制动机的手信号

（1）制动。

昼间——用检查锤高举头上；夜间——白色灯光高举。（图 5.48）

（2）缓解。

昼间——用检查锤在下部左右摇动；夜间——白色灯光在下部左右摇动（图 5.49）。

图 5.48　制动信号

图 5.49　缓解信号

（3）试验结束。

昼间——用检查锤作圆形转动；夜间——白色灯光作圆形转动。（图 5.50）。

图 5.50　试验结束信号

车站人员显示上述信号时，昼间可用拢起的信号旗代替。司机应注意瞭望试验信号，并按规定回答。

如列车制动主管未达到规定压力，试验人员要求司机继续充风时，按照缓解的信号同样显示。

3. 手信号的显示原则与时机

1）手信号的显示原则

手信号的显示原则是指在进行手信号显示时要遵循的规范，否则其显示将失去意义。

地面车站及停车场内，昼间使用信号旗，夜间使用信号灯；地下车站一律使用信号灯，按夜间形态办理。

在显示手信号时左手持红旗，右手持绿旗（扳道员右手持黄旗）。

2）手信号的显示时机

手信号的显示时机是指正确及时地掌握显示手信号的时间。时机的掌握与安全行车及提高行车效率有着密切的关系。如果过早显示，将影响行车工作效率，易产生行车节奏被打乱的现象，而太迟显示将不能够保证列车运行安全和失去显示要求所要达到的目的。

显示通过、停车等信号时，必须在看见列车灯光时开始显示，待列车头部越过显示信号地点后方可收回。

显示发车信号时必须在确认列车起动后方可收回。

显示引导信号时要待列车越过显示地点后方可收回。

显示调车手信号时须待司机回示后方可收回。

显示停车信号和临时停车信号时须待列车或车辆停止后方可收回。

四、听觉信号

（一）听觉信号使用标准

1. 听觉信号的用途

听觉信号是以不同的音响符号，通过口笛、号角、客车及工程车的鸣笛等发出的音响而表示的一种信号。在地铁行车工作中，各工种必须相互协作、密切配合，彼此间有大量的工作需要联系，而许多工作又不能通过口头、电信设备及视觉信号完全代替，因此必须使用听觉信号进行相互的联络，维持工作的持续、效率和安全。

2. 听觉信号的鸣示标准

鸣示听觉信号时，为防止混淆，应按音节长短及间隔的规定标准进行，其规定如下：

（1）长声鸣示时间为 3 s，短声鸣示时间为 1 s，音响的间隔时间为 1 s。

（2）重复鸣示时，需要间隔 5 s 以上。

（3）在一般情况下隧道内取消列车、机车起动鸣笛和声响联络，如遇运行中危及行车安全以及人身安全的突发事件和特殊情况时除外。

（4）地面车站、停车场作业时应充分考虑城市社会生活、居民区等情况，执行城市轨道交通有关规定。

（二）听觉信号的含义

1. 种　类

城市轨道交通运行中常用的听觉信号有：起动注意信号、退行信号、召集信号、呼唤信号、警报信号、试验自动制动机及复示信号、缓解信号、紧急停车信号 8 种。

2. 听觉信号的名称、鸣示方式及使用时机（见表 5.1）

表 5.1　听觉信号的名称、鸣示方式及使用时机

序号	名称	鸣示方式	使用时机
1	起动注意信号	一长声 —	① 列车起动或机车车辆前进时； ② 接近车站、鸣笛标、道口、曲线，遇行人侵入车辆限界，遇天气不良时
2	退行信号	二长声 — —	列车、机车（车辆）开始退行时
3	召集信号	三长声 — — —	要求防护人员撤回或根据某种事先约定原因呼唤回规定地点时
4	呼唤信号	二短一长声 ·· —	① 客车或机车要求出入库、出入场时； ② 在车辆段或车站要求显示信号时
5	警报信号	一长三短声 — ···	① 发现线路有危及行车安全的不良处所时； ② 列车发生重大事故、大事故、火警以及其他需要救援的事故时
6	试验自动制动机及复示信号	一短声 ·	① 试验列车制动机开始减压时； ② 接到试验制动结束的手信号，回答试风人员时； ③ 调车作业中，表示已接受调车员所发出的信号时
7	缓解信号	二短声 ··	试验列车制动机缓解时
8	紧急停车信号	连续短声 ······	① 要求操纵列车司机采取紧急停车措施时； ② 邻线发生障碍，向邻线运行列车发出紧急停车信号时

第四节　行车管理基础

一、行车工作的原则

地铁运输行车工作的基本任务是合理使用各类运输设备，安全、迅速、及时、准确地运送乘客，为公共交通提供良好的服务。行车工作必须遵循以下原则：

（1）贯彻安全生产方针的原则。

（2）坚持高度集中、统一指挥的原则。

（3）发扬协作、团结精神的原则。

（4）均衡、合理组织运输，不断提高运输效率的原则。

二、行车调度与指挥

（一）调度指挥的原则

地铁运输系统是一个技术密集、社会化程度较高的公共交通系统，它有着由多部门、多工种相互配合，并且工作环节紧密联系，工作过程连续不断的特点，因此必须实行高度集中、统一指挥的运行指挥调度体制，以构成日常运输指挥与调度的中枢。

地铁运输系统相关运行线路和环节设置控制中心或相对独立的调度指挥部门，实施高度集中、统一指挥。

1. 坚持服从指挥原则

各级、各类行车部门必须坚决服从行车调度员的行车调度命令与指示，维护地铁的正常秩序。

2. 坚持单一指挥原则

在一个区域，行车工作只能由负责该区域的行车调度员一人统一指挥，以防止令出多头，造成行车工作的混乱以至造成行车事故。

3. 坚持调度工作责任制原则

原则上由调度集中控制的区域内，各个行车部门和人员必须严格按调度命令展开工作，如需由调度集中控制转为车站控制时，应实行授权并实施监督，掌握列车运行整体状态。

（二）调度指挥的任务

在地铁运输中，行车工作涉及比较复杂的工作环节，为了统一指挥、有序组织运行工作，一般情况下将调度指挥划分为若干部分，实施专业对口管理。通常在控制中心设置有行车调度、电力调度、环控调度等，其中心工作是指挥相关专业的作业流转，协调各个相关工作的开展。其工作任务主要有：

（1）科学地组织客流，合理使用各类运输设备，挖掘运输潜力，及时调整列车及其他作业方案，提高运输能力。

（2）组织行车部门紧密合作、协调动作，确保实施列车运行图，确保运营秩序和安全行车，完成运输生产工作任务。

（3）贯彻、组织、监控运输计划和施工计划的实施。

（4）指挥列车运行，实施突发情况时的运行调度，确保运输安全。

（5）实现电力、环控等对运行产生直接影响的重要工作内容的控制、指挥。

（6）积极参与和组织各类突发事件、事故的救援工作。

（7）做好运营指标统计、分析工作。

（三）行车调度的基本控制方式

行车调度员对运行状态的基本控制采用调度集中控制、行车指挥自动化和调度指示等方式进行。在特殊情况下可以采用车站控制的方法进行。

1. 调度集中控制

行车调度员通过调度集中控制设备控制所管辖线路上的信号和道岔，办理列车进路，组织和指挥列车运行。

2. 行车指挥自动化

在行车调度员监控下，由双机冗余计算机等设备构成的列车自动监控系统（ATS）完成列车运行的控制任务。基本闭塞方法为自动闭塞法。

3. 调度指示

通常情况下，地铁的行车指挥中，调度指示发布分为调度书面命令、调度口头命令和调度口头通知三种类型。

指挥列车运行的命令和口头指示，只能由行调发布。基地（车辆段）内不影响正线运行及接发列车的命令可由信号楼调度员发布。调度命令发布时必须直接填记在调度命令登记簿内，并指定受令人进行内容复诵。命令内容应该规范、明了，不得随意简化。

（1）调度命令发布基本要求：

在具备良好通信与录音设备条件下，行车调度员可以使用列车无线电以及其他通信设备直接发布口头命令。

（2）发布口头命令的内容有：

① 临时加开或停开列车（包括客车，工程车及救援列车）；

② 客车推进运行、退行，工程车退行；

③ 停站客车临时变通过；

④ 采用 RM/URM 列车驾驶模式时；

⑤ 列车救援时；

⑥ 列车中途清客；

⑦ 变更列车进路。

（3）发布书面命令的内容有：

① 发布线路限速或取消限速；

② 封锁、开通线路；

③ 行调认为有必要记录的命令。

注意：特殊情况下可先用口头命令，事后补发书面。

行车相关人员必须严格按照有关规定发布与执行调度命令，不得随意改变和简化调度命令的具体方式与内容，以保证调度命令的严肃性和权威性。在发布和接受命令时有关人员要仔细核对、明确内容，并且复诵无误。在命令中，发令人、受令人、复诵人都必须填记全名。受令处所可根据规定填记标准缩写，发令日期与时间必须正确，命令内容要正确、明了，不得随意涂改或者含糊其辞。列车司机必须服从行调指挥和命令，遵照“列车运行图”及信号显示行车。

调度命令的基本格式如图 5.51 所示。

调 度 命 令

年 月 日 时 分

受令处所		命令号码	行调姓名
命令内容			

行车专用章 车站值班站长

图 5.51 调度命令

三、列车运行图

（一）列车运行图的概念

列车运行图是用坐标原理表示列车运行状态的图解形式，它规定和包括了运用列车占用区间的时分、车站到发时分、终点站折返时分以及其他列车运用的相关内容。

列车运行图是一个综合性的运行计划和运营工作的操作工具，它比较完整地规定了运营中列车进行的时间要素、数量要素、相关要素相互协作、统一的状态。

（二）列车运行图的基本格式及要素

列车运行图是列车在各区间运行和在各车站到达、出发或通过时刻的图解形式。在列车运行图上，将横轴按一定比例用竖线划分为若干等分，竖线代表一昼夜的小时或分；将纵轴按一定比例用横线加以划分，横线代表车站的中心线，这样便构成了列车运行图的基本格式，如图 5.52 所示。

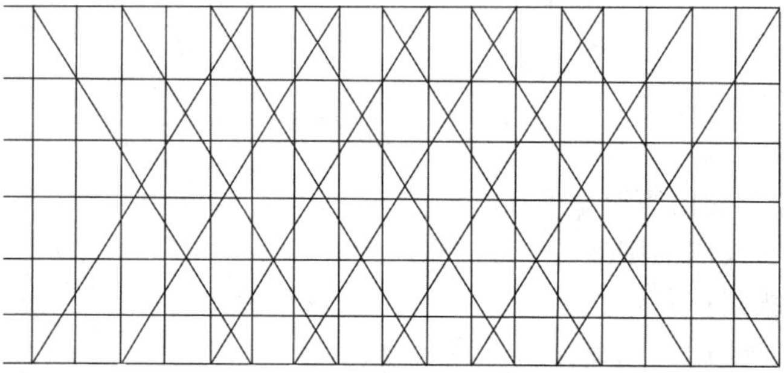

图 5.52 列车运行图的基本格式

（1）横坐标：表示时间变量，按要求用一定的比例进行时间划分，一般城市轨道交通列车运行图采用 1 分格或 2 分格，即每一等分表示 1 min 或 2 min。

（2）纵坐标：表示距离分割，根据区间实际里程，采用规定的比例，以车站中心线所在位置进行距离定点。

（3）垂直线：是一族平行的等分线，表示时间等分段。

（4）水平线：是一族平行的不等分线，表示各个车站中心线所在的位置。

（5）斜线：列车运行轨迹（径路）线，一般以上斜线表示上行列车，以下斜线表示下行列车。

（6）在列车运行图上，列车运行线与车站的交点即表示该列车到达、出发或通过的时刻。由于城市轨道交通列车停站时间较短，一般不标明到、发不同时间。

（7）在列车运行图上，每个列车均有不同的车号与车次，一般按不同的列车类别规定代号与列车号。如专运列车、客运列车、施工列车等；按发车顺序编列车车次，上行采用双数，下行采用单数。

四、列车运行方向及车次

1. 列车在区间的运行方向

我国地铁目前一般采用双线区段运行的方式，列车在区间内的行车采用右侧单向运行制，即列车在区间内运行时，列车司机的位置及信号机的设置位置一般在列车运行方向的右侧（部分列车司机的位置设在中间）。

2. 列车运行线路

在双线区段单向运行时，上下行列车分别固定在右侧正线运行，上行列车走上行线，下行列车走下行线。

在双线区段双向运行时，以右侧方向运行的列车称为双线正方向行车，反之称为反方向行车。

3. 列车车次的规定

客车识别号为 5 ~ 8 位数，一般为 6 位数。以 6 位数为例，前两位为目的地码，后四位为客车车次。客车车次前两位为服务号，后两位为序列号。序列号个位为偶数表示上行，为奇数表示下行，顺序编号。

在目前城市轨道交通运输中，列车的上下行始终点由行车运行管理部门设定；特殊状况下的列车车次由运行管理部门确定并以规范文件的形式下达。

五、行车闭塞法

（一）行车闭塞的定义及分类

1. 行车闭塞的定义

为了确保列车运行安全，在组织列车运行时，通过设备或人工控制方式，使一个区间或规定的空间范围内在同一时间只有一列车占用，并保持列车与列车间一定的安全距离的技术方法称为闭塞或行车闭塞法。

行车闭塞是一种列车运行的规范和方法。如何使列车运行能够符合高密度、快速度、小间隔的要求，提高输送能力的同时确保列车运行安全，是行车闭塞的根本目的。

2. 行车闭塞的分类

城市轨道交通运输中的行车闭塞一般分为自动闭塞、区间闭塞、电话闭塞 3 种类型，它们有着不同的使用范围与方式。

除正常运行中使用的闭塞方法外，在发生特殊运行状况时还可以使用封锁区间和时间间隔法进行行车。

（二）行车闭塞法的实施

1. 列车自动闭塞法运行

自动闭塞法是由在运行中的列车通过整个运行系统的技术设备的运转来实现的闭塞方法。自动闭塞法运用列车自动控制系统（ATC）来确保地铁运输快速、安全、舒适、高密度的要求。

（1）列车自动控制系统通过它的 3 个子系统（列车自动保护（ATP）、列车自动监护（ATS）、列车自动运行（ATO））来对运输组织进行自动的调整与操作。

（2）ATC 系统是一个全方位的控制系统，在实现闭塞的方法上能够保持列车运行的最佳间隔、合理的安全距离以及多种组织功能的自动操作与协调，包括强制限速、自动驾驶、自动联锁、自动监控等。

（3）自动控制系统中列车进入区间的凭证是列车控制系统收到的速度码信号，列车发车的凭证是车站站台端的发车表示器（DTI）的正确显示。

自动闭塞法是城市轨道交通运输的基本行车闭塞方法。

2. 列车按双区间闭塞法运行

（1）双区间闭塞是通过运行空间间隔的方法，使列车在区间内保持一定的距离运行，从而保证行车安全和运行秩序的一种闭塞方法。

（2）双区间闭塞法在城市轨道交通运输中一般作为临时或运营前期行车的闭塞方法。

（3）按双区间闭塞法运行时，列车占用区间的凭证为车站出站信号机显示的进行信号，通常为绿色灯光；列车发车信号是手信号或规定的固定信号机显示的灯光。

3. 列车按电话闭塞法运行

（1）当自动闭塞设备因故障停止使用，或停运期间开行施工列车、调试列车、车载信号设备不良以及非规定制式列车时而采用的一种代用闭塞法。

（2）电话闭塞是没有机械、电气设备控制的条件下，仅凭电话联系来保证列车空间间隔的行车闭塞法，其安全保障程度较低，行车效率不高，人力投入要求较大，所以只是一种临时代用的闭塞法。

（3）电话闭塞法行车，为了确保列车运行的安全，规定了列车的运行间隔为双区间，也就是接车站承认闭塞的前提条件是前次列车已由前方站整列出发。

（4）改用电话闭塞法行车，电话记录号码是承认闭塞的依据，必须有行车调度员的命令。列车占用区间的凭证为路票，发车凭证是行车值班员或规定的行车人员的手信号。

4. 封锁区间的列车开行

封锁区间是指由于施工原因或者其他原因在指定的区间、指定的时间内禁止列车运行，必须进入该区间的救援列车、工程列车等可以经批准后进入。

（1）封锁区间用于特殊情况，如必须在运行区间内进行抢险、抢救、施工、救援时。有计划的调试列车、工程列车可以根据情况使用区间封锁行车方式。

（2）封锁区间必须有控制中心的行车调度员的调度命令。

（3）一切行车部门与人员应该认真执行调度命令。

（4）有关人员及列车、车辆因工作需要而必须进入时应得到行车调度的同意，并以允许进入封锁区间的调度命令作为凭证。

（5）解除区间封锁必须由行车调度员依据现场状态发布调度命令。

六、列车运行交路

1. 交路的定义

交路是指列车固定担当运输任务的周转区段。

2. 交路的种类

传统上将列车交路分为长交路、短交路和长短交路 3 种。

（1）长交路是指列车在两个终点站进行折返运行。长交路具有对中间站折返线路要求不高、行车组织运行方式简单的优点，但不考虑区段客流量不均衡的因素，合理利用运能方面有所欠缺。

（2）短交路是指列车在指定的折返站折返，在一段区间内运行。在城市轨道交通的运营组织中除特殊情况下一般不采用此种交路模式。

（3）长短交路是指列车在线路运行中结合了长、短交路两种情况的运行模式。长短交路的行车组织方式是一种比较经济合理的运行方案，特别是在区段客流不均衡程度高，造成某一区段运能不能满足运量的需要时，长短交路运营组织方式尤为适用；但这种方式行车组织方式相对复杂，同时对客运组织也有较高的要求。

3. 交路计划的确定

列车交路计划的确定应建立在对线路各区段客流量进行统计分析的基础上，充分考虑行车组织与客运组织的条件，在进行可行性研究后加以确定。

七、乘务制度

地铁列车乘务员包括列车司机和工程车司机，他们处于地铁运营的最前线，肩负着行车安全的主要责任。因此，合理安排乘务员休息时间，制订值乘方案，保有足够的安全监督显得尤为重要。值乘方式的选择不仅要与实际运营相结合，还要有科学依据做保障，在人员精简、高效的同时还要确保运营的安全。

1. 乘务制度的定义

乘务制度是列车驾驶员值勤的一种工作制度，它表示列车驾驶员对运行列车值乘的方式。

2. 乘务制度的类型

城市轨道交通运输运行管理中通常使用两种乘务制度：包乘制和轮乘制。

包乘制是一列车由一个乘务组固定使用的制度。其特点有：

（1）列车驾驶员能够比较全面地掌握值乘列车(车辆)的性能，熟悉列车(车辆)情况，有利于处理列车运行时的故障。

（2）有利于管理、监督。

（3）有利于列车维护、保养。

（4）由于定人包车，对提高列车(车辆)的技术状况有一定的帮助。

（5）投用列车台数较多，列车(车辆)使用相对不均匀、不平衡。

（6）需配量的驾驶员人数较多。

轮乘制是列车驾驶员在运行的整个工作中轮流参加运行的列车的制度。其特点有：

（1）节省参与运行的驾驶员人数，其配量可减少到最小，有较高的工作和管理效率。

（2）能够比较合理地利用列车台数，降低车辆使用成本。

（3）对列车驾驶员的技术素质要求较高，对列车（车辆）性能的适应性要求较强。

（4）不利于列车保养、维护。

武汉、上海、广州等地铁目前实行的是循环轮乘制。从经济效益来看，既节约司机的数量又节约了开支，更提高了司机的工作效率；在车辆的维修方面，实行了专业工种维修制，落实责任到人，提高了维修质量，降低了维修成本，从而大大提高了列车的运行质量，减少了列车在正线的故障率，维护了列车运行秩序，增加了运营的收入。

第五节　行车事故与事故案例分析

一、地铁行车事故的定义与等级

（一）行车事故的定义

凡在地铁运营工作中，造成人员伤亡、设备损坏及经济损失，中断行车或危及运营安全的，均构成行车事故。

（二）行车事故的等级

行车事故按照其性质、损失以及对行车造成的影响，分为四个等级：特别重大事故、重大事故、较大事故、一般事故。

行车事故分为责任事故和非责任事故。事故责任分为全部责任、主要责任、重要责任、次要责任和同等责任。

1. 特别重大事故

有下列情形之一的，为特别重大事故：

（1）造成 30 人以上死亡。

（2）造成 100 人以上重伤（包括急性工业中毒，下同）。

（3）造成 1 亿元以上直接经济损失。

2. 重大事故

有下列情形之一的，为重大事故：

（1）造成 10 人以上 30 人以下死亡。

（2）造成 50 人以上 100 人以下重伤。

（3）造成 5 000 万元以上 1 亿元以下直接经济损失。

3. 较大事故

有下列情形之一的，为较大事故：

（1）造成 3 人以上 10 人以下死亡。

（2）造成 10 人以上 50 人以下重伤。

（3）造成 1 000 万元以上 5 000 万元以下直接经济损失。

4. 一般事故

一般事故分为：一般 A 类事故、一般 B 类事故、一般 C 类事故、一般 D 类事故。

1）一般 A 类事故

有下列情形之一，未构成较大以上事故的，为一般 A 类事故：

A1. 造成 2 人死亡。

A2. 造成 5 人以上 10 人以下重伤。

A3. 造成 500 万元以上 1 000 万元以下直接经济损失。

A4. 中断运营正线行车 6 h 以上。

2）一般 B 类事故

有下列情形之一，未构成一般 A 类以上事故的，为一般 B 类事故：

B1. 造成 1 人死亡。

B2. 造成 3 人以上 5 人以下重伤。

B3. 造成 100 万元以上 500 万元以下直接经济损失。

B4. 中断运营正线行车 2 h 以上。

B5. 载客列车脱轨。

B6. 载客列车冲突。

B7. 列车爆炸。

3）一般 C 类事故

有下列情形之一，未构成一般 B 类以上事故的，为一般 C 类事故：

C1. 造成 3 人以下重伤。

C2. 中断运营正线行车 30 min 以上。

C3. 造成 30 万元以上 100 万元以下直接经济损失。

C4. 火灾事故。

C5. 运营列车分离。

C6. 正线工程车脱轨。

C7. 非运营列车脱轨。

C8. 非运营列车冲突。

C9. 向占用区间发出列车。

C10. 未准备好进路接、发列车。

C11. 电话闭塞法行车时无凭证发车。

C12. 未办或错办闭塞发出列车。

C13. 列车冒进信号。

C14. 列车擅自退行。

C15. 列车溜逸。

C16. 载客列车未关闭车门行车。

C17. 载客列车运行中开启车门。

C18. 列车夹人走车或将人关在列车与屏蔽门之间走车。

C19. 列车运行中，齿轮箱吊挂装置、空压机、牵引电机等车辆重要部件脱落。

C20. 柔性接触网接触线断线、倒杆、塌网。

C21. 列车带电进入停电区。

C22. 供电系统操作中发生错送电、漏停电。

C23. 运营中轨道贯穿断裂。

C24. 漏发、错发、漏传、错传调度命令导致列车超速运行。

4）一般 D 类事故

有下列情形之一，未构成一般 C 类以上事故的，为一般 D 类事故：

D1. 造成 10 万元以上 30 万元以下直接经济损失。

D2. 调车脱轨。

D3. 调车冲突。

D4. 挤道岔。

D5. 应停列车在站通过。

D6. 载客列车错开车门。

D7. 列车客室内或车站的设备、设施、器材松动脱落等异常情况，造成乘客轻伤以上。

D8. 列车运行中设备设施、器材、物资、装载货物、装载加固材料（或装置）超限或在轨行区坠落。

D9. 列车运行中擅自切除车载安全防护装置。

D10. 未经许可擅自进行影响行车或行车设备的施工作业，超范围施工、维修作业耽误列车。

D11. 错办或未及时办理进路致使耽误列车。

D12. 错办行车凭证发车或耽误列车。

D13. 施工、检修作业耽误列车。

D14. 作业人员违反劳动纪律、作业纪律耽误列车。

D15. 漏发、错发、漏传、错传调度命令耽误列车。

D16. 错误操纵、使用行车设备耽误列车。

D17. 设备设施、线路检修不到位耽误列车。

D18. 出站信号在 OCC 和车站控制室同时失去控制或紧急关闭信号失控。

D19. 运营中车站照明全部熄灭。

D20. 未按规定撤除接地保护装置。

D21. 运行中列车超过规定的临时限制速度运行。

D22. 行车设备故障、线路状态不良影响正常行车 2 h 以上。

5. 其他情况

轨道公司可对影响行车安全的其他情形，列入一般事故。因事故死亡、重伤人数在 7 日内发生变化，导致事故等级变化的，相应改变事故等级。

（三）事故报告的流程与内容

1. 事故报告的流程

事故发生后，事故现场作业人员或者其他人员应当立即向行车调度员、公安机关、邻近车站或者相关单位负责人报告。调度员接到事故报告后立即向值班主任报告，值班主任向部门负责人及轨道公司安委会办公室报告，并指派人员向轨道公司相关领导及部门负责人通报。

发生特别重大事故、重大事故、较大事故或者有人员伤亡的一般事故，公司安委会办公室应在 1 h 内向所在城市安监局通报。

2. 事故报告的内容

（1）发生时间（年、月、日、时、分）；

（2）发生地点（区间、车站百米标、上行线或下行线等）；

（3）列车车次、车组号、关系人员姓名、职务、联系方式；

（4）事故概况及初步判断的原因；

（5）人员伤亡情况及车辆、线路等地铁设备损坏情况；

（6）是否需要救援；

（7）是否影响临线运行；

（8）其他必须说明的内容及要求。

事故发生后，赶赴现场的运行安全管理部门除立即组织进行事故抢救外，还应根据事故现场的实际情况了解事故危害程度，采取适当的防范措施防止事故扩大和危害延伸，并向上级及有关部门续报事故情况。

（四）相关名词说明

（1）列车：按规定辆数编组的车列，并具备规定的列车标志。轨道车、单机或挂有平板车进入运营线并编有车次，发生事故时算列车事故。

① 列车与其他调车作业机车和车辆相互冲撞而发生的事故算列车事故。

② 列车在车辆段（基地）以调车方式进行摘挂或转线而发生的事故算列车事故。

③ 客车：是指以运送乘客为目的而按规定辆数编成的车列，并具备规定的列车标志。

④ 其他列车，指空驶列车、救援列车、调试列车、轨道车单机或挂有车辆开动的列车。

（2）冲突：列车、车辆、轨道车相互间或与设备（如车库、站台、车挡等）以及其他车辆间发生冲撞，造成列车、轨道车或其他车辆破损或损坏。

（3）脱轨：列车、轨道车、平板车的车轮落下钢轨轨面（包括脱轨后自行复轨）。

（4）挤岔：车轮挤过或挤坏道岔设备。

（5）列车冒进信号：列车前端任何一部分越过固定信号机显示的停车信号或规定的手信号显示地点即为冒进信号（包括停车列车越过信号机或警冲标）。

（6）运缓：指列车在正线区间运行，因通过困难或其他原因，列车不能达到规定的行车速度，造成与图定列车时分的差异。

（7）漏乘：指乘务员在列车开车时，未按规定人数或时间出乘（若有同等职务的人员或能胜任现行职务的高职人员顶替出乘将列车正点开出，不按事故论）。

（8）错开车门：指客车未对好站台开启车门（指客车至少有一个客室门越出站台头端墙或尾端墙并打开的）或开启非站台一侧的车门。

（9）列车分离：指编组列车因未确认车的连接状态或车钩作用不良而发生的车辆分离（包括车钩缓冲装置破损）。

（10）夹人、夹物开车：指夹住人体任何部位或随身衣物开车，若未造成人身任何伤害，不作事故论。

（11）行人：指在铁路线路上行走、停留的自然人（包括有关地铁作业人员）。

（12）应停列车在站通过：指有关行车人员违反劳动纪律、规章制度致使应停列车在站通过。

（13）耽误列车：指列车在区间内停车，通过列车在站内停车，列车在始发站或停车站晚开，超过运行图规定的停车时间，列车因车辆、设备设施等故障限速运行等。

（14）错误办理行车凭证发车：已与邻站（或相邻闭塞办理站）办妥站间行车手续，由于未交、错交、未拿、错拿、漏填、错填行车凭证，交于司机后，发现凭证的日期、区间、车次错误，即为错误办理行车凭证发车。

（15）列车发生火灾：指列车起火造成车辆破损，影响行车设备设施正常使用，或发生人员伤亡、设备烧毁等。

（16）列车发生爆炸：指车辆在运行过程中发生爆炸，造成其设备损坏，墙板、车体变形或出现孔洞，影响正常行车。

（17）中断正线行车：不论事故发生在区间或车站，造成运营线路上下行线之一不能行车，即为中断正线行车。

（18）双线中断行车：指一条线发生某一站或某一区间及以上中断行车的同时，另一条线也发生某一站或某一区间及以上中断行车。

（19）单线中断行车：指上、下行线中任何一条线上有一个车站或区间发生了行车中断。

（20）行车中断时间：指由事故发生时起至调度发出线路开通命令时止的时间。

二、事故案例与基本分析

如何从事故中吸取教训，如何让教训变成财富，如何以教训制止流血，这是摆在每个地铁员工面前的一道现实考题。因此，采取各种措施，让人们熟知各类安全规章，是防范事故发生的一个有力保证。通过对事故的剖析，不但要提出今天防范措施，更要对明天运输安全会遇到的新问题和面临的新隐患有一个科学预测，以使我们的工作具有超前性、前瞻性、预防性和基础性。我们坚信：尊重客观规律，遵守安全规程，就能有效防止事故的发生。

（一）冒进信号造成的行车事故

1. 案例介绍

案例一：×月×日上午，××次地铁列车从徐家汇站下行出发后，司机精神松懈、开始瞌睡，直至列车进入上体馆站站台中部司机才清醒，立即实施制动，但已失去制动距离，造成列车越过上体馆车站信号机后才停车，构成行车一般C类事故。

案例二：×月×日早晨，由入场线出场的0812次地铁列车由于司机精神不集中、误认正线X10信号为本次列车开放信号，而对自己列车进路上的X14信号未加确认，从而冒进红灯，挤坏入场线与正线交界的10#道岔，盲目闯入运行正线。此刻正线上行线的0612次列车正驶向新龙华站（现为上海南站，下同），列车在距10#道岔40 m处发现0812次列车冒进并进入运营正线，司机立刻采取紧急停车，列车在距0812次出库列车十余米时停止，防止了一起后果极严重的侧面冲突事故。

案例三：×月×日，0421次地铁列车由下行线进入虹梅路车站（现为锦江乐园站），头部踏上站台端时，列车ATP落码，与行车调度员联系后按命令进站；在车站进行下客作业后未对车站前方信号机进行确认，盲目动车，冒进道岔防护信号并将8#道岔挤坏，构成行车一般C类事故。

案例四：×月×日5时54分，某地铁乘务中心司机邵某在完成18道B端0910车0501次出库前准备作业后，与信号楼联系，信号楼要求其到A端待命，司机臆测行车，擅自越过显示红色信号机的D18A信号机，挤上47#道岔，构成列车挤岔一般D类事故。挤岔后司机未及时向信号楼汇报，便擅自后退，又导致该列车掉道，构成列车脱轨一般C类事故。

案例五：×月×日0312次列车于21时11分从莘庄站发车开往上海火车站。莘庄站发车后列车司机精神不佳，睡意朦胧。在列车进外环路站后，列车落码减速至45 km/h，司机将操纵手柄回零位，程序制动因故障没有起动，列车未停，越过站台。司机此时已经睡着，未采取列车制动停站操作，造成0312次列车越站运行。

案例六；×月×日127#车114次进入上海火车站上行车站，至车站一半处落码，报调度，经调度同意后以RM方式进站手动对位。此时，折3线与折4线都有列车，3号道岔开通直向。司机对位后开门，并将手动转换成自动模式，监护乘客上下车，等发车表示器闪亮司机按下关门按钮，车门全部关闭后，司机称X3信号机显示白色灯光，同时确认折返线进路开通侧向即进入司机室按下ATO发车按钮，列车起动，当列车驶向折4线时司机发现X3信号机显示红色灯光，司机进行紧急制动，列车头部越过信号机，构成行车一般C类事故。

2. 案例分析

（1）列车驾驶员没有严格按照信号的显示要求行车，其中包括中断信号瞭望、精力不集中、精神状态不佳、臆测行车、思想麻痹，从而导致误认信号等。

（2）违反行车有关规定与操作规定，对各种违章行为的后果存在侥幸心理，没有完全按照技术要求和标准化操作程序进行作业。

（3）从运行管理的角度看，普遍存在着控制不严的现象，安全工作缺乏强有力的措施，技术设备保障缺少比较有效的隔开设备（一般情况下，只有专用线、坡道线、线路平面交叉、办理同时相对方向接车或同方向同时接发列车等特殊情况时才设置隔开设备，其他情况多用信号机防护）。

（4）减少和防止冒进信号是确保行车安全的主要内容之一，从以上案例可以看到，冒进信号的后果十分严重。如果仅仅是冒进信号，它只是一般C类事故，但是伴随着冒进的往往可能是挤岔，而运行进路被占用时则可能导致列车冲撞、冲突，严重时甚至造成车毁人亡的重大事故的发生。

3. 整改措施

（1）通报事件，组织全体司机加强学习，充分认识事故的严重性，避免此类事故的再次发生。同时加强司机应对突发事件的培训，以期在发生事故时能及时有效地采取正确措施，防止人员伤亡、设备损失的扩大。

（2）在行车工作中，列车司机必须熟悉信号设置位置及显示要求，严格执行呼唤应答制度和车务安全联控措施，做到信号不清不动车，未经确认不动车。

（3）强化行车安全督查机制、控制与防范能力。司机、监控员必须执行“三控”作业——自控、互控、他控，认真执行标准化作业。

（4）加强行车人员的责任心，提高员工工作热情，改善工作态度，完善安全考核机制，认真履行岗位职责。

（5）充分休息，确保良好的生活状态、精神状态。采用先进的安防科技手段的同时，倡导优秀的企业精神、企业文化，使行车人员完整理解和明确安全行车的重要意义。

（二）客伤事故与运营服务事件

1. 案例介绍

案例一：某日夜里，天气情况十分恶劣，大雨倾盆，能见度十分低，运行列车10 m外一片朦胧，在正线虹梅路至新龙华上行区间运行的某次列车将一名非法进入运行线路的盲流人员撞击后死亡。列车司机与赶来的事故处理人员正在处理事故，由于某种原因侵入了邻线限界，下行线运行列车将一名事故处理人员撞倒，在送往医院途中死亡，造成十分不良的影响。

案例二：某日，某次列车在由区间进入常熟路站停靠后，司机进行正常的开关门作业时，由于精力未集中或者是误碰，不慎将列车靠隧道侧的客室门打开，致两位乘客被挤出车门，幸好乘客反应及时双手支撑在隧道壁广告箱上，未跌入线路。司机错开车门按有关规定已构成行车责任险性事故。

案例三：某日中午，某次列车在地铁新龙华站停车后，由于值乘司机忙于去取预定的午饭，未办理列车停车后的乘客上下车作业，在取完午饭后再观察站台上乘客较少，便错误地认为已经进行了开关门操作，即起动列车离站。列车在下一站靠站时，调度员告诉司机在新龙华站未进行客运相关业务，造成客运服务不良事件和不良影响。

案例四：×月×日 14 时，123#列车运营至莘庄站下行站台，司机打开客室车门走出司机室后，目光被走出车厢的乘客所吸引。20 s 后站台端列车关门信号发出，司机走入驾驶室按下关门按钮，在没有按规定确认车门有否夹人夹物情况下，起动列车驶入折返线，造成列车动车时一名乘客被二单元 B 车下行第二扇车门夹住，拖行至站台下挣脱坠落在线路上而受伤，构成行车有责重伤事故。

2. 案例分析

从上述几个案例来看，列车司机值乘中安全意识和责任意识不强、违章或违规操作、思想不集中、中断瞭望，是造成事故的主要因素。

乘客违反乘坐地铁列车的管理规定及外来盲流人员进入运行线路是引起客伤事故的次要因素。

同时，气候环境恶劣，给司机瞭望线路、确认运行前方造成困难。

另外，事故处理人员违反事故调查处理程序和有关安全规定，不慎进入邻线，造成事故延伸与扩大。

3. 应吸取的教训

（1）司机在恶劣的气候及环境条件下，要树立高度的安全意识和责任意识，要更加仔细地确认前方线路，发现行人或设备侵入线路时，要立即采取减速或停车措施。

（2）行车管理人员或事故处理人员在进入运行线路处理问题及其他事务时要注意邻线往来车辆行驶状态，防止意外发生。

（3）在事故现场处理时，行车调度员要及时通知有关邻线运行的值乘司机，告之事故地点，以使列车司机引起注意，采取适当措施。

（4）列车司机在运行时必须严格执行有关操作规定，认真对待每一次值乘、每一次操作，集中思想，认真确认和瞭望，防止客伤事故发生。

第六节　驾驶员个性心理与调适

随着社会的进步和竞争的日益加剧，人们生活压力也越来越大。列车司机是地铁行业的主要技术工种，岗位和作业方式特殊，责任尤为重大。在地铁运输组织、生产方式、技术装备的现代化进程中，新技术、新装备被大量运用，对地铁司机个性心理、责任意识、业务技能、作业质量、身体素质提出了更加严格的要求。在列车运行中，确保广大旅客生命健康和国家财产安全是司机义不容辞的职责，建设一支外在形象美、内在气质佳、整体素质高的列车司机队伍，是保证当前运输生产安全的迫切需要，是加快地铁现代化建设的战略需要。通过学习心理保健知识，有助于维护司机这一特殊职业群体的心理健康，促进城市轨道交通运输安全、健康地发展。

一、个性心理及其特征

（一）什么是个性心理？

大千世界，芸芸众生，在人生的舞台上，每个人都以不同的面目和姿态出现，表现出与众不同的特点。世界上没有两个完全相同的人，那么，决定每个人不同于其他人的内涵是什么呢？那就是个性心理。

个性心理又叫个性，是指一个人在日常活动中经常地、稳定地表现出来的心理倾向性和心理特征的总和。个性造就了人的具体的、与他人不同的基本心理面貌，决定了人的具有社会意义的行为方式。

（二）个性心理特征

（1）独特性："人心不同，各如其面"，人的个性千差万别，各不相同，正如树上没有两片完全一样的叶子一样，世界上也没有两个个性完全相同的人。

（2）整体性：个性是一个多结构、多层次和多水平的多维系统，是人的整个心理面貌。

（3）稳定性：个性是人在长期的生活实践中逐渐塑造定型的，所以，个性一经形成便呈现出稳定性，总是在人的心理过程和行为方式中留下痕迹。

（4）适应性：个性一方面是个稳定的系统，另一方面又是不断适应环境的变化而进行自我调节的动力结构。

二、乘务人员心理分析

（一）乘务工作的性质与环境

1. 乘务工作的性质

轨道交通具有线多、面广且每日运营时间长等特点，而列车驾驶员乘务工作的好坏将对国家和人民生命财产安全直接造成影响。因此，乘务工作一般具有以下特性：

（1）责任性：列车驾驶员在值乘过程中对工作中所涉及的相关行车设备和乘客安全负责。

（2）固定性：列车驾驶员在值乘过程中，只对值乘的当次列车安全负责。

（3）独立操作性：每次列车只配备一名驾驶员，因此，列车驾驶员在值乘过程中具有独立操作性。

2. 乘务工作的环境

乘务工作的环境可以分为周围环境和驾驶环境两种。列车驾驶员每天驾驶着列车穿梭于城市地下、地面或高架沿线上，从周围环境来看，驾驶员每天面对的是漆黑的隧道、固定的线路以及来往的乘客等，相对而论是一种固定的环境；从驾驶环境来看，每趟列车驾驶员都重复着开车、停车、开门、关门、开车的循环劳动，看似机械，但在驾驶过程中，驾驶员必须时刻保持高度的警惕心、责任心。可以看出环境对驾驶员乘务工作具有一定的影响。

3. 基础管理的要求

如何管理好驾驶员队伍，帮助他们及时调整生理、心理状态，以充沛、饱满的精神投入到乘务工作中去，确保列车的运行，安全是基础管理的基本要求。要坚持“以人为本”的管理思路，注重观察与分析，了解驾驶员的生理、心理状态，完善各项规章制度，充分考虑乘务工作的特殊性，实现全方位的综合管理，以提高管理效率与效果。

（二）驾驶员心理状态的因果关系

1. 产生心理情绪的主要原因

产生心理情绪的主要原因是工作、社会、家庭等各类因素的影响。如工作中遇到道床伤亡事故时，虽然在驾驶操作中无过失，但会对自己产生一种不信任感，从而产生心理压力。又如，生活中与女友（男友）或交往中，由于受到经济条件的限制，无法满足女友（男友）的物质要求，从而产生一种自卑感或失落感，使工作积极性不高，甚至产生厌恶等心理状态等。

2. 驾驶员心理情绪的主要表现

（1）情绪低落或抑郁：轻者情绪低落，忧心忡忡，愁眉不展，唉声叹气；重者忧郁沮丧，悲观绝望，感到自己一无是处，度日如年，自卑自责。

（2）焦虑：表现在紧张恐惧、顾虑重重，好似大祸临头，坐卧不安，认为问题无法解决。

（3）恐惧：恐惧是个体面临危险时的情感体验，与焦虑不同的是危险已经存在，认为自己无法克服这种危险，试图回避。

（4）情感脆弱与易激怒性：在无明显外界因素影响下情绪容易波动，易出现过激与攻击行为。

（5）情感淡漠：对外界任何刺激缺乏相应的情感反应，对周围的事漠不关心，言语声调平淡，面部表情呆板，内心体验贫乏或缺失。

3. 心理情绪对列车驾驶的影响

心理情绪的不稳定极易产生生理、心理疲劳，思想不集中，思维混乱，反应能力迟钝，动作差错增多，工作效率下滑等情况。这样的工作状态将严重威胁列车行车安全，容易引发行车事故、有责投诉事件或客伤事故。

4. 心理问题对运行安全的危害

乘务人员心理发生问题或障碍，必然会对运行安全产生相应的后果。而这种后果具有十分严重的不可预测性和严重性，可能给国家和人民生命财产带来损失和伤害，给企业经济效益与形象带来负面影响。

三、心理疏导与乘务基础管理

（一）心理疏导的重要性

心理疏导能有效地帮助驾驶员树立正确的人身观、价值观，对自身、社会有更清楚的认识，从而避免心理问题发生，对预防行车安全事故起到重要作用。

（二）心理疏导对基础管理的作用

在基础管理中，心理疏导对于驾驶员的管理至关重要。作为一名在运营一线工作的驾驶员，其个体行为将直接影响到行车安全。一旦驾驶员的心理发生问题或障碍，如果处理不当，后果将非常严重，甚至会蔓延到其他成员。因此开展心理疏导，能有效地缓冲或解除驾驶员的心理压力或病症，减轻驾驶员心理负担，有利于运行安全工作，从而有利于基础管理工作顺利有序的进行。

（三）改善心理状态的有效途径

心理疏导是应用心理学知识改变驾驶员的认知、情绪、行为，来达到消除症状的一种方法。通常是通过解释、说明、支持、同情和相互之间的理解，运用语言和非语言的交流方式，来影响对方的心理状态，从而改变对方的认知、信念、情感、态度和行为等，达到排忧解难、降低心理痛苦的目的。其主要途径有：

（1）加强情绪心理稳定的调节。

通过加强情绪心理稳定的调节，使驾驶员消除紧张、急躁、侥幸的情绪，积极坦然地对待周围的人和事，避免过激的心理活动，做到“养心在静”，注意保持心理平衡状态，就容易规范驾驶行为。这是良好驾驶心理的基础。

（2）培养注意心理的自我调节。

注意力是合格驾驶员最基本的心理品质，也是防止交通事故最基本的条件，因此要经常进行自我提醒：“我在开车”“我不能想别的”“开车安全第一”等。

（3）创造舒畅而轻松的工作环境。

要注意改善驾驶员的休息环境，并使其从事一些有益的休闲活动，如听音乐、看书，消除精神和体力上的疲劳。保证充足的睡眠，也是帮助驾驶员克服不良驾驶心理的重要途径。

（4）调适驾驶员的情感心理环境。

领导对驾驶员要多鼓励，安排工作要适当，并定期进行体格检查，及时解决驾驶员的实际困难。家人对驾驶员要多关心，多体贴，使驾驶员心情愉快，精力充沛。驾驶员也应讲究人格修养，扩大心理容量，提高心理承受力和应激力。

（5）重视交通事故案例的学习和培训。

应经常开展交通案例的学习和培训，对典型的交通事故案例进行解剖，以提高驾驶员的防范意识和能力。

四、行车中的心理调适

心理调适通常以沟通交流作为重要手段，通过谈心、网聊、家访等形式，了解驾驶员的思想动态和心理状态，然后对症下药，通过交流讨论，解除心理障碍，使其面对未来。心理调适还可以以“行为”作为手段，在进行思想沟通后，对他们的正确行为做出判断，在思想与行为上进行支持或鼓励，使他们重新建立面对工作、生活的信心。

（一）影响备班的主观因素

良好的行车准备表现在身体、情绪和思维三个方面。身体方面包括控制系统和执行系统两大部分。研究表明，司机从发现信号到做出反应，所用的时间为 0.3 ~ 1 s。对于行驶中的列车来说，这个时间是极短的，再考虑到列车的惯性与铁轨摩擦系数等因素，及时反应的重要性就更显突出了。

影响备班的主观因素主要有：① 认知偏见；② 对情绪的控制差；③ 精神压力。

（二）保持运行中最佳安全行车状态

行车过程中，驾驶员面临的问题主要是疲劳、精神压力、意外情况和车辆故障。疲劳是对安全行车影响最大的因素，它可以分为心理疲劳和生理疲劳两种。在行车初期，可灵活转移注意力，根据线路特点和对车速的感知大致确定瞭望信号的时间，做到提前瞭望。不要一开始就过多地投入精神能量。随着时间的延续，各种感知能力都会下降，投入的注意力要逐渐增加。行车 4 ~ 6 h 后，要集中所有注意力操纵机车。我国有饮茶的习惯，茶是提神醒脑的佳品，所以行车时可以多喝些茶。驾驶员普遍反映：开车压力大，而且车速越高，密度越大，压力就越大。通常要求司机在很短的时间内对各种信号做出反应，既不能超速行驶，也不要晚点，同时还要考虑节约能源。有时还会要求司机在约 1 min 之内作出各种复杂的决策与动作，稍有差错便有可能造成事故。因此，在备班中通过自我暗示与调适缓解精神压力，则可以保持最佳安全行车状态。

（三）紧急情况的应急处理能力

列车驾驶员的价值体现在关键时刻。因为，事故的出现往往是在一瞬间，要在很短的时间内让驾驶员做出最快的反应，并且能迅速、果断、正确、完整地处理突发事故，这就要求驾驶员必须具备良好的心理素质、过硬的技术水平。那么在遇有紧急情况，不少驾驶员表现出紧张、恐惧，手足无措，有时大脑还出现瞬间“空白”的现象，既暂时失去思维，失去处理问题的能力时，怎么办？办法只有一个—— 扎实地搞好平时基本功的训练，包括技术业务的训练和心理素质的训练。唯有这样，才能在真正遇到紧急情况时，也能做到不犹豫、不紧张、思维敏锐、行动果断。要提高机车驾驶员在紧急情况下的应急处理能力，必须消除过度的紧张情绪。

1. 为何要消除过度紧张？

广义的紧张包括身体用力或快速运动的状态、大脑积极思考的状态以及情绪的紧张状态。所有这些紧张状态都会消耗人的精力，并且给人的身心带来压力。一定程度的紧张是人们正常工作和生活所必需的，借助于适当的休息，紧张可以得到解除，精力可以得到恢复，不会使人的身心受到损害。极度的紧张固然会令人衰竭，但假如完全没有紧张，恐怕对人也未必有好处。例如，长期卧床不动，会使人的肌肉发生萎缩；整天无所事事，会使人的心灵荒芜。有意思的是，这种软弱或空虚的状态带给人的感受也是精疲力竭—— 与极度紧张的结果如出一辙。可见，一定程度的紧张，不仅必要，而且对人的身心有益。

需要人们注意消除和防范的，是情绪上过分强烈的、持续时间过长或针对某一情景反复发作的紧张。这种过度的紧张不仅给人带来精神上的巨大痛苦，而且妨碍人能力的正常发挥，导致活动效率低下或活动失败，同时还使人的身体不胜负担，导致身体虚弱或生病。例如，当众讲话时的紧张，考试前的紧张，面对工作竞争时的紧张，承担生活压力时的紧张，感到前途未卜时的紧张，人际关系出现矛盾、冲突时的紧张等。每个人在自己生活的不同阶段，都会遇到一定数量、大大小小的应激事件，对应激时的紧张情绪是否处理得当，会影响一个人在该阶段的成长与适应是否顺利。如果紧张得不到适当控制，频繁发作，有可能逐渐形成一种紧张型人格，即对任何事情都感到紧张，或对小的刺激表现出过分强烈的紧张。此种人格一旦形成，就会成为焦虑症、心血管疾病等的发病基础。因此，学会运用适当的方法控制、消除和预防紧张，对于维护身心健康十分必要。

2. 如何调节紧张心理？

（1）创造良好的工作环境。

这个工作环境，不单单指行车过程中的工作环境，还包含与领导、同事之间相处的和谐关系，如果这些关系处理不当，同样会对我们的行车造成非常大的影响。因此，企业领导要经常深入到被管理者中去，亲身体验被管理者的辛酸，只有这样，才能制定一些切实可行的制度，才能使这些制度得到很好的贯彻执行；要尽力满足职工的合理需要，提倡职工积极参与管理，正确运用激励机制。同事之间也要真诚相对，相互关心，相互帮助，这样，才能真正构成一个宽松、和谐的工作环境，我们的工作者工作起来才能心情愉快。

（2）提高职工应付紧张的素质。

如何提高驾驶员面对紧张情况时的处理能力，前面我们提到，要靠平时的基本训练。举例说明，我们在投篮时手腕不放松，肯定投不中。那么，教练在平时的训练中会经常提醒：放松，放松。有了他的反复提醒，我们在关键投篮中就会想起“放松”。能想起放松，就说明我们从紧张的情绪开始向不紧张的情绪转化，迈出了关键的一步。因此，加强安全生产知识的教育及特殊技能的培训，可以使职工适应安全生产的要求从而缓解紧张。

（3）紧张心理的自我控制。

① 正确认识自己的能力。只有正确认识自己的能力，才能有针对性地加强心理训练，做到事半功倍。

② 提高操作技能，增强适应能力。是否一个人的心理素质比较高了，在紧急时刻就不会紧张？没有一定的技术、经验，没有一些过硬的本领，即使你的心理素质再好，同样还是会紧张。所谓“技高人胆大”，做事时心中没有一定的“底气”，就不能沉着应对突发事件。因此，我们必须加强操作技能的训练，增强紧急情况下的适应能力。

③ 培养自己稳定情绪的能力，培养坚定的意志和自制力。

④ 进行预演性训练。我们经常可以看到，大赛或关键战前，参赛队要开赛前会，组织大

家讨论领先时怎么办，落后时更应该怎么办。这样做，就是在做每件事之前，预先设想可能出现什么问题，如何解决，事前做好充分的心理准备。这样，在实际进行过程中，就会减少对所发生的事件的陌生感，从而做到从容应付，镇定自若。

（四）克服行车时犹豫的心理

对驾驶员而言，犹豫不决是行车之大忌。因为行车情况变化莫测，列车在高速行驶中，特别是遇有紧急情况时，不允许你进行逻辑推理，也不会给你足够的思维空间。诚如俗语所说，“当断不断，必有后患”，要正确处理各种突发事件，就需要快速准确地做出反应，这样措施才能及时到位。任何由于犹豫不决造成的操作技术延误，都可能导致无法弥补的损失。

要解决在行车中犹豫不决的问题，不仅要努力提高技术素质，更重要的是要切实提高心理素质。那些优秀驾驶员之所以能做到遇事不慌、处乱不惊，是因为安全行车不光靠技术，更要靠“心”来驾驶。如果我们不重视这种心理素质的培养，将难以彻底摆脱危险的境地。

复习思考题

1. 什么是安全?什么是事故?
2. 什么是人员安全素质?
3. 什么是人为失误？如何防范人为失误？
4. 什么是违章行车？违章行车的危害有哪些？
5. 对司机的基本要求有哪些？
6. 地铁员工安全行为“两不动”的内容有哪些？
7. 地铁司机“三严格”的规定有哪些？
8. “防错开车门”的措施有哪些？
9. 何谓“冒进信号”？防止“列车冒进信号”的措施有哪些？
10. 简述地铁信号的定义与基本分类。
11. 视觉信号的基本颜色及其显示含义是什么？
12. 防护信号机的显示含义有哪些？
13. 简述行车闭塞的定义与分类。
14. 什么是列车交路？如何分类？
15. 何谓乘务制度？轮乘制有什么特点？
16. 什么是行车事故？行车事故分为哪几个等级？
17. 什么是列车冲突和脱轨？
18. 改善驾驶员心理状态的有效途径有哪些？

第六章　列车司机乘务作业标准

本章提要

（1）出勤准备与出勤：出勤准备、叫班、库内出勤、正线出勤。

（2）列车检查：列车检查的目的、顺序、要求、检查方法及司机每日出乘检查项目。

（3）车辆检查标准：司机室检查标准、走行部检查标准、客室设备检查标准。

（4）列车功能试验：试灯，照明，广播，应急通风，开、关门，制动，牵引等试验。

（5）出库及出场、正线运行、列车回场及入库、退勤等的作业标准。

第一节　出乘准备与出勤

出勤是地铁司机在投入运营前的重要准备阶段，为加强对列车司机的日常管理，进一步规范列车司机的工作行为，使其严格履行岗位职责，安全平稳驾驶列车，确保列车安全正点运行，特制定以下标准：

一、出乘前准备

（1）司机出乘前必须充分休息，班前8 h内禁止饮酒，生理和心理状况必须符合工作要求。

（2）在公寓待班时，必须严格执行公寓待班管理制度，在公寓待班期间，禁止饮酒、大声喧哗及进行任何娱乐活动。

（3）出乘前应按规定穿着乘务人员识别服，佩戴工号牌、星级标志或其他规定的相应标志，严禁无证上岗。

（4）应携带计时工具、上岗证、驾驶证等必需品及《行规》《电动客车操作规程》《车务应急处理规则》《车场运作手册》《车站、列车广播标准用语》《列车运行图》等技术资料。

（5）严格执行叫班签认制度，保证准时出乘。

二、叫　班

（1）公寓管理员应根据本公司的出勤时间规定，按出勤表顺序提前叫班。

（2）出勤表由派班室前一天制订，制订的原则按作业结束的先后顺序排列，“先结束作业的司机先休息，早晨先出库”。

（3）叫班遵循“一叫、二答、三催、四复查”的原则，确保司机准点出勤。

三、库内出勤

（1）司机必须在指定时间前到达指定地点，按规定方式出勤；库内出勤时，应按列车出库时间提前 30 min 到派班室出勤。

（2）备用司机应在首班车出库前 30 min 出勤，出勤后对备用列车进行检查，检查后应在驾驶员候乘室内待命，严禁擅自外出或到司机公寓休息。

（3）司机出勤时，应认真抄录有关运行、安全注意事项，了解值乘列车（车辆）的技术状况、故障记录、车号、停车股道、担当车次、运行方向等；并认真听取或阅读值班员或乘务班组长传达的各项通知并做好记录。

（4）司机“酒测”合格，接受指纹测试和手机模式检查（将手机调至飞行模式），领取相关行车备品（列车时刻表、列车运行状态记录卡、车辆故障单、司机报单、手持台、应急包、列车钥匙等）。

（5）由派班员在司机手册上签字（盖章）后，（白班、夜班车场出勤时须与正线司机长联系确认正线注意事项）方可上车。

（6）严格按《列车检查作业标准》对列车进行各种性能试验和部件检查（不超过 30 min），对发现的问题要及时报告信号楼。

（7）检车完毕，确认列车具备动车条件后及时与信号楼联系，按“问路式”调车规定请求列车出场进路。

（8）得到信号楼通知及地面信号开放后，按车场动车“四确认”和车场呼唤应答用语标准动车，根据运营图的规定确认运行至转换轨，及时将车载无线电台转换至“正线”模式与行调联系。

（9）接行调命令后凭车载信号的显示或地面信号机的正确显示，动车至上行（下行）站台，根据列车运营图的规定决定是否进行折返作业和开关门操作。

（10）压道、巡道车严格按照规定程序行车，加强瞭望确认。

四、正线出勤

（1）按照上岗标准，带齐行车备品，在所担当运行车次开车时间前规定时间（20 min）到正线指定乘务室，向司机长（或班组长）出勤。

（2）抄录有关的运行、安全注意事项，了解正线列车（车辆）的技术状况、故障情况等。

（3）认真听取或阅读司机长传达的各项通知并做好记录，由司机长在司机手册上签字（盖章）。

（4）按担当运行车次到达时间提前 5 min 到相应站台端头，等待接班。

五、交接班

（1）在停车库内交接班时，接班驾驶员应与交班驾驶员进行对口交接。交接内容包括：列车钥匙、驾驶专用物品、司机报单以及当日正线运行注意事项；并对列车进行检查和试验，了解备用列车的技术状况，一旦发现列车故障或车辆状况不符合出库要求的，应及时向运转值班员报告。

（2）司机在正线交接班时，接班司机需等交班司机办理完开关门作业后，再执行对口交接工作。交接内容包括：列车钥匙、列车行驶交路、所交接车辆的技术状况、驾驶专用物品、司机报单、继续有效的行车命令以及其他有必要交接的内容；若遇设备故障或发生事故情况，以及在规定时间内未交接完毕的，应随车继续交接，直至处置和交接完毕。

（3）存车线备用列车交接班时，交接班司机应跟车进出存车线路。必须步行进入的，交接班司机应向行车调度员申请，按照面向来车方向通行路径，说明进出路线，得到其同意后，方能下线路与备用车司机交接班，进入线路行走时，要加强对线路的瞭望，确保自身安全。

（4）接班司机与交班司机交接完毕后，必须在司机报单上签字确认。

第二节　列车出库前检查（静态检查）

一、列车检查的目的

为了保持列车技术状态良好，充分发挥列车的技术性能，要求司机熟悉列车的检查项目，具备列车检查的技能，努力掌握科学的检查方法、合理的检查顺序，以极端认真负责的态度在规定时间对在线运行前的列车进行检查和测试，以便及时地发现列车的不良状态准确地判断其故障处所，快速及时地加以处理，防范事故于未然，确保行车安全。

二、列车检查的顺序及基本要求

对列车进行检查和测试时，应按规定的顺序进行。

（一）列车检查走行路线

如图 6.1 所示为列车检查走行线路图，检查程序说明如下：

（1）检查走行部。

（2）非出场端驾驶室：激活操纵台→联系信号楼→设置目的地、车次→做功能试验。

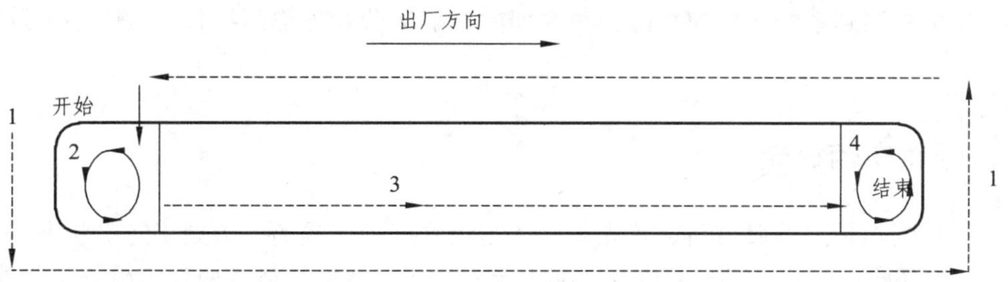

图 6.1　客车检查走行路线图

（3）检查客室。

（4）出场端驾驶室：激活操纵台→设置目的地、车次→做功能试验→联系信号楼→准备出场。

（二）基本要求

列车检查基本要求是：顺序检查，不错不漏；目标明确，灵活熟练；耳听目视，仔细周到；仪表量具，运用自如；判断故障，迅速准确；消除隐患，保证质量。

三、列车检查的方法

在正线运行开始前，司机必须按《出乘检查项目表》所列的内容对车辆进行静态检查和动态功能实验。对列车检查时应做到项目、顺序及动作协调一致，由上至下，由里往外，由左至右，以检、听、嗅、摸、测来检测、判断列车质量。

（1）目视检查法：对仪表及显示屏的显示，各部件有无变形、裂纹、丢失、折损、堵塞、漏泄、烧损，工具、备品、消防器材等是否完备进行目视检查。

（2）手触检查法：适用于检查各部温度、振动等。用手掌、手指或手背触及部件时应注意避免烫伤。

（3）鼻嗅检查法：根据部件及电器装置发热、烧损时的异味，进行判断和检查。

（4）耳听检查法：凭听觉判断各部有无异常声响。

（5）测量检查法：利用检查工具或仪表测量间隙行程的限度尺寸，以及电压，电流、电阻值等。

四、列车检查的注意事项

（1）检查列车时要注意人身安全，在无接触网线路上检查列车顶部时，应站稳抓牢；经由地沟时，严禁跳跃。

（2）检查带电部件或移动部件时，禁止手触，以防触电和打伤。

（3）进行制动测验时，应确认车底有无人员作业，并执行呼唤制度。

（4）司机离开司机室时，应对列车施行制动，以确保列车和人身安全。

（5）检查完毕后，各阀、开关、按钮、手柄应恢复定位，各防护罩、盖板、柜门等应恢复原位。

（6）如果检测到系统有任何故障，须立即向车辆运营管理部门报告，故障必须及时得到妥善处理。

五、轻轨车辆检查

客车司机到达规定的股道后，首先须确认车组号正确、隔离开关处于送电状态、客车两端无“禁动”等警示标志、客车两边及底部无异物侵限。然后严格按照列车检查走行线路图，采用目视、手动、耳听等方式，做好客车检查和试验作业。

（一）走行部检查标准（见表 6.1）

表 6.1　走行部检查标准

序号	主要检查项目	检查标准
1	车体外观(包括受电靴)	无损坏、变形，客车轨道交通徽标、客车编组号正确，受流器碳滑板磨损未超限、无裂纹
2	头灯、尾灯、行车灯，终点站显示屏	显示齐全，外观无破损
3	车钩及缓冲装置(包括自动车钩、半永久牵引杆)	无损坏、变形
4	转向架	无损坏、变形，空气弹簧无破损、无漏风
5	电气设备箱	外罩齐全，箱盖锁闭良好
6	空气管路系统塞门	位置正确，无泄漏
7	两车间电缆、插座	无损坏、变形，锁闭良好
8	空气压缩机	工作正常，油位在两刻度之间
9	空压机启动装置，制动控制装置	箱盖锁闭良好，无漏风
10	风缸及干燥器(包括主风缸、制动风缸)	各塞门位置正确，无漏风
11	车门关闭状态指示灯、制动缓解指示灯	显示正确、清晰，无破损

（二）客室设备检查标准（见表 6.2）

表 6.2　客室设备检查标准

序号	主要检查项目	检查标准
1	客室内观(地板、门窗玻璃等)	清洁、无明显损坏
2	照明	照明良好
3	车门	车顶外罩板锁闭良好，指示灯状态良好，应急解锁手柄位置正确，塑料盖无脱落
4	车顶通风	通用隔栅完好
5	座椅	清洁、无损坏，盖板锁闭良好
6	贯通道侧墙板、顶板、底板	锁闭良好，完整无损坏
7	乘客紧急报警器	无损坏，状态良好
8	灭火器	齐全
9	电气柜	各自动开关位置正确
10	安全锤	齐全，塑料盖无脱落、损坏

（三）司机室检查标准（见表 6.3）

表 6.3 司机室检查标准

序号	主要检查项目	检查标准
1	司机控制器(方向手柄、主控手柄）	均在“零”位，完整无缺，动作灵活无卡滞现象，警惕按钮作用良好
2	客车无线电台	作用良好
3	TMS 彩色显示屏	无明显损坏，信息显示清晰、准确
4	司机室侧门、司机室中门	锁闭良好，动作灵活，无明显卡滞现象
5	各种仪表、指示灯	外罩完整、显示正确
6	前窗玻璃	清洁，无损坏，刮雨器完整无缺、状态良好
7	电气柜	各需要使用的电气设备电源自动开关位置置于“闭合位”，旁路开关置于“断开位”，柜门关闭良好
8	辅助设备	防护设备、行车备品、灭火器齐全，功能良好
9	照明灯	状态良好
10	各种按钮开关、转换开关、扳指开关	位置正确，作用良好
11	刮雨器水箱	水箱内水量充足，无泄漏

六、地铁车辆检查

（一）列车检查注意事项

（1）找到对应列车后，先做到“四确认”：确认股道、列车及触网送电情况；确认两侧及地沟无人或无障碍物侵入限界；确认前方进路无人或无障碍物侵入限界；确认列车驾驶室内无“禁动牌”（“禁动牌”包括“禁升弓”“禁动车”），驾驶台加锁设备正常。

（2）严格按照列车检查走行线路图，采用目视、手动、耳听的方式，做好列车静态检查和动静态测试，此作业限定 30 min。

（3）检车时司机遇到列车因故障而无法进行出库作业时，应及时跟派班室联系。

（4）派班室应做好与检修中心的协调工作。

（二）列车外部检查

（1）确认车体外壳、司机室挡风玻璃、车门、车窗玻璃、头尾灯灯罩、目的地显示屏及各类表示器有无破损，车体无倾斜。

（2）确认全自动车钩机械无损坏、钩舌位置正确、风缸阀门打开。

（3）从列车运行方向右侧开始，依次确认列车管阀门打开、空压机油位正常。

（4）确认 PB 阀及 BC 阀位置正确、转向架各部件无机械损坏。

（5）确认各车之间机械电气连接良好、气部件无泄漏。

（6）确认牵引逆变器及辅助逆变器转换闸刀位置正确，检查主驾驶室的第一轮对下有无铁鞋或止轮器。

（三）列车内部检查

（1）确认车内装饰清洁、无损坏，地板、扶手、照明、通风口、座椅等外观良好、无机械损坏，二位端设备柜门锁闭。

（2）确认车内车门外观良好、无变形、关闭密贴，各应急开关位置正确，消防设施无遗失，连接通道折篷无破损、连接良好。

（3）检查司机室控制台，确认设备柜内开关、按钮、指示灯、显示屏的外观良好、位置正确，消防应急工具齐全。

七、严禁出库的情况

为确保客车在投入服务前技术状态良好，如发现下列列车故障之一者，严禁出库：

（1）受流器、高速断路器、母线短路器、车间高压电缆等高压设备故障；

（2）VVVF 等牵引系统故障；

（3）ECU、单元制动器等制动系统故障；

（4）客室门、安全疏散门故障；

（5）ATC 车载设备故障；

（6）空气压缩机系统、通风系统故障；

（7）空气压缩机、SIV 等辅助系统故障；

（8）车载通信、信号设备（VOBC）故障；

（9）头灯、尾灯、行车灯及电笛故障无相应显示；

（10）其他影响列车运行的故障。

发现客车故障或不符合运行技术要求时，司机应立即向车场调度员报告。

第三节　列车功能试验

列车功能试验是在列车开车前需进行的一项工作，主要检验各电气动作的准确性和完好性，确认指示灯显示正常，制动各级位压力正确，能够实现正常的缓解和制动操作，紧急按钮等保证列车安全运行的设备完好无损。每次出库前都应特别检验制动完好的情况，只有制动完好的情况下，列车才能投入运行。

一、轻轨列车功能试验

（一）试验前的准备工作

（1）闭合蓄电池投入开关 SBT，检查列车蓄电池电压是否在 DC 85 V 以上。如果 DC 750 V 电源正常，SIV 即开始工作，有 AC 380 V 三相交流电输出：终点站显示屏、车内信息屏、动态地图均应点亮，且正常工作。此时 TMS 显示屏有车辆工况监视画面出现，通过画面检查工况是否正常。

（2）操纵端插入司机控制器钥匙 KS 并扳至“闭合位”，牵引控制器手柄置于“0”位，方向手柄置于“O”位。指示灯状态见表 6.4。

表 6.4 指示灯状态表

序号	代号	指示含义	状态
1	HL1	FB 制动指示	灭
2	HL2	停放制动状态指示	亮
3	HL3	强迫缓解指示	灭
4	HL4	紧急旁路指示	灭
5	HL5	制动不缓解指示	灭
6	HL8	无人驾驶指示	灭
7	HL9	母线重联短接指示	灭
8	HL10	应急通风允许指示	亮
9	HL11	门全关闭指示	灭
10	HL14	换端指示	灭
11	HL15	门允许指示	灭
12	HL16	零速指示	亮
13	HL17	ATP 工作指示	灭
14	HL20	SIV 供电异常指示	灭

（二）试灯试验

按下司机台上的试灯按钮 SDS，所有指示灯均应点亮。

（三）启动空气压缩机泵风

闭合司机台上空气压缩机泵风开关 CPCN。如果此时压力在 7 bar 以下，则两台压缩机同时启动泵风；如此时压力在 7～7.5 bar，则本单元一台压缩机启动泵风。直至总风压力达 9 bar 时，空气压缩机自动停止工作。压缩机工作时，应确认声音是否异常，不应该有机械杂音。空气压缩机停止泵风瞬间，空气干燥器应将压缩空气中分离出来的水、油等污物排出。从总风压力为零开始到 9 bar，时间约为 10 min，不能超过 15 min；从 7.5 bar 到 9 bar，时间应小于 2 min。

空气压缩机工作正常判断：空气压缩机组启动后，转速应正常，在规定时间内应能使总风压力正常，如发现泵风时间过长，需停止泵风，观察是否有漏风严重处，或有截断塞门忘记打开，排除以上问题后再重新泵风。通过司机室 TMS 显示屏幕检查制动机塞门（1 个）、制动缸塞门（2 个）、停放制动塞门（2 个）、主风管塞门（2 个）的状态，确认制动系统处于正常工作状态。

（四）照明操作

（1）闭合司机台上的司机室灯开关 CABS，司机室灯亮。

（2）闭合应急照明控制开关 EMDCNS，此时应急灯应亮。

（3）闭合照明开关 DLNS，如果此时 SIV 正常工作，所有照明灯均应点亮。

（4）闭合仪表灯开关 YBDS，司机台上仪表灯亮。

（5）头灯、尾灯、行车灯试验操作见表 6.5。

表 6.5　头灯、尾灯、行车灯试验

项目	试验内容	检查内容	T 车	M 车	M 车	T 车
头灯	模式开关置于 RM 位，方向手柄打至向前位，头灯开关 SCI 置 0 位→头灯近位→头灯远位	头车头灯亮→近光→远光	√			√
	模式开关置于 RM 位，方向手柄打至向后位，尾车头灯开关 SC1 置 0 位→头灯近位→头灯远位	尾车头灯亮→近光→远光	√			√
尾灯	模式开关置于 RM 位，方向手柄打至 0 位	尾灯均亮	√			√
	模式开关置于 RM 位，方向手柄打至向前位	头车尾灯不亮，尾车尾灯亮	√			√
	模式开关置于 RM 位，方向手柄打至向后位	头车尾灯亮，尾车尾灯不亮	√			√
行车灯	模式开关置于 RM 位，方向手柄打至 0 位	红色行车灯均亮	√			√
	模式开关置于 RM 位，方向手柄打至向前位	头车白灯亮，尾车红灯亮	√			√
	模式开关置于 RM 位，方向手柄打至向后位	头车红灯亮，尾车白灯亮	√			√

（五）列车广播系统试验

闭合广播电源开关，操作广播控制面板，向客室广播，报站系统工作正常；用话筒对客室广播，应正常。

（六）应急通风操作

在司机台手动将空调工况控制开关 ACS 分别扳至“通风”“制冷”“预制冷”“应急通风”位，经过 1 ~ 2 min 后，各车应全部投入运行状态（已到温度设定值时将自动停机）。通过 TMS 显示屏观察各车空调状态是否满足要求。如不符合要求，可根据需要调节 ACS 开关位置。

（七）刮雨器及喷水操作

按下司机台上 WPS 喷水开关，在司机台上操纵刮雨器开关 SCM 使雨刷工作在低速状态，清洁前窗玻璃。禁止在无水状态下“干刮”，以免划伤玻璃。

（八）开、关门试验

（1）开左门操作。

将选门开关扳到“手动左”位，合上左门开门允许开关 ODLE，再按下司机台上开门按钮 ODC 或左侧墙上开门按钮 ODL，客室内左侧蜂鸣器响，延时约1.5 s后，左侧门全部打开，门上的开门指示灯亮，司机台显示屏上显示开门状态。开门操作时按钮按下持续时间应大于 500 ms。

（2）关左门操作。

按下司机台上按钮 CDC 或按下左侧墙关门按钮 CDL，客室内左侧门蜂鸣器响，经一段延时后，左侧门全关上，司机台显示屏上显示门关好。

（3）开右门操作。

将选门开关扳到“手动右”位，合上右门开门允许开关 ODRE，再按下司机台上开门按钮 ODC 或右侧墙上开门按钮 ODR，客室内右侧蜂鸣器响，延时约1.5 s后，右侧门全部打开，门上的开门指示灯亮，司机台显示屏上显示开门状态，开门操作时按钮按下持续时间应大于 500 ms。

（4）关右门操作。

按下司机台上按钮 CDC 或按下右侧墙关门按钮 CDR，客室内右侧门蜂鸣器响，经一段延时后，右侧门全关上，司机台显示屏上显示门关好。

（5）确认司机室间壁门状态良好并锁闭。

（九）无线电台试验

闭合无线电台电源开关。选择“车场”工作频点，利用话筒与信号值班员进行整备事宜联系；选择“调度”工作频点，利用话筒与调度联系检查无线电台状态。

（十）停放制动试验

（1）将停放制动开关扳至“制动”位，停放制动指示灯亮，并伴有排气声，客车停放制动施加。

（2）将停放制动开关扳至“缓解”位，停放制动指示灯灭，停放制动缓解。

（十一）制动试验

（1）将模式转换开关置于“PM”位，将 ATPCOS 开关置于“CUTOUT”位，建立 ATP 切除运行模式，方向手柄打至向前位。

（2）主控制器手柄由“N”位、“B1”位、“B2”位逐级推向“B7”位、“FB”位，TMS 显示屏显示的各车闸缸压力逐渐上升，空车最大常用制动位压力值为 275 kPa（动车）。主控制器手柄由“FB”位、“B7”位、逐级推向“B2”位、“B1”位、“N”位，TMS 显示屏显示的各车闸缸压力逐渐降低为零。

（3）将主控制器手柄由“N”位推向“B7”位，按下强迫缓解按钮，强迫缓解指示灯亮，观察显示屏各车闸缸压力强制缓解状态。

（4）将主控制手柄扳回到“N”位，按下紧急制动按钮，闸缸压力表指针指向紧急压力值，且紧急按钮为不自复按钮，转动 90°后，按钮弹出，手柄扳至“FB”位后回“N”位，使闸缸压力表指针回零。

（5）方向手柄扳至向后位，重复试验步骤（2）、（3）、（4）。

（十二）牵引动态试验

（1）确认本班全体乘务员处于安全区域及客车车体下部无人作业。

（2）头端模式转换开关置于“RM”位，尾端模式转换开关置于“OFF”位，两端 VOBC 打开，ATPCOS 开关置于“NORM”位，建立 ATP 限制人工驾驶模式，方向选择开关扳至向前位。

（3）缓解停放制动，按 VVVF 复位开关，闭合高速断路器。

（4）主控手柄推向“P1”位。

（5）待客车刚移动，立即将主控手柄拉回“FB”位，客车停车。客车 TMS 显示屏应无故障显示。

（6）将方向选择开关扳至向后位，重复操作步骤（4）、（5）。

（7）将母线重联开关闭合。

二、地铁列车功能试验

（1）蓄电池电压不低于 84 V，按下“列车唤醒”按钮，紧急照明灯亮，DDU 显示屏自检，显示屏显示“列车准备”页面，列车供电接触器闭合。

（2）转动 KS 于“ON”位，本司机室被激活。

（3）ATC 测试：MMI 自检成功后，转至 RM 和车辆段模式，同时 DDU 左上角 ATC、SPL（速度未限制）状态显示绿色。

（4）将“受电弓控制”旋钮旋至“前后双弓位”，此时 DDU 显示受电弓正在升起，待受电弓升起后，受电弓图标显示升弓位，且接触网电压显示（显示范围 1 000 V 至 1 800 V）辅助逆变器进行工作，显示屏显示中间电压“OK”。

（5）指示灯测试：按下“灯测试”按钮，司机控制台所有指示灯点亮。

（6）列车将自动进行气制动试验（注意主风缸、制动缸压力变化），待制动自检完毕，车门状态良好，“所有制动施加”“车门关好”指示灯点亮，“停放制动”指示绿灯亮。

（7）按下“停放制动”按钮，停放制动指示红灯亮；再次按下“停放制动”按钮，停放制动指示绿灯亮。

（8）紧急制动复位测试：列车于停车状态，紧急制动施加，将 MS 置于 CM 位，将 DCH 置于制动区（任何位置），按下“紧急制动复位”按钮，紧急制动撤销，制动缸压力由 2 bar 降至 1 bar。

（9）警惕按钮测试：列车处于停车状态，紧急制动已撤销，制动缸压力显示 1 bar 左右，按下“警惕测试”按钮持续 3 ~ 5 s，列车会施加紧急制动，制动缸压力从 1 bar 升至 2 bar。

（10）风笛测试：朝任意方向拨动或按下“喇叭”按钮，喇叭被触发鸣笛。

（11）客室门开关测试：将 MS 置于 WM（或 SM 使用“允许开门”按钮），分别打开左右车门两次（驾驶台上按钮一次，门侧按钮一次），通过 DDU 观察或目测车门被全部打开，按下关门按钮，查看车门关闭情况是否良好；将 MS 置于手动位，按下允许开关门按钮，进行开关门试验。

（12）牵引试验：只准许向前进方向，将 DCH 推向牵引位，制动缸压力下降，制动缓解灯灭，迅速将 DCH 拉至制动位。

（13）广播试验：通过 DDU 报站名和客室广播试验。

第四节　出、入车场及正线作业标准

一、列车出库及出场作业

列车司机按规定出勤（出乘）后，进行相关的作业，在确认列车情况良好，已经具备运行条件后，应立即做好出库与出场准备，等待出库、出场投入运营。司机出库、出场作业程序（各地铁公司的出、入车场规定和手指呼唤标准可能略有出入，仅供参考）如下：

（一）列车出库

（1）列车司机必须掌握该列车的出库时间，在完成上述操作后，应主动与信号楼值班员进行联系，保证按规定正点出库。

（2）出库信号开放后，与信号楼联系（信号楼发出“××司机××道到××进路已开放，凭地面信号动车”，司机复述“××道到××进路已开放，凭地面信号动车，司机明白”）。

（3）联系完毕，司机在动车前必须认真确认列车周围安全情况与状态，并对出库信号、车库门进行手指呼唤并鸣笛后，方可起动列车。手比方式为：左手握拳，食指中指并拢平伸，指尖分别指向出库信号、车库门。呼唤用语为：出库信号机，信号正确；车库门，库门开启良好。手指方式及呼唤用语由各地铁公司确定，也可参见附录 7、附录 8。司机手比方式如图 6.2 所示。

（4）列车以 5 km/h 的速度运行至平交道，库门处一度停车，确认平交道上无人员走动并且具备行车条件并鸣笛后，方可起动列车出库。列车出库时，驾驶员采用 RM 模式驾驶，库内限速 5 km/h。待列车尾部全部出清出库平交道后，司机以 20 km/h 限速在停车场内运行。（武汉地铁 1 号线规定站场运行模式为：由牵引设备 VVVF 控制车速，当列车速度超过 10 km/h 时停止牵引，当列车速度超过 15 km/h 时，单车起紧急制动。必须将手柄打到制动位后方可恢复牵引。其余操作同 RM 驾驶模式。）一度停车信号牌如图 6.3 所示。

图 6.2　司机手比方式

图 6.3　一度停车信号牌

（二）列车出场

列车出场行驶是列车出库后由车场内运行至车站进站的运行过程。

（1）列车在车场内行驶时，司机应做到不间断瞭望，认真确认进路中每个调车信号机的显示及每个道岔的开通位置，并进行相应的手指呼唤。通过平交道或有人员在前方线路上行走时，应鸣笛警示并减速。

（2）司机以 RM 模式驾驶列车到转换轨（信号模式转换点）处一度停车牌前一度停车，并建立 SM 或 ATO 模式，把车载台转换成正线组与行调联系模式，听行调指示和确认信号开放后，对出场信号机开放、进路、速度码进行手指呼唤后，方可以 SM（PM）模式或 ATO 模式进入车站规定站台停车牌处停车。

（3）列车出场时严禁冒进信号进入车站或正线。在信号等行车设备故障情况下，列车司机必须等待设备修复或在接到调度命令准许或收到引导信号后才能动车进入。

（三）列车出车场信号显示方式

黄灯—— 前方进路已开通，准许越过该架信号机出车场，司机应注意慢速通过，并注意道岔位置，做好随时停车准备。

红灯—— 不准越过该信号机。

月白光—— 允许越过该信号机调车。

二、正线运行作业标准

所谓“正线”是指地铁区间和直接延伸至车站的线路，也就是连接车站并贯穿或直股伸入车站的线路。正线运行是指列车在地铁正线上为了“运营”目的而形成的按运行图运转的过程。

（一）司机正线作业要求

（1）司机按规定驾驶模式驾驶列车，途中加强信号、线路、道岔的瞭望；准确平稳操纵，按图运行，严守速度要求；认真执行《正线呼唤应答》制度。

（2）运营中报站正确无误，正确及时地使用列车广播系统报站，并认真监听，发生漏报后及时进行人工报站更正；当自动报站发生错报时，停止自动报站，改为人工报站，使用人工报站时按《车站、列车广播标准用语》要求执行，并及时向驻站车辆维修人员报修。

（3）在SM或ATP手动驾驶时，司机应做到合理牵引和制动，做到平稳驾驶，严格按照指示速度和区间信号的显示驾驶列车；运行途中，司机应时刻注意列车仪表显示，不间断核对运行时分，防止晚点。

（4）列车进站时司机必须加强瞭望，密切注意站台乘客动态以及线路，防止乘客跌落站台和异物侵入行车限界，发现异常及时采取减速或停车措施，保证运营安全。

（5）列车进站停车时，应按规定停车位置停车（SM），列车停站后司机应立即打开客室车门，确保乘客及时上下车；SM模式驾驶时，列车停站后严格执行先上站台后开门的制度。

（6）列车发车时必须确认行车凭证（车载信号、信号机显示的允许运行信号、路票、电话记录号码或调度命令等）。运行中认真确认和监护列车前方进路的情况。

（7）列车到达终点站后，司机及时打开车门，接车司机及时上车，等待站务员清客完毕后，关闭列车车门，确认信号开放，目标点和速度码正确后发车进行折返作业，禁止列车在停站过程中离开工作岗位。

（8）遇大风、大雨、大雪、浓雾等恶劣天气或在曲线半径较小、瞭望条件不理想的线路上运行时，司机根据调度命令或规定的限速要求运行；在经过长大坡度区段时，应合理使用牵引和制动，避免列车冲动或超速。

（二）正线作业标准

1. 司机在站台上的站立标准

（1）列车停稳后司机立即下车开门，立正，双手呈自然状态放置，面向列车呈45°角瞭望，注意信号显示和监护乘客上下车。

（2）若只有一人，要求司机与车体呈45°角站立，认真监督乘客上下车情况和DTI时间变化，在DTI显示15 s时关闭车门。司机在站台上的站立标准如图6.4所示。

图6.4 司机在站台上的站立标准

（3）若有两名司机，要求同时下车立岗，司机面向乘客站立；关闭车门时，操作司机与车体呈 45°角站立，认真监督乘客上下车情况和 DTI 时间变化，在 DTI 显示 15 s 时关闭车门，另一名司机帮助确认。

（4）在有弯道并影响司机瞭望的车站，司机在确认站务人员的“好了”信号和车门、安全门关好指示灯亮后，关闭车门。确认凭证正确，没有夹人夹物及侧墙黄灯灭后方可进入司机室动车。

2. 操纵驾驶列车时的姿势标准

运行中，司机应坐姿端正，上身轻靠椅背，头正、颈直地瞭望运行前方，双脚自然踩踏地板，右手放于操纵台的牵引制动手柄上，左手靠近操纵台鸣笛按钮和车载电话放置，认真确认和监护列车前方进路的情况，禁止做与行车无关的事。司机驾驶列车时的标准姿势如图 6.5 所示。

图 6.5 驾驶列车时的姿势标准

3. 列车停站后的开、关门作业标准

列车停站后，司机确认开门方向并开客室门及安全门，上站台后站于司机室旁监护乘客上下车情况，并注意信号显示，以乘客基本上车完毕为标准，合理掌握关门时机，按下关门按钮关闭车门。如在关门过程中发生关门灯未灭等情况时，在车站服务人员的配合下抓紧时间处理并及时将情况报告行车调度。若有立柱挡着的车站，还需确认监视器上显示车门关好，才能动车。司机在站台上监护乘客乘降情况时，除正常回答乘客的问询外禁止做与行车工作无关的事。

4. 列车到达终点站时折返标准

列车到达终点站后，司机立即打开客室门，接班司机及时到另一司机室，等待车站服务人员清客完毕给出关门手势后及时关闭客室门。司机确认信号，进行折返作业，禁止司机在列车的停站过程中离开工作岗位。

5. 正线信号系统进路防护信号的显示方式及意义

绿灯—— 前方道岔开通直向位置，准许越过该架信号机，按规定速度运行。

黄灯—— 前方道岔开通侧向位置，准许越过该架信号机，按规定速度运行。

红灯+月白色灯光（有的地铁公司为“红灯 + 黄灯”，下同）—— 引导信号，表示前方进路已开通，准许越过该架信号机，司机应注意慢速通过，并注意道岔位置，做好随时停车准备。

红灯—— 不准越过该信号机。

6. 运行中手指呼唤应答标准

运行中认真执行呼唤应答制度，在进入道岔区段前确认防护信号好后，手指呼唤“信号好”；关门前确认倒计时显示及乘客上下基本完毕；动车前确认操纵台关门灯亮、速度码正常，手指呼唤“关门灯亮，有速度码”；有岔车站前确认道岔防护信号开通，呼唤“信号好，“道岔位置正确”。详见附录 7《正线呼唤应答用语》和附录 8《车场内呼唤应答用语》。

7. 作业台账填写标准

列车出库、司机交接班、列车故障和列车救援，司机需填写“司机报单”“列车运行状态记录卡”“列车故障记录单”“列车事件记录单”等，司机按照规定详细填写。

（三）司机服务标准

1. 规范服务

（1）行为举止端正，遵守公司要求的行为守则，在岗时需要精神饱满、举止大方、行为端正、礼貌服务。

（2）文明礼貌待客，使用普通话，规范用词。

① 文明用语：您好、请讲、对不起、给您添麻烦了、谢谢、再见、请您配合我们的工作。

② 做到骂不还口、理解乘客、互相尊重，理性处理特殊情况并及时与行调、车站保安人员或警察联系，确保列车正常运行。

③ 接受乘客问询时要注意形象，保持自然的微笑和热情，对乘客有些问题无法回答时要礼貌地告诉乘客请向车站有关服务人员询问或咨询服务热线。

（3）如因列车故障，司机需进入客室操作设备，必须保证举止得当，不得冲撞乘客。如需乘客配合，应礼貌进行协商，不得有强制行为。

2. 规范着装

上岗时统一着装，要求衣着整洁，按规定佩戴领带（结）、肩章、工号牌等，肩章清洁平整，工号牌戴于上衣口袋上方，工号牌的下边沿口袋盖平齐。

司机需按照不同季节要求着装。司机春秋着装标准如图 6.6 所示。

男司机头发前不遮眼，侧不遮耳，不留长发，不准染发。女司机长发应束起，佩戴统一头花，如图 6.7 所示；短发应保持平整（以肩为界，肩以上为短发，肩以下为长发）。工作期间不得戴墨镜、变色镜，手和指甲整洁，保持良好的自身形象。

图 6.6 司机春秋着装标准

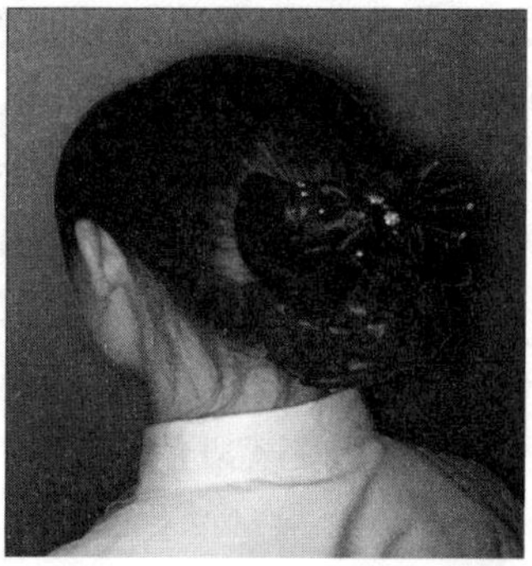

图 6.7 女司机头花佩戴标准

3. 规范用语

司机应正确、及时地使用报站器报站，并认真监听，发生漏报后及时进行人工报站。当报站器发生错误时，停止原设备报站改用人工报站。

（1）人工广播时应使用普通话，口齿清楚，态度平和，叙述内容清楚明了。

（2）当自动广播故障不能正常播音时，应立即采用人工播音，播音内容与自动内容相同，播报内容如下：

- 列车起动后：“乘客们，前方到站，×××站，需要下车的乘客请做好下车准备。”
- 列车进站：“乘客们，×××站到了；×××站到了。”
- 终点站列车清客：“乘客们，终点站×××站到了，本次列车结束服务，欢迎您再次乘坐。”

（3）列车运行发生特殊情况或临时运营调整时，应按公司规定的标准用语播音，播报内容如下：

① 列车延误（故障）：乘客们，因设备发生临时性故障，本次列车将有所延误。目前正在处理，请乘客耐心等待。给您带来的不便，深表歉意。敬请原谅，谢谢您的配合！

② 列车延误（调整）：乘客们，因临时运营调整，本次列车将有所延误。目前正在处理，请乘客耐心等待。给您带来的不便，深表歉意。敬请原谅，谢谢您的配合！

③ 乘客上下车配合：乘客们，现在是上下班高峰时段，客流较大。下车乘客请分散车门上下车；上车的乘客请往里走，不要拥堵在车门口。谢谢您的配合。

④ 列车清客：全体乘客请注意，由于临时运营调整（设备故障），本次列车在××站将停止服务，请到××方向的乘客在××站下车后，听从车站工作人员安排改乘下次列车。给您带来的不便，深表歉意。敬请谅解，谢谢您的配合。

⑤ 区间清客：各位乘客请注意，由于列车故障不能继续运行，现在需要紧急疏散，请乘客服从工作人员的指挥，有秩序的离开，谢谢配合。等等。

（4）调度电话、无线调度台、指定专用电话用于行车工作联系，应采用行车标准用语，统一采用普通话进行联系。联系时若涉及阿拉伯数字，发音规范如表 6.6 所示。

表 6.6　阿拉伯数字表

1	2	3	4	5	6	7	8	9	0
yao	liang	san	si	wu	liu	guai	ba	jiu	dong
幺	两	三	四	五	六	拐	八	九	洞

（四）列车正线运行安全规定

（1）当班值乘的司机必须对所担当的该次列车的安全负责，有新司机或实习司机跟车学习、练习操纵时，列车安全由值乘司机负责。

（2）列车在运行时，值乘司机包括实习人员不得做与行车工作无关的事情，如闲谈、看书报杂志、听无线电广播、抽烟等，随时准备应对突发事件的发生。

（3）司机在运行时必须平稳操作、规范操作、认真瞭望、按图运行，对发现的危害行车安全和人身安全的情况要反应准确、措施及时，要正确记录列车故障和线路异常情况。

（4）列车司机在驾驶过程中还必须遵守和执行行车相关的各种限速规定、线路标志规定、信号规定，严格执行行车调度员的列车运行调整指令，防止责任运缓，确保运行过程中技术速度和旅行速度的实现，确保行车安全。

（5）除运行图规定以外，任何情况下改变运行方式都必须得到行车调度员的准许，禁止列车司机擅自改变运行方式，以确保行车安全。

（6）列车在区间内运行时，在遇到道岔防护信号时，必须按信号显示的要求运行，不得擅自越过显示停车信号的信号机，同时还必须确认该道岔防护信号机与该列车的运行进路是否符合，防止由于信号系统失误或其他因素造成的不良后果。

（7）在列车运行中，遇到 ATC 设备故障及自动控制失常时，司机必须保持冷静，不急躁、不盲目，立刻与行车调度员取得有效的联系，严格遵循行车调度员指示的行车模式运行。当行车调度员命令切除 ATP 以人工驾驶方式维持运行时，列车司机要加倍集中精力，谨慎驾驶，防止错开客室车门、冒进信号或用错误凭证驾车进入区间，列车司机必须严格遵守速度规定，以避免行车事故发生。

三、列车入场及回库作业

列车的入场和回库运行一般是指该列车已经完成运营任务，按运行图的规定退出正线运行，或者该列车因有故障经行车调度员准许退出运行进行维修；或者因其他原因而退出运行、行驶回场的过程。

（一）列车入场

（1）列车入场前，司机应确认车厢内没有乘客滞留。列车驶离车站进入车场，列车司机必须认真确认车场的入场信号机的显示、车场内的进路以及调车信号机的显示，确认信号开放正确并进行手指呼唤后起动列车。

（2）在转换轨一度停车牌前停稳后，将车载台转换成车辆段模式，及时跟信号楼联系，确认停放股道。列车在停车场内行驶时，司机应认真确认进路中每个调车信号机的显示及每个道岔的开通位置，并进行相应的呼唤应答。在调车信号机前，动作是左手握拳，食指中指并拢平伸，指尖分别指向调车信号机；呼唤是“白灯”。在道岔前，动作是左手握拳，食指中指并拢平伸，指尖分别指向道岔开通方向；呼唤是“道岔好”。

（3）列车在停车场内行驶时，司机应做到瞭望不间断，要认真确认信号，严格控制列车运行速度，过平交道或有人员在前方线路上行走时，应鸣笛警示并适当减速。

（二）列车入库

列车的入库运行是该列车当日行车操作的最后阶段，在列车入库作业时，司机应认真执行以下安全操作事项：

（1）列车入库运行至停车库前平交道应一度停车，确认停车库周围安全情况；司机应对车库门、股道送电、无人及异物侵入限界进行手指呼唤并鸣笛后，驾驶列车进入车库。

（2）列车进库时，限速为 5 km/h，在接近停车位置时，司机应控制好速度，按规定停车点停车。进入尽头线停车时，应在离停车位置 10 m 处前一度停车，然后以限速 3 km/h 的速度运行至规定停车处停车，防止意外发生。

（3）列车停稳后降弓休眠，司机离车前，填写报单及有关行车记录，将两端司机室门全部锁闭，将行车备品交派班室。

（三）列车入车场信号显示方式

黄灯—— 表示前方进路已开通，准许越过该架信号机进入车场，司机应注意慢速通过，并注意道岔位置，做好随时停车准备。

红灯—— 不准越过该信号机。

红灯/月白灯（也有的为红灯 + 黄灯，以下同）—— 引导进车场（红、白灯位间设空灯位）。

月白灯—— 允许越过该信号机调车。

四、退　勤

（一）退勤的安全规定

列车司机的退勤指司机在完成正线运行任务后将列车驶回停车库或者将列车交给其他接班司机继续运行后离开驾驶岗位，到规定的地点办理规定手续的程序。司机退勤有以下几点要求：

（1）回库列车在进库停妥后，司机要全面巡检列车，并且按规定“收车”。

（2）列车回库退勤时司机要将列车运行中发生的技术异常情况、安全异常情况向派班员汇报，并将司机报单、列车钥匙交运转值班员存放。

（3）司机在运行中发生列车晚点、发生事故事件时应写出书面材料或说明交派班员。

（4）在正线途中退勤还必须向接班司机明确该列车的技术状态、运行状态以及其他有必要交接的项目和内容；站台交接班完毕，交班司机在安全线内目送列车安全离站。

（5）列车司机在运行过程中发生有关运行事件、行车事故等，有关安全职能部门、行车运转管理部门认为有必要令其退勤时，司机应按规定立即退勤到规定处所报到，配合有关部门做好事件（事故）的分析、调查、处理工作。

（6）司机退勤工作结束后应到司机公寓（换乘室）向运转值班员或乘务组长汇报工作、总结当日工作情况并听取次日行车工作计划与安全注意事项。了解入住房间号后在退勤登记簿签名，到相应房间休息。

（二）列车收车步骤

（1）将模式开关置于“关闭”位。

（2）关闭客室照明、客室空调。

（3）将受电弓控制开关扳至“落弓”位，受电弓落下，DDU 显示受电弓落下且网压为“0”。

（4）关闭主控制器钥匙开关。

（5）按下“列车睡眠”按钮，15 ~ 20 s 后，DDU 及控制台指示灯熄灭，收车完毕。

（三）不得退勤的情况

（1）不在规定退勤地点时。

（2）设备备品不清时。

（3）接班司机未到岗时。

（4）发生车辆故障或行车事件未交接清楚时。

（5）不具备退勤的其他情况。

交接班期间，如接班司机未及时到岗，下班司机必须坚持将列车开到终点站后，再听从司机长安排。未按时接班者一律按“漏乘”处理。

复习思考题

1. 列车司机出勤准备工作有哪些？
2. 简述列车司机库内出勤的要求及有关注意事项。
3. 简述列车司机正线出勤的要求及有关注意事项。
4. 列车检查的目的是什么？
5. 简述列车检查顺序及基本要求。
6. 列车检查方法有哪些？
7. 司机每日出乘检查项目有哪些？
8. 简述走行部检查项目、内容及要求。
9. 简述司机室检查项目、内容及要求。
10. 简述客室设备检查项目、内容及要求。
11. 列车出现哪些故障之一时严禁出库？
12. 简述轻轨列车牵引、制动功能试验方法及要求。
13. 简述列车停站后的开关门作业标准。
14. 简述列车司机操纵列车时的姿势标准。
15. 简述司机在站台上的站立标准。
16. 简述列车收车步骤？

第七章　列车操纵

本章提要

（1）运行前的准备工作、正线值乘管理、乘务工作纪律、对列车司机的总体要求。

（2）司机室操作部件设置、功用及主要技术参数。

（3）自动驾驶模式、人工驾驶模式及驾驶模式的选择。

（4）列车进站、车站停车、出站作业；列车运行速度的规定及各种情况下行车凭证的规定，ATO驾驶操作、列车退行操作、列车推进运行操作及列车迷雾天气时的运行操作等。

（5）试车线的功能、设备组成，以及调试作业、洗车作业。

第一节　列车操纵概述

城市轨道交通是一个现代化程度很高的实体，而列车司机则是城市轨道交通运输的主要技术工种。一年四季，无论是酷暑还是隆冬，他们总是驾驶着列车行驶在城市旅客运输线上。工作的特殊性决定列车司机的任务是：正确操纵和爱护车辆，合理运用动车功率，安全、正点、优质、高效地全面完成旅客运输任务。

一、列车运行前的准备工作

列车司机在工作中，应牢固树立“安全第一”的思想，遵守和学习有关的安全规定和运行规则，掌握列车的基本构造、性能，熟悉所担任驾驶区段运行线路、信号设备、停车场（站）等基本设施情况，具备过硬的列车操纵技术和一般列车故障处理能力，熟知各种规章制度和特殊情况下行车办法并有良好的心理素质。

司机在出乘前应遵守运用部门对司机出乘的要求，按规定携带行车备品和防护用品，做好运行前的准备工作，出乘时应阅读并抄写行车注意事项、调度命令，认真听取列车调度员对行车计划的传达，并核对有关注意事项，领取列车钥匙、报单等行车资料；在车站进行出乘时，应向行车调度或运转值班员报到出乘，听取调度员（值班员）关于行车注意事项的传达并作记录；在车站与下班司机交接时，应了解列车技术状态，包括列车制动性能、车辆故障情况和线路限速及施工情况。

司机在报到出乘后，应对列车进行整备作业，包括进行列车受电弓升降作业，列车制动机试验，列车静、动态试验以及其他的操作性能测试等；在列车投入运行前司机应仔细检查全列车的技术状况，对车辆车体、走行部、车门开启、列车空调、车厢照明和列车全制动、紧急制动等必须详细检查，严格禁止将故障列车投入正线运行。

此外，列车司机还必须掌握特殊情况下的处置方法及其他相关的业务能力和具有一定的应变能力。在城市轨道交通列车的运行中，各类突发事件有着不可预测性，一名职业素质较高的驾驶员应该掌握有关事件初期的处理方法，使事件能够在初期得到控制和处置，以减小事故带来的损失。同时还应懂得救援的过程和方法，懂得消防灭火的知识，掌握扑灭初起火灾的方法，熟悉常用灭火器的使用方法等。

二、正线值乘管理

正线客运列车运行安全是地铁运营安全体系里最关键的环节之一。地铁列车值乘一般只由一名司机负责，司机的驾驶操作安全关系到上亿的资产安全和上千名乘客的生命安全，故客车司机须更严格地遵守规章制度，按章操作设备和正确执行各项作业程序，以确保客车运行安全。对正线值乘主要有以下要求：

（1）司机在取得《司机驾驶证》并经鉴定合格后，方准独立驾驶客车。学习司机必须在司机的监督下才能操作列车。

（2）严格遵守交接班制度，必须“有车必有人”，严禁擅自离岗。

（3）采用人工开门时，必须认真执行“一确认、二呼唤、跨半步、再开门”的程序，防止误操作错开车门。

（4）动车前必须确认动车“五要素”（进路、信号、道岔、车门、制动），做好行车“三控”（即自控、互控、他控），严禁无行车凭证动车。

（5）当班时严禁带便携式音响、游戏机等娱乐工具上车。严禁在列车运行中打盹、看书或干与行车无关的事，以确保行车安全。

（6）严禁擅自带无关人员进入驾驶室，因工作需要登乘列车驾驶室时必须确认其登乘证。

三、司机乘务工作纪律

（1）严格执行各项规章制度，负责按“列车时刻表”和规定交路值乘，工作中服从命令听从指挥。

（2）按时正点出勤，准时出乘，严禁迟到、漏乘。除特殊情况外，司机因事需要请假者，应提前向班组长请假并按规定办理请消假手续。

（3）司机在执行手指呼唤时，必须做到“眼到、手到、口到、心到”，呼唤时应使用普通话，做到：声音清晰、洪亮；手比清楚、准确。

（4）司机工作禁令：

① 严禁在接受口头命令时，未按规定进行复诵；

② 严禁擅自改变列车运行（ATO/ATP/ATP 切除/慢速前行）方式；

③ 严禁人车冲突后未确认人员状况时再次动车；

④ 严禁在挤岔后未经专业人员确认时再次动车；

⑤ 严禁在列车压警冲标、冒进信号时未及时报告行车调度员；

⑥ 严禁夹人夹物动车或车门未关闭且未采取有效措施时动车；

⑦ 严禁擅自通过按规定应停车的车站或在规定应通过的车站停车；

⑧ 严禁在非涉及行车事宜时，使用手机；

⑨ 严禁在运营线路抛弃杂物。

（5）司机在值乘过程中，如遇列车晚点 5 min 以上、列车救援、信号设备故障、人车冲突、异物侵入线路、行车事故、重大服务投诉事件、班组或上级部门认为有必要书面澄清的事件时，退勤驾驶员应填写书面报告，并积极配合相关部门的调查。

（6）在停车库内，司机上车前，应对列车车底及两侧进行检查，防止人员及设备侵入限界，如司机室挂有“禁动牌”时，严禁起动列车，并向运转值班员报告。

四、列车操纵中对司机的总体要求

（1）司机应熟悉所担当牵引区段的线路和所设各种信号设施，充分利用线路特点操纵列车。列车发车时必须确认行车凭证，凭有效的行车凭证动车。手动驾驶时应做到：起车稳加速快，途中速度高，利用惰力好，进站调速稳，停车位置准。

（2）司机驾驶列车时，除认真留意显示屏、各种表示灯/按钮的状态之外，还需要加强在运行中眼观、耳听、鼻闻的意识，做到从声音中听出异常、从鼻子里闻出异味、从手感中觉出异常，时刻注意列车运行中的变化，发现异常时，司机应先采取措施然后立即报告行调。

（3）列车运行中坚持“动车集中看，瞭望不间断”，掌握“远看信号，近看道岔“的原则，严格遵守列车时刻表规定的运行时刻和各项容许及限制速度，确保列车安全正点运行。若采用人工模式驾驶时，必须保持按压警惕按钮，不得“急推快拉”，制动时应采用“早拉、少拉”的调速方法，保持列车平稳降速，避免因空转/滑行或因超速（或松开警惕按钮）而产生紧急制动。

（4）司机按规定驾驶模式驾驶列车，运行中遇到瞭望视线不佳、确认有困难时，如大雾、大雨、烟雾、大雪等，为了防止行车线路中有行人或者线路两侧有异物侵入运行限界，司机应该加强瞭望，使用 SM 或 ATP 手动驾驶时要适当减速、鸣笛，使用“ATO”方式运行时司机要在进站时鸣笛示警，发现险情立即采取停车措施。

（5）列车进站停车时，司机必须严格控制速度，密切注意站台乘客动态以及线路情况，防止乘客跌落站台和异物侵入行车限界。列车停站后司机应立即打开客室车门，监护乘客上下情况，确认乘客上下车基本完毕，找准时机及时关门。关闭车门后必须确认车门关闭良好、无夹人夹物，方可回驾驶室内准备发车，动车前应通过站台后视镜或监视器再次确认站台有无异常。

（6）在两端尽头线进行折返作业时严禁超速，司机注意对道岔、信号的确认。在离停车标 20 m 处，司机应以随时能停车的速度进行对标。遇雨、雪、霜等特殊天气时，司机应加强路线的瞭望，提早制动避免滑行，防止列车越标或冲挡事故的发生。

（7）列车在运行中发生故障，司机应按照“先处理后汇报”的原则和《列车故障应急处理指南》的相关规定进行处理，如故障无法排除且在申请技术支援后仍无法恢复列车正常运行状态时，立即报告行调请求救援，并做好故障救援的安全防护及相关技术准备工作。

（8）列车发生冲突、挤岔、脱轨、冒进信号或其他意外事故/事件停车后，司机不得擅自动车，需等待救援人员到达后，听从负责人统一指挥。列车运行途中产生紧急制动或因其他原因需临时停车时，司机应通过列车语音广播或人工广播，按照《运营应急信息分布管理办法》中的要求做好客室广播，安抚乘客。

（9）发生突发事件或其他恶性事故时，司机必须立刻报告行车调度员，按照相应的事故应急处理预案，及时果断地进行处理。并组织乘客自救与疏散，最大限度地防止事故（事件）

的扩大和升级，努力减少事故的损害程度，积极配合事故处理，尽快恢复正常运营。

（10）认真执行作业标准化和联控安全措施，爱护列车设备，不断提升业务知识与技能，安全平稳地驾驶列车，出色地完成旅客运送任务。

第二节　轻轨列车操作及驾驶

城市轨道交通有轻轨和地铁之分，车辆型号不同，且有动车（M）和拖车（Tc）、带司机室车和不带司机室车等多种形式。虽然地铁车辆的主要功能几乎所有地铁车辆都有，但各地铁生产厂家在设计司机台时有所不同。因此列车操作及驾驶方式也各不相同，下面就以轻轨和地铁两种车辆为例分别介绍。

一、轻轨车辆司机室布置（以武汉地铁轻轨车辆为例）

（一）司机室概述

轻轨客车，每组车设有两个司机室，司机室内设有司机室座椅、灭火器、扶手杆、衣帽钩等设备。司机室电气设备主要包括司机台、控制屏柜、综合控制柜、司机室照明、司机室电热、前照灯、刮雨器、电热玻璃、电笛、终点站显示器及司机室线槽等。这些电气设备与客室内电气设备及车下电气设备共同完成车辆的牵引、制动、开关门、空调、照明、广播、紧急对讲、客室监视及列车自动控制、车辆通信、车辆与地面通信等。

司机室设备布置如图 7.1 所示。

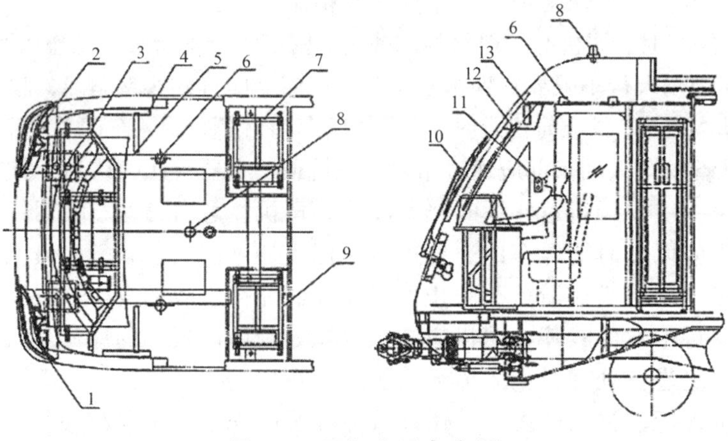

图 7.1　司机室设备布置

1—左前照灯组成；2—右前照灯组成；3—司机台；4—司机室电热；5—司机室地板线槽；6—司机室顶灯；7—控制屏柜；8—无线电台天线；9—综合控制屏；10—刮雨器组成；11—门旁按钮；12—遮阳帘；13—终点站显示器

（二）司机台操作部件设置和功用

司机台只装在拖车上，供司机驾驶列车用。

在结构上，整个司机台分为两大部分：台面设备和台下箱柜。司机台台面采用 GRP 材料，台下箱柜采用钢板材料。台下箱柜分为三部分：左柜、中柜及右柜。

在功能上，司机台分为列车牵引、制动控制、照明控制（机室及客室照明）、门控制、广播控制、无线电台控制、空调控制、自动列车控制、前照灯控制、刮雨器控制、电热控制、列车故障诊断及紧急对讲、监视等功能。

1. 结构概述

司机台台面设有 TMS 系统显示屏、广播控制面板、ATC 系统显示器、双针压力表、司机控制器、无线电台控制盒、空调控制盒各种信号指示灯、各种按钮开关、转换开关等。

司机台左侧柜内部设无线电台主机、雨刷水箱，中间柜为接线端子排和脚踏部分，右侧柜为广播主机和储物柜。

图 7.2　司机台台面布置

2. 司机台台面布置

司机台台面集中了与驾驶操作有关的大部分功能。台面布置如图 7.2 所示。

3. 司机台开关按钮布置（见图 7.3）

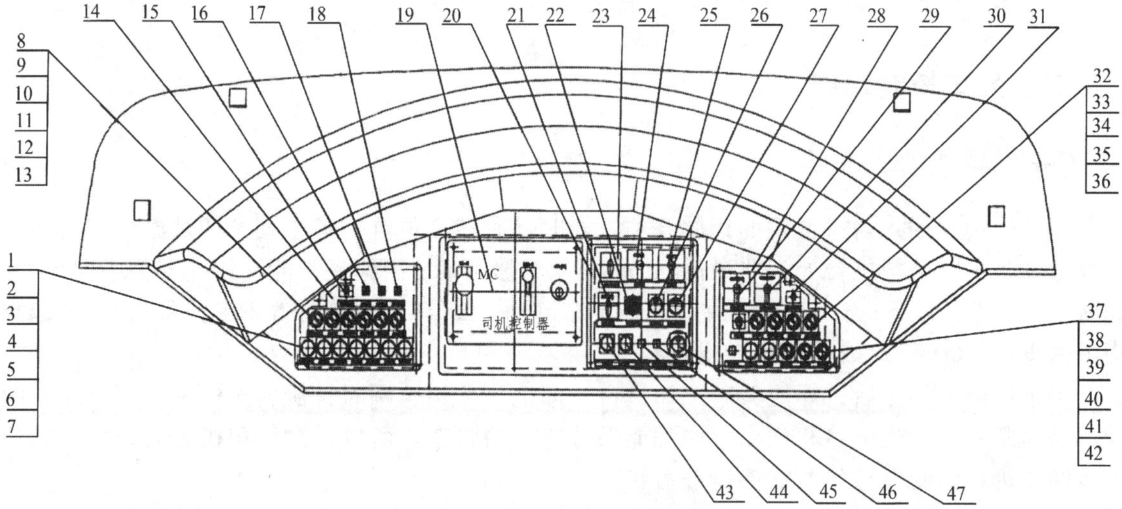

图 7.3　司机台开关按钮布置

1—强迫缓解按钮；2—解钩按钮；3—停放制动按钮；4—换端按钮；5—换端解除按钮；6—试灯按钮；7—仪表灯按钮；8—左开门允许旁路开关；9—应急通风切除开关；10—电热玻璃开关；11—司机室电热开关；12—引流风机开关；13—司机室照明开关；14—左柜标牌按钮板；15—警惕蜂鸣器；16—ATP 切除开关；17—ATP 反向开关；18—无人驾驶输入开关；19—司机控制器；20—中柜标牌按钮板；21—门侧选择开关；22—紧急制动按钮；23—模式选择开关；24—雨刷开关；25—头灯开关；26—高加速开关；27—坡起开关；28—右柜标牌按钮板；29—客室电热开关；30—回送切换开关；31—发车提示蜂鸣器；32—右开门允许旁路开关；33—紧急照明开关；34—客室照明开关；35—喷水开关；36—遮阳帘开关；37—站场模式开关；38—洗车模式开关；39—强迫泵风开关；40—VVVF 控制复位；41—VVVF 故障单元切除；42—VOBC 复位；43—关门按钮；44—开门按钮；45—ATO 发车按钮一；46—ATO 发车按钮二；47—电笛按钮

4. 司机台台下箱柜电器布置

司机台台下主要操作设备有：无线电台主机、雨刷水箱、广播主机，接线端子排、DC 110 V/DC 24 V 电源变换器。

（三）轻轨车辆主要技术参数

轨距：1 435 mm
供电额定电压：DC 750 V
电压波动范围：DC 500 ~ 900 V
控制电压：DC 110 V（+10% ~ −30%）
允许通过最小曲线半径：110 m
编组：Tc+M+M+Tc
构造速度：80 km/h
挂钩操作速度：3 km/h
反向退行最大速度：10 km/h
牵引电机功率：180 kW
列车总功率：1 440 kW
制动装置：模拟电气制动装置
信号及自动控制形式：ATO 及 ATP 自动驾驶

二、列车控制功能

（一）司机台的激活

将 78# 钥匙插入司机台侧的钥匙开关，逆时针旋转至位置“1”，列车便被激活。当然，前提条件是另一端司机台处于非激活状态。列车被激活后，钥匙是不能从钥匙开关中取出的，此时，可以进行以下操作：① 缓解或施加停车制动；② 闭合或断开高速断路器；③ 升起或降下受电弓；④ 开启或关断列车空调。

当进行以上操作后，即使关断了司机台，即把 78# 钥匙顺时针旋转至位置“0”，停车制动、高速断路器、受电弓和列车空调都能保持原有的状态。所以，激活司机台后升弓，然后再关断司机台，受电弓仍然能保持升弓状态。

（二）ATC 的激活

ATC 单元直接和蓄电池连接，因其内部有电源，所以能独立于蓄电池工作。激活司机台的同时也激活了 ATC 设备。

（三）ATP 保护下的牵引

1. 正常状态下牵引保护的激活

要激活牵引保护，必须符合如下条件：① ATC 设备已激活；② ATP 钥匙开关处于“合”的位置；③ 相应的司机台已被激活。

2. 轨旁 ATP 故障时牵引保护的激活

在轨旁 ATP 故障时要激活牵引保护，必须符合如下条件：① ATC 设备已激活；② ATP 钥匙开关处于“合”的位置；③ 相应的司机台已被激活；④ 列车起动前按下“ARM”按钮。在这种情况下，列车只能人工驾驶（ARM 模式）。

3. 库内动车保护

库内动车保护必须符合如下条件：① ATC 设备已激活；② ATP 钥匙开关处于“合”的位置。

库内只能人工驾驶，如果轨旁 ATP 和车载 ATP 之间没有数据传输，系统将自动转为 ARM 模式，这种情况下，无须去按“ARM”按钮。若列车在正线运营时出现轨旁 ATP 故障，列车将实行与在库内一样的保护。

4. 从正线进库的牵引

列车从正线进入库内的过程中，需要转换成 ARM 模式。在离开正线之前，显示屏会提醒司机按下“ARM”按钮。一旦进入 ARM 模式，列车能够进库。

5. ATP 触发的紧急制动

如果 ATP 发现有危险的操作状态，它会立刻触发紧急制动，直到列车完全停止。如果 ATP 触发了紧急制动，必须在列车停止后按下“ARM”按钮，以解除列车的紧急制动状态。

（四）全自动驾驶

1. 全自动驾驶的启动

要启动全自动驾驶，必须符合如下条件：① 主控手柄在“0”位；② 方向手柄在“F”位；③ ATP 钥匙开关处于“合”的位置。在以上条件均符合的情况下，按下司机台上的“ATO 启动”按钮即可启动全自动驾驶。

2. 全自动驾驶的终止

当列车在下一个站停车，ATO 自动开门时，全自动驾驶终止。当碰到如下情况时，全自动驾驶被中断：① 主控手柄离开“0”位；② 方向手柄离开“F”位。列车在全自动驾驶状态下推动主控手柄，列车立刻转换为人工驾驶模式，当启动全自动驾驶的条件符合时，按下“ATO 启动”按钮，列车又会重新进入全自动驾驶模式。

（五）无人折返

顾名思义，无人折返就是指列车上无司机操作的自动折返。这种模式需要在车上执行下面所述的一些操作以及另外的开关操作来完成。这里所说的“另外的开关”是指安装在车站站台端部墙上的开关。

1. 自动无人折返的启动

先是按下“自动折返”按钮，ATP 会让显示屏显示该信息，然后把 78#钥匙顺时针方向旋转至位置“0”，关断司机台。

2. 自动无人折返的复位

在下列情况下，自动无人折返操作将被取消：① 主控手柄离开“0”位；② 有车门打开；③ ATC 电源关断。

3. 人工或 ATO 的自动折返

有司机的自动折返也是可能的。当按下“自动折返”按钮后，司机台保持激活状态，这时候司机能采用人工或通过按下“ATO 启动”按钮来实现自动折返操作。

（六）人工驾驶

操作主控手柄，列车能在任何时候进行人工驾驶。把主控手柄向前推，列车加速向前，把主控手柄向后拉，列车实施制动。若把手柄推回到“0”位，列车惰行。当把主控手柄向后拉到极限位，列车实施快速制动。

1. 牵引方向

列车牵引方向由司控器的方向手柄给定。

2. 向前牵引

列车能够向前加速到 ATP 的速度限定值。如果列车的速度超过 ATP 的速度限定值，列车将会给出声音警告信号，接着 ATP 触发列车紧急制动（URM 模式除外）。在 URM 模式下，只有 80 km/h 的限速，该限速功能由 DCU 实现。

3. 向后牵引

向后牵引的距离受 ATP 的限制。若向后牵引的距离超过 ATP 限制的距离，ATP 会触发紧急制动。这个过程能够重复几次。在 ARM 模式下（库内），向后牵引的距离不受 ATP 的限制。

在 ATP 保护或 URM 模式下，向后牵引速度达到 10 km/h 时，DCU 会把牵引力降为 0，处于滑行状态。但是，如果是在斜坡，那么，即使牵引力为 0，由于列车重力分力的作用，列车仍然会加速，速度可能大于 10 km/h。当然，若是在水平轨道上，向后牵引的最大速度为 10 km/h。

4. 警惕按钮

当进行人工驾驶模式时，在推动主控手柄到“牵引”位之前，警惕按钮必须按下。在牵引过程中松开警惕按钮，若时间超过 3 s，列车将触发紧急制动，若在 3 s 内重新按下警惕按钮，列车不会触发紧急制动，保持原来的牵引状态。在自动驾驶模式下，警惕按钮不起作用，被 ATC 旁路。

三、运行准备

（一）列车外观检查

按第六章出库作业标准对列车进行外观检查。需确认以下内容：各司机室有关开关、手柄置于正常位；外接电源插座没有外接连线；头尾车开关钥匙置于“0”位，Tc 车设置于“0”位，尾车置于“0”位；各车开关位置正确；牵引手柄置于“0”位，前后向手柄置于“0”位；模式选择开关置于 OFF 位。

（二）起动操作

1. 蓄电池组操作步骤

（1）首先检查蓄电池控制箱，然后在蓄电池控制箱内闭合 QF28、QF29。

（2）头尾开关钥匙 KS 设在头车位置（尾车 KS 应在“0”位）。

（3）按下 SBT 开关，蓄电池电压继电器 KC1 闭合（电压正常情况下），蓄电池接触器 QC1 闭合，向列车导线 103 供 DC 110 V 电。此时司机台处监控显示屏辅助电源菜单下，直流 110 V 电压应显示 DC 77 V 以上。

2. 列车各工作电源投入

（1）闭合监控电源开关 TMSN（M、Tc 车）。

（2）闭合司机台电源开关 TCN1。

（3）闭合停放制动电源 PSN（Tc 车）。

（4）闭合紧急制动电源 BVN（Tc 车）。

（5）闭合各需工作设备电源（ENCN、TCN1、BOUN、PECN、PBN、IVCN、EMDCN、EMDN，DLN、QF11、QF17、ACBN、QF12、EFCN、XHCN、DOORNFB1、DOORNFB、BCN、BCHN、SDDN、XCDN、QF21、QF22、QF23、TLN、HBN、IVN、BHBN）。如需启用 ATO 系统，还需合 VOB1、VOB2、VOB3。如采暖控制，还需合 CSHTN。

3. 监控投入操作

闭合监控电源开关后，其显示单元应有车辆工况监视画面出现，通过画面检查工况是否正常。（详见 TMS 操作手册）

4. SIV 工作

SIVN 闭合后，如果 DC 750 V 电源正常，SIV 即开始工作，应有 AC 380 V 三相交流电输出。

5. 空气压缩机组工作操作

（1）头车钥匙开关 KS 旋至接通位，尾车保持“0”位。建立头尾。

（2）启动操作。

① 在启动压缩机前，首先进行外观检查和空压机油位检查。确认无问题后，启动 SIV，确认网压为 DC 500 ~ 925 V，SIV 输出为 AC（380 ± 5%）、50 Hz 之后才能启动压缩机。

② 在 M 车上合上压缩机电源开关 ACCN，再合上 Tc 车司机台上启动开关 CPCN。如果此时压力在 7 bar 以下，则两台压缩机同时启动泵风，如此时压力为 7 ~ 7.5 bar，则本单元一台压缩机启动泵风。直至总风压力达 9 bar 时，压缩机自动停止。压缩机工作时，应确认声音正常，不应该有机械杂音。

③ 空气压缩机关闭瞬间，空气干燥器应将压缩空气中分离出来的水、油等污物排出。

④ 空气压缩机从总风压力为零开始泵风到 9 bar，时间约为 10 min，不能超过 15 min；从 7.5 bar 至 9 bar，时间应小于 2 min。

⑤ 除湿器如需保温，则需合上断路器 CSQN。

（3）空气压缩机工作情况判断。

空气压缩机组启动后，转速应正常，在规定时间内应能使总风压力正常，如发现泵风时间过长，需停止泵风，观察是否有严重漏风处或有截断塞门忘记打开，排除后，再重新泵风。

6. 带电触点截断塞门

每车设有 7 个带电触点截断塞门，分别为：制动机塞门（1 个）、主风管塞门（2 个）、制动缸塞门（2 个）、停放制动塞门（2 个）。这些塞门显示制动空气回路的状况，正常情况下，除头端主风管塞门外应显示打开。

这些塞门的设置主要是为了防止在维修或日常检查中被关闭，检修完毕忘记打开，造成空气回路的堵塞。通过司机室操作屏幕可检查塞门状态，确认制动空气回路在起车前处于正常工作状态。

7. 停放制动手动拉环

带停放的制动缸充气缓解，排气制动。当司机室操作屏幕显示停放制动处于制动状态，而强迫缓解无效时，应下到转向架利用停放制动手动拉环对制动缸进行缓解。缓解时可利用一根细长棒伸到手动拉环里，利用杠杆原理向下压，使其缓解。

8. 开/关门操作

开/关门试验是每次出车前必须进行的检查项目，必须确认各种动作及所有显示正确后，出库投入运行。

（1）在头车司机室和尾车司机室中，合上开关门电源开关 DOORNFB 和各车车门的电源开关 DOORNFB1，电源电压正常后，可以进行开/关门操作。头尾开关位置正确，头车开门。

（2）将司机台选门开关 SD 扳到“手动左”或“手动右”位进行试验，试验完成后，须将选门开关扳到“自动”位运行。

9. 照明操作

（1）在综合柜内将交流灯电源开关 QD1、QD2、直流灯电源开关 EMCN 合上，同时合上 DLN 及 EMDCN 控制断路器，将应急照明控制开关 EMDCNS 合上，此时应急灯应亮。

头尾开关位置正确，头车控制正常照明。合上照明开关 DLNS，此时如果 SIV 正常工作，所有照明灯均点亮；如果 SIV 不工作，应急照明灯均点亮。

（2）Tc 头车灯控制操作。合上断路器 XHCN 及 XCDN 后，按表 6.5 所列项目进行操作。

（3）当合上列车广播电源开关 QF11 后，启动列车广播，则终点站显示屏、车内信息屏、动态地图均应点亮，且正常工作。

（4）闭合仪表灯开关 YBDS，司机台上仪表灯亮。

（5）闭合司机台上的司机室灯开关 CABS，司机室灯亮。

10. 广播及报警操作

（1）在 Tc 车上合上 QF11（正常运行时头、尾车广播电源开关都应合上）。

（2）操纵广播机，面向客室广播，运行监听。

（3）用话筒对客室广播，应正常。

（4）在客室扳动紧急解锁开关，司机室应有声响，客室可通过紧急对讲向司机室报警。

11. 空调应急通风操作

（1）空调操作前准备。

在 DC 110 V 蓄电池和辅助逆变电源 SIV 工作正常的前提下，合上空调控制柜电源交流和直流开关 NFB1、NFB2、NFB3、NFB4。

（2）集中控制工况。

① 确认空调系统正常后，在各车空调控制板的显示控制板上设定集控位，然后可在司机台上手动操纵空调工况控制开关 ACS 至通风、制冷、预制冷、应急通风、断开位，经过 1 ~ 2 min 后，各车应全部投入运行状态（达到温度设定值时将自动停机）。

② 通过 TMS 显示屏观察各车空调状态是否满足要求，如不符合要求，可根据需要调节 ACS 开关位置。

（3）单车控制工况。

在有特殊需要时，可单独控制单车空调。操作步骤为：

① 在准备工作完成后，确认空调系统正常。

② 在各车空调控制板的显示控制板上设定本车位。

③ 根据需要操纵显示板，设定空调工况。

如欲改为司机室集中控制，需选择集控位。无论本车还是集控位，均可在显示控制板上关断空调。

（4）应急工况。

当列车 SIV 辅助电源中有一台故障时，此时如空调处在工作状态，将只有一台机组运行。

当列车中两台 SIV 均出现故障不能供电时，应急通风逆变器根据司机台的应急通风允许指令及空调控制柜的应急通风启动指令投入工作（此时应急通风电源开关 QF12 应合上）。经短时延时后，空调的通风机应能低速运转。

应急通风允许指令投入的条件是：选定头尾，头车控制；应急通风手动开关处于闭合位。如不想使用应急通风功能，可断开应急通风手动开关。

12. 刮雨器及喷水操作

（1）刮雨器操作。

在综合柜内合上开关 QF21，然后在司机台上操纵刮雨器开关 SCM，雨刷可根据要求工作在低速或高速状态。刮雨器一般应在雨天、大雾天或需要清洗前窗玻璃时使用。原则上不允许在玻璃无水状态下“干刮”，以免划伤玻璃。

（2）喷水操作。

当需要清洁前窗玻璃时可按司机台上 WPS 开关，同时操纵雨刷低速工作，达到清洁玻璃的目的。

13. 采暖操作

（1）选定头尾，头车控制。

（2）闭合采暖控制开关 CSHTN。

（3）闭合电源交流开关 QF101，QF102，QF103，QF104，QF105。

（4）操作采暖控制开关 SC4，选择 1、2、3 挡操作，相应客室电热器处于工作状态。

（5）闭合司机室电热开关 SDRS，司机室电热器工作。

（6）闭合司机室电热玻璃开关 SDBRS，司机室电热玻璃工作。通过选择开关，可以选择电热玻璃的工作电源，正常情况下，由辅助电源供电。

四、牵引及制动操作

牵引及制动操作是驾驶列车安全正点运行的基本技能，司机应熟练掌握其操作方法，对在驾驶过程中所发生的故障应能迅速判断，对司机室内的所有开关功能及所有仪器仪表显示的内容应十分熟悉。

在有 ATO 系统时，列车以自动驾驶模式运行，同时受 ATP 的安全防护系统监督。没有 ATO 系统时，列车可在 ATP 防护下运行或完全手动运行；在完全手动运行时，是人工驾驶状态，此时必须注意车速，以保证列车安全。

（一）驾驶模式选择

列车牵引系统有两种驾驶模式，一个是手动模式，另一个是自动驾驶模式（ATO）。每种模式中还包含几种子模式，操作如下：

1. 自动驾驶模式

自动驾驶模式分为无人驾驶模式和 ATO 自动驾驶模式

（1）无人驾驶模式：两端模式转换开关均处于 OFF 位，30 s 内，在头端按无人驾驶模式按钮，VOBC 根据地面中心指令建立无人驾驶模式。

（2）自动驾驶模式：头端模式转换开关处于 ATO 位，尾端模式转换开关处于 OFF 位，即建立了自动驾驶模式。

2. 手动驾驶状态

手动驾驶模式分为：PM 模式、RM 模式、ATP 切除模式、洗车模式、站场模式、退行模式。

（1）PM 模式：头端模式转换开关处于 PM 位，尾端模式转换开关处于 OFF 位，即建立了 PM 驾驶模式。

（2）RM 模式：头端模式转换开关处于 RM 位，尾端模式转换开关处于 OFF 位，即建立了 RM 驾驶模式。

（3）ATP 切除模式：头端模式转换开关处于 RM 位，尾端模式转换开关处于 OFF 位，ATPCOS 开关处于 CUTOUT 位，即建立了 ATP 切除驾驶模式。

（4）洗车模式：首先建立 ATP 切除驾驶模式，然后将洗车模式开关 CWMS 打至闭合位，即建立了洗车模式。

（5）站场模式：首先建立 ATP 切除驾驶模式，然后将站场模式开关 DPTRS 打至闭合位，即建立了站场模式。

（6）退行模式：首先建立 ATP 切除驾驶模式，然后将方向手柄打至向后位，即建立了退行模式。

（二）运行操作

1. 无人驾驶模式

建立无人驾驶模式后，按 VVVF 复位开关，闭合高速断路器，除始发站需人工操作发车按钮发车外，其余操作均由 ATO 设备控制运行，包括：运行方向选择、牵引及制动状态选择、牵引力及制动力控制、列车车门控制、旅客信息系统控制等。列车所有车门均参与联锁。

2. 自动驾驶模式

建立自动驾驶模式后，按 VVVF 复位开关，闭合高速断路器，除每站需人工操作发车按钮发车外，其余操作均由 ATO 设备控制运行，包括：运行方向选择、牵引及制动状态选择、牵引力及制动力控制、列车车门控制、旅客信息系统控制等。列车所有车门均参与联锁。

3. PM 模式

建立 PM 模式后，按 VVVF 复位开关，闭合高速断路器。此时，列车运行方向、旅客信息系统控制由 ATO 设备控制；车门可以选择自动控制或人工控制，选择人工控制时，车门允许指令由 ATO 设备发出，选择车门自动控制时，关门可由人工操作；列车发车时刻由 ATO 设备发出，并有声音提示。

方向手柄必须推至向前位，然后操作主控手柄控制列车运行。牵引时，司机必须按住警惕装置，否则 3 s 后切除牵引。

其余操作请参看 ATP 切除驾驶模式。

4. RM 模式

建立（RM）驾驶模式后，按 VVVF 复位开关，闭合高速断路器。此时，方向手柄必须推至向前位，然后操作主控手柄控制列车运行。列车处于 ATP 自动超速防护的人工驾驶状态，限制速度为 25 km/h。在 ATP 的保护下，一旦出现超速行驶的情况，会自动实施制动来控制车速，司机在接到超速报警时，应进行制动，将列车速度控制在目标速度以下，以防“撞墙”。如果在规定的时间内没有实施制动或制动力小，不能使列车降到所需速度值以下，则 ATP 自动保护系统自动实施制动来满足安全要求。

其余操作请参看 ATP 切除驾驶模式。

5. ATP 切除模式（纯人工驾驶模式）

建立 ATP 切除模式后，ATO 系统完全脱离控制，ATO 所有控制开关触点从牵引、制动控制回路隔离出来不再起作用，列车处于完全由司机人工驾驶状态。此时列车牵引、制动完全受控于人工操作，司机应根据线路条件的要求，实施牵引或制动。具体操作如下：

（1）运行操作程序（人工驾驶模式）。

（2）确认所有列车门都已关好，司机台上的门关好指示灯亮。

（3）方向手柄设置在向前位。

（4）操纵司控器手柄并按压警惕按钮（ATO 自动驾驶状态可不按压此按钮），每间隔小于 20 s 的时间松开司控器手柄警惕按钮一次，每次放松时间不得大于 3 s。如果每次间隔超过 20 s，将自动切除牵引并用铃声报警，再过 5 s 仍无人干预，将自动施加紧急制动。如果每次松开时间超过 3 s，列车将停止牵引，进入惰行状态。

（5）停放制动应置于缓解位。

（6）司控器手柄推缓解位，制动压力显示为零，显示器缓解不良指示应显示已缓解。

（7）如指示制动未缓解，可按强迫缓解按钮缓解，然后司控器置牵引位。如果在坡停状态，则应起用坡停按钮，采用坡停起车步骤起车。

（8）牵引位实现后，再根据需要实施牵引“2”位、“3”位或“4”位。在线路允许的条件下，要尽量利用惰行。

（9）牵引到一定速度惰行后，要进站实行制动停车，电制动控制开关 DBN 应在合的状态。在开始实行制动时，一般情况下制动级位在 B3 级以上，要观察电空制动配合情况，密切注意减速情况，视制动距离大小改变制动级位。一般情况下，在速度为 13 ~ 20 km/h 时，应适当减小制动级位。

（10）当列车制动不及时，造成速度过高而不能在规定距离内停车时，要直接将制动手柄推到快速制动位 FB，待车速下降到一定速度时，可以改用常用制动进行停车，但一般情况下不允许进行这样的操作。

（11）当发生紧急情况时，司机要迅速按下紧急制动按钮，直至停车，不能缓解，待紧急情况解除后才能进行缓解。实施紧急制动后如要解除紧急制动，必须在右旋紧急按钮使其复位之后，将司控器手柄拉到快速制动位，再推回零位，才能缓解。

（12）当列车在较大坡道上停车再起动时，为防止列车下溜，在实施牵引时，应在带闸情况下按下“坡停”起动按钮 GSTS，然后将牵引手柄推“1”位，列车将带闸起动。当车速大于 2 km/h 时自动解除“坡停起动”状态，进入正常牵引状态。

（13）列车限制速度为 30 km/h，当列车速度超过 25 km/h 时，牵引设备 VVVF 切除牵引，如果列车速度超过 30 km/h，将产生紧急制动。

（14）为保证旅客信息系统工作的可靠性，该系统需人工干预报站。

（15）车门完全由人工控制，门关闭后，门允许旁路开关必须断开，同时，门选开关置于断开位。

6. 洗车模式

限速 3 km/h，由牵引设备 VVVF 控制速度。其余操作与 RM 模式相同。

7. 反向运行模式

由牵引设备 VVVF 控制车速，当列车速度超过 4 km/h 时停止牵引，列车速度超过 7 km/h 时，单车起紧急制动。必须将手柄推至制动位后方可恢复牵引。其余操作与 RM 模式相同。

8. 站场运行模式

由牵引设备 VVVF 控制车速，当列车速度超过 10 km/s 时停止牵引，列车速度超过 15 km/h 时，单车起紧急制动。必须将手柄推至制动位后方可恢复牵引。其余操作与 RM 模式相同。

9. 司机台监控显示

列车运行所需各种状态和各主要设备的运行状态，均可通过列车监控系统显示屏 TMS 观察。除此之外，司机台上还有一些必要的指示灯，见前述说明。

（三）运行中简单故障判断及处理

（1）当运行中发现 VVVF 逆变器有故障指示，可按下复位开关 RS 使其复位，如按下复位开关 RS 后还不能复位，则应按监控系统 TMS 提示进行处理或采取措施。

（2）当运行的车组中一辆车牵引系统故障时，为了能使其他车继续牵引工作，可以在司机台上按下切除开关 COS，自动切除发生故障的那一台逆变器和牵引电机对应转向架的动力，其余部分还可继续运行。

（3）门的紧急解锁。

当车辆运行时，关闭的门被允许信号锁定，这时电控方式不能将门开启。当车内发生紧急情况需要开门时，需扳动门内解锁把手，将门解锁打开一条缝隙，然后用手将车门打开，从而实现运行状态下门的紧急开启功能。

当车辆须从外部紧急开门时，只需用四方钥匙将外紧急锁拧到“解锁位”然后可将门手动打开。

当车门紧急解锁后，蜂鸣器持续鸣叫，直到紧急解锁被复位，同时此状态传至 TMS 系统。

（4）车辆运行过程中，如果速度低于 2 km 而无相应显示，可操作 ZVS 旁路开关将零速信号旁路，以实现相应的连锁功能。

（5）人工驾驶模式下，如果车门关闭继电器故障将不能牵引，并且在 ATP 切除模式下将产生快速制动。如果可以确认不会对安全造成影响，可以操作 DBS 旁路开关继续运行。

（6）如果停放制动状态继电器故障将不能牵引，如果可以确认不会对安全造成影响，可以操作 PBPS 旁路开关继续运行。

（7）如果警惕装置故障将不能牵引，如果可以确认不会对安全造成影响，可以操作 DSDPS 旁路开关继续运行。

（8）紧急短路处理。

由于紧急制动环路是长时带电环路，一旦环路失电，车辆将自动产生紧急制动。当紧急制动环路由于故障失电，而故障在短时间内又无法排除而导致车辆不能牵引时，请闭合司机室控制柜开关屏上的紧急制动短路开关 ESS，此状态下，车辆只能按 30 km/h 限速运行，如超过 30 km/h 车辆将会再次紧急制动。

（9）缓解不良处理。

当车辆进行缓解操作而监控显示器上出现缓解不良故障时，请闭合司机台上的强迫缓解开关 CPRS 进行强迫缓解。

（10）强制泵风。

由于空气压缩机泵风是由一个压力开关 CMG1（CMG2）自动控制的，当其故障时，须闭合司机台上的强制泵风开关 OPSTS。此时司机应注意观察司机台上的风压表，压力足够时断开强制泵风开关 OPSTS。强制泵风开关为自锁型按钮。

（四）换端操作

列车运行至终点站，如继续换端操作运行，操作如下：方向手柄及主手柄均推至“0”位，模式选择开关置于 OFF 位，按下换端按钮 HDS 直至换端指示灯亮，如要停止 SIV 工作则按停止按钮 STOP，取下司机钥匙 KS。至另一端，闭合蓄电池开关及门允许短路开关之后再合 KS，结束换端。

（五）回库操作

回库后，将各设备恢复至停放状态，锁闭车门后到派班室办理退乘手续。

第三节　地铁列车操作及驾驶

一、地铁车辆司机室布置

（一）司机室概述

司机室是司机驾乘的场所，位于列车的前端。目前我国地铁车辆的司机室设置主要有两种形式，一种是以第三轨受电的列车，由于列车前端不设应急逃生门，所以司机驾驶台与司机座椅都设于司机室的中部，如图 7.4 所示。另一种是以接触网供电的列车，其司机室分为主司机台、辅司机台、应急逃生门三部分，如图 7.5 所示。上述两种司机室均设有设备柜、电子柜、司机室空调等设备及相关辅助设备。同时在司机室外部装有外部照明灯和标志灯。

图 7.4　驾驶台设于司机室中部

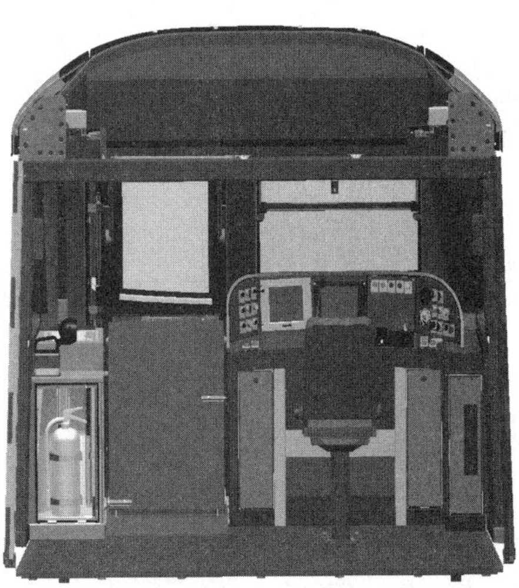

图 7.5　驾驶台设于司机室右侧

司机室通过司机室隔离墙与客室分开。司机台与辅台之间设置了应急逃生门，通过司机室左部顶的水平轴垂直向上开启，手动解锁后通过气簧执行机构动作后，可推下专门的接近轨道的紧急梯。该应急逃生门是机械式的，司机室隔门打开后，乘客可通过逃生门的梯子逃出车外。逃生门装有挡风玻璃、一个刮雨器和清洗器，如图 7.6 所示。

图 7.6　应急逃生门（紧急疏散门）

（二）驾驶台操作部件设置和功能

地铁车辆的司机室驾驶台的台面布置如图 7.7 所示，其上共包括 10 块面板。司机台的设计宗旨是使所有的操作和控制元件都便于观察到，以便于司机操作。

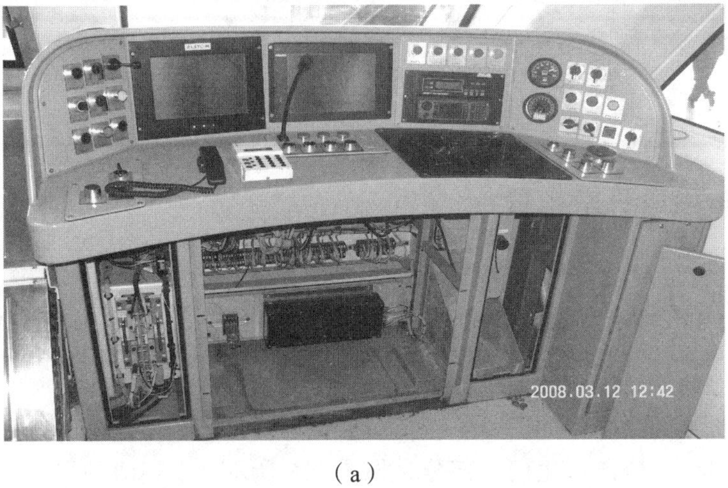

（a）

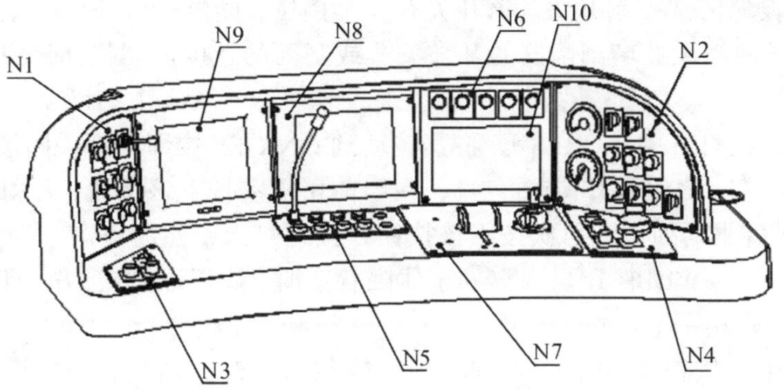

（b）

图 7.7　司机室驾驶台台面布置

1. 面板 N1

面板 N1 的结构如图 7.8 所示。

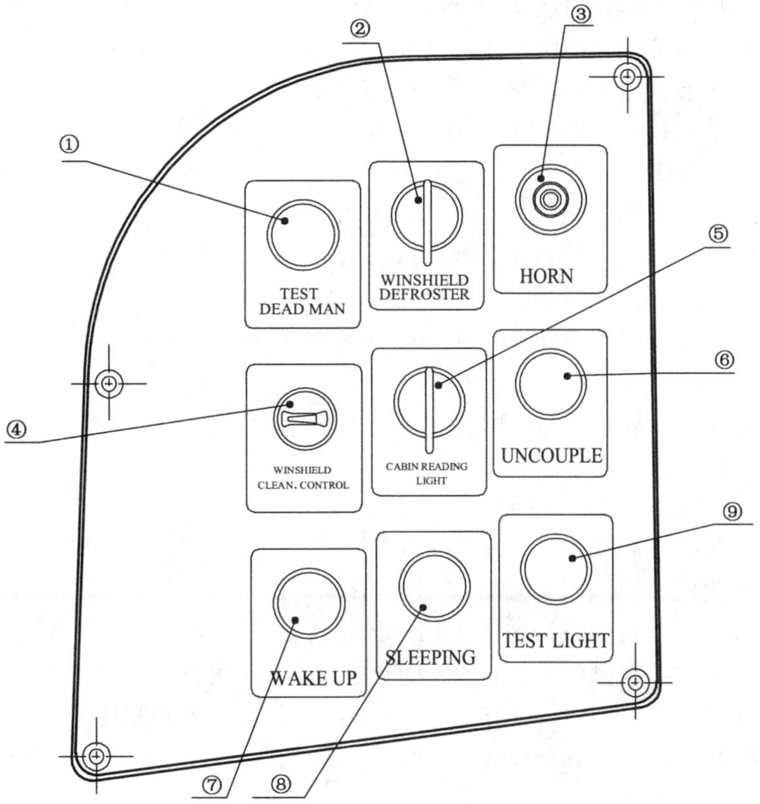

图 7.8　面板 N1

①—— 司机警惕试验按钮 TDMPB（黑色）。列车静止，模式选择开关处于 CM/RMF/WM/RMR 位，连续按下该按钮超过 5 s，列车触发紧急制动。

②—— 挡风玻璃除霜开关（DWS），带 OFF/ON 二位。

③—— 鸣笛按钮（HPB），按下该按钮汽笛鸣响。

④—— 挡风玻璃清洗控制开关。该开关有 4 个挡位：断续/OFF/速度 1/速度 2。司机通过操纵此开关可选择两挡风玻璃刮雨器的开与关，或刮雨的速度。司机如果想对挡风玻璃喷水就必须按下该按钮。

⑤—— 司机阅读灯开关（CRLS）。将其转动到 ON/OFF 位即可开关阅读灯。

⑥—— 解钩按钮（UNPB），带白色灯，在当前司机室按下该按钮，该灯点亮，全自动钩打开；以 RMR 向后驱动列车，再次按下该按钮，按钮灯灭，然后停车。

⑦—— 唤醒按钮（WUPB）。当列车处于休眠状态时，按下该按钮，电池回路接触器闭合，列车被唤醒，启动自检。

⑧—— 休眠带灯按钮（SPB）。当列车处于唤醒状态时，司机首先将模式选择开关置于“OFF”位，降弓或断开车间电源插座（WOS），将司机控制钥匙 KS 置于“OFF”位后按下该按钮，黄色灯点亮 20 s，然后熄灭，列车进入休眠状态。

⑨—— 灯测试按钮。在发车前，司机必须检查指示灯的好坏。按下该按钮并检查下列灯的点亮情况：

◆ ATO 启动按钮 1（ASPB1），在 N6 板上；
◆ ATO 启动按钮 2（ASPB2），在 N6 板上；
◆ 自动折返按钮（ARPB），在 N6 板上；
◆ ATO 限制模式按钮（RMPB），在 N6 板上；
◆ 解钩按钮（UNPB），在 N1 板上；
◆ 关 A 侧门（左侧门）按钮 1（DCPB1-A）；
◆ 关 B 侧门（右侧门）按钮 1（DCPB1-A）；
◆ 关 A 侧门（左侧门）按钮 2（DCPB2-A），在司机左侧柱子上；
◆ 关 B 侧门（右侧门）按钮 2（DCPB2-A），在司机右侧柱子上；
◆ 停放制动按钮（PBPB）；
◆ 所有制动缓解指示灯（ABRI）；
◆ 摩擦制动故障指示灯（FBFI）；
◆ 所有制动施加指示灯（ABAI）；
◆ 门关到位指示灯（DCLI）；
◆ 允许开 A 侧门（左侧门）按钮 1（DOPB1-A）；
◆ 允许开 B 侧门（右侧门）按钮 1（DOPB1-A）；
◆ 允许开 A 侧门（左侧门）按钮 2（DOPB2-A），在司机左侧柱子上；
◆ 允许开 B 侧门（右侧门）按钮 2（DOPB2-A），在司机右侧柱子上；
◆ 休眠按钮（SPB），在面板 1 上。

2. 面板 N2

面板 N2 的结构如图 7.9 所示。

①—— 双针压力表（MNI）。该压力表有一根红色指针和一根白色指针，红色指针指示主风缸的压力，白色指针指示 A 车前端转向架的平均制动缸压力，范围为 0 ~ 16 bar。

②—— 电压表（VMI）。司机可通过电压表查看蓄电池电压，范围为 0 ~ 140 V。

③—— 司机室灯开关（CLS）。将该开关置于 ON/OFF 位即可开关司机室灯。

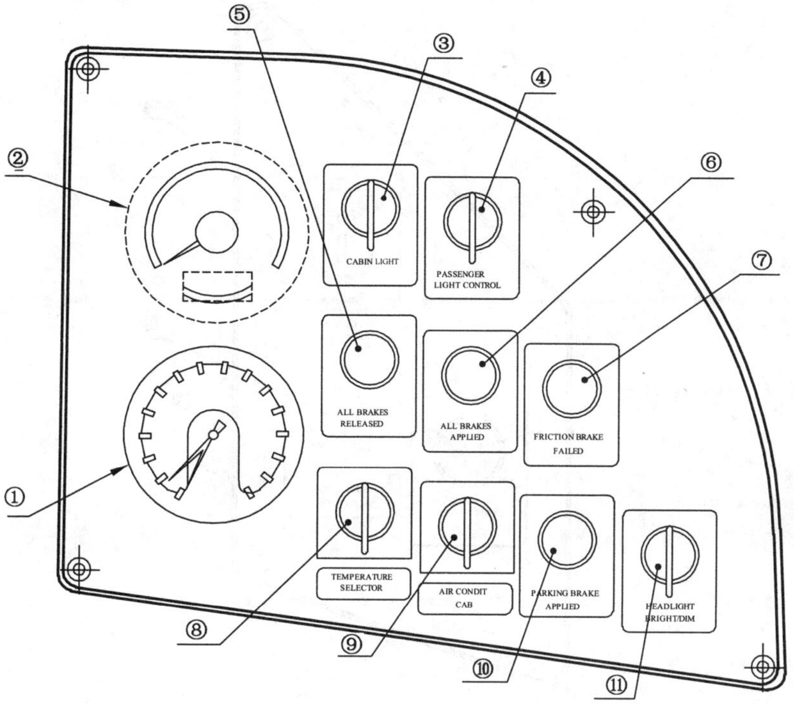

图 7.9 面板 N2

④—— 客室正常照明灯控制开关（PLCS）。该开关有 3 个位置：关/手动/自动。当司机室激活后，将该开关置于“手动”位时客室正常照明灯点亮；当选择“自动”位，置于挡风玻璃上部的光敏元件根据车外的照度自动开/关客室正常照明灯；当没有激活当前司机室时，客室正常照明灯灭。

⑤—— 所有常用制动缓解指示灯（ABRI）。制动缓解时绿灯亮。

⑥—— 所有常用制动施加指示灯（ABAI）。施加制动时红灯亮。

⑦—— 摩擦制动故障指示灯（FBFI）。当一辆车的气制动隔离时黄灯点亮。

⑧—— 司机室温度选择开关（TCACS）。司机可利用此开关设定司机室为如下温度：25 °C、26 °C、27 °C（一般情况下）、28 °C、29 °C。

⑨—— 司机室空调开关（HVACS）。

⑩—— 带灯停放制动按钮（PBPB）。在激活的当前司机室按下该按钮即可施加停放制动。绿色灯点亮，表示所有停放制动缓解；红色灯点亮，表示至少一个停放制动施加。

⑪—— 头灯明/暗开关（HLBDS）。此开关用于控制头灯的明与暗。

3. 面板 N3

面板 N3 的结构如图 7.10 所示。

①—— 关 A 侧门（左侧门）带灯按钮（DCPB1-A）。红色指示灯点亮时表示至少一个门未关上。

②—— 带 4 个位置的受电弓控制开关（PCS）。处于“无”位，双弓处于降弓状态；处于“前”位，前弓升，后弓降处于“升双弓”位，前后受电弓升起；处于“后”位，前弓降，后弓升。

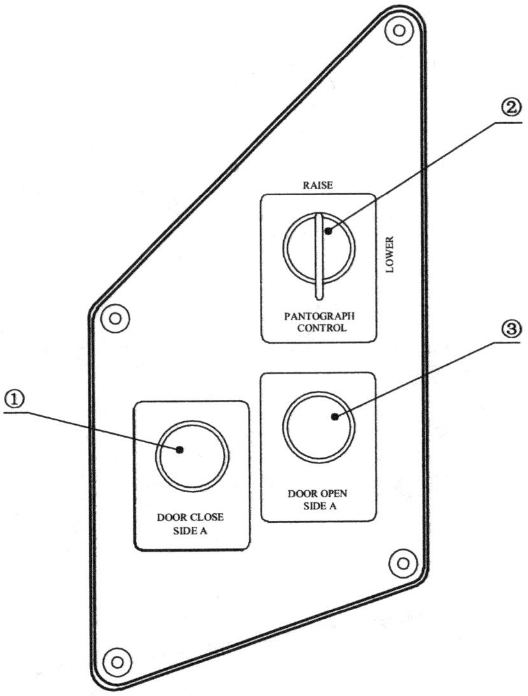

图 7.10 面板 N3

③—— 开 A 侧门（左侧门）带灯按钮（DOPB1-A）。ATP 允许开门时，绿色指示灯亮；如果 ATP 故障，隔离开关处于“隔离”位时，指示灯不亮。

4. 面板 N4

面板 N4 的结构如图 7.11 所示。

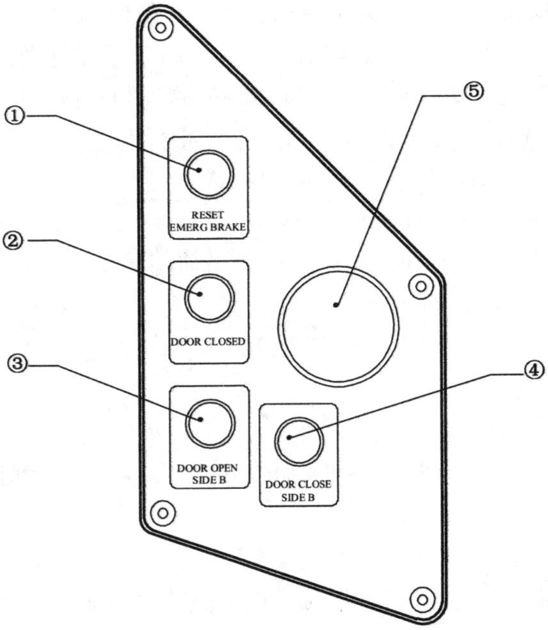

图 7.11 面板 N4

①—— 紧急制动复位按钮（REBPB）。列车触发紧急制动后，仅当列车停止时，才能在模式选择开关 MS 处于手工编码 CM 位、司机手柄 DCH 在制动区时按下紧急制动复位按钮 REBPB，缓解紧急制动。

②—— 所有门关到位指示灯（DCLI）。当所有门（包括两侧门和逃生门）关上并锁闭时，绿色指示灯亮。

③—— 开 B 侧门（右侧门）带灯按钮（DOPB1-B）。当 ATP 允许该侧为服务侧时；绿色指示灯亮；如果 ATP 故障，隔离开关处于“隔离”位时，指示灯不亮。

④—— 关 B 侧门（右侧门）带灯按钮（DCPB1-B）。红色指示灯点亮时，表示至少一个门未关上。

⑤—— 紧急制动蘑菇按钮（EMPB）。在任何紧急情况下使用该按钮可触发紧急制动，受电弓降下。紧急制动在列车停下前不可恢复。

5. 面板 N5

面板 N5 的结构如图 7.12 所示。

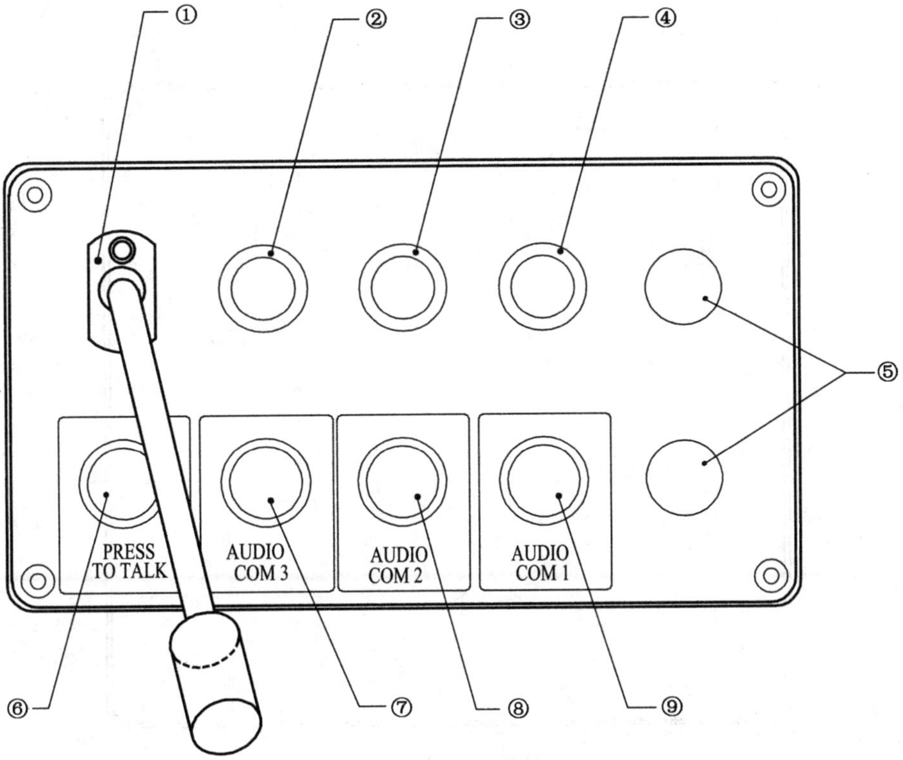

图 7.12 面板 N5

①—— 固定麦克风（MI1），用于司机对旅客广播。

②—— 音频通信指示灯 1（ACUI1），用于司机室间对讲。当呼叫另一司机室时黄色指示灯亮。

③—— 音频通信指示灯 2（ACUI2），即乘客应急通信指示灯 PEI，用于乘客应急通信。

当乘客按下二位端的乘客应急通信按钮 PECU 时黄色指示灯亮。

④—— 音频通信指示灯 3（ACUI3），即公共广播指示灯 PEI，用于乘客公共广播。

在下列条件下黄色指示灯点亮：司机按下“公共广播（PA）按钮（ACUPB3）”，OCC 通过无线电对乘客广播或自动语音数字报站。

⑤—— 预留。

⑥—— 对讲按钮（PTTPB）。按下该按钮可对请求应急通信的乘客讲话。

⑦—— 公共广播激活按钮（ACUPB3）。按下该按钮可对所有的乘客广播信息。

⑧—— 乘客应急通信激活按钮（ACUPB2）。按下该按钮接受 PECU 的对讲请求，然后按下 PTTPB 按钮可开始对讲。

⑨—— 司机室对讲按钮（ACUPB1）。按下该按钮可启动或结束同另一个司机室的对话。

6. 面板 N6

面板 N6 的结构如图 7.13 所示。

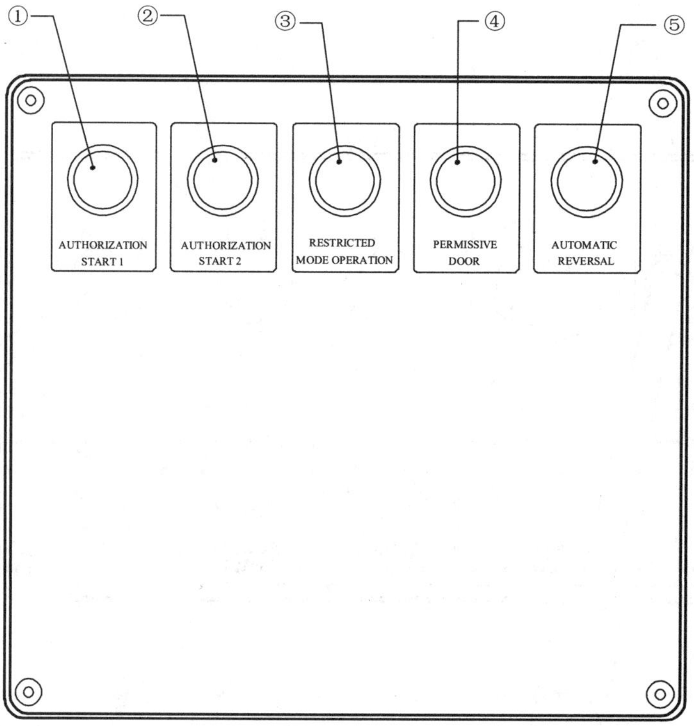

图 7.13 面板 N6

①、②—— ATO 启动按钮（绿色）。“MS”在 ATO 位时，按下它们启动 ATO 运行。

③—— RM 模式按钮（红色）。当 ATP 触发一个紧急制动后缓解紧急制动。

④—— 允许开/关门按钮（红色）。当列车不在规定的停车窗内，打开客室车门需按“允许开/关门按钮”；当列车使用门控旁路时，列车客室车门打开情况下起动列车需按“允许开/关门”按钮，以使列车客室车门处于人工监控状态。

⑤—— AR 自动折返按钮（黄色）。

7. 面板 N7

面板 N7 的结构如图 7.14 所示，其上安装有司机主控制器，它由选择列车运行模式的机械结构组成。主控制器被用来选择驾驶模式、运行方向、牵引和制动要求。

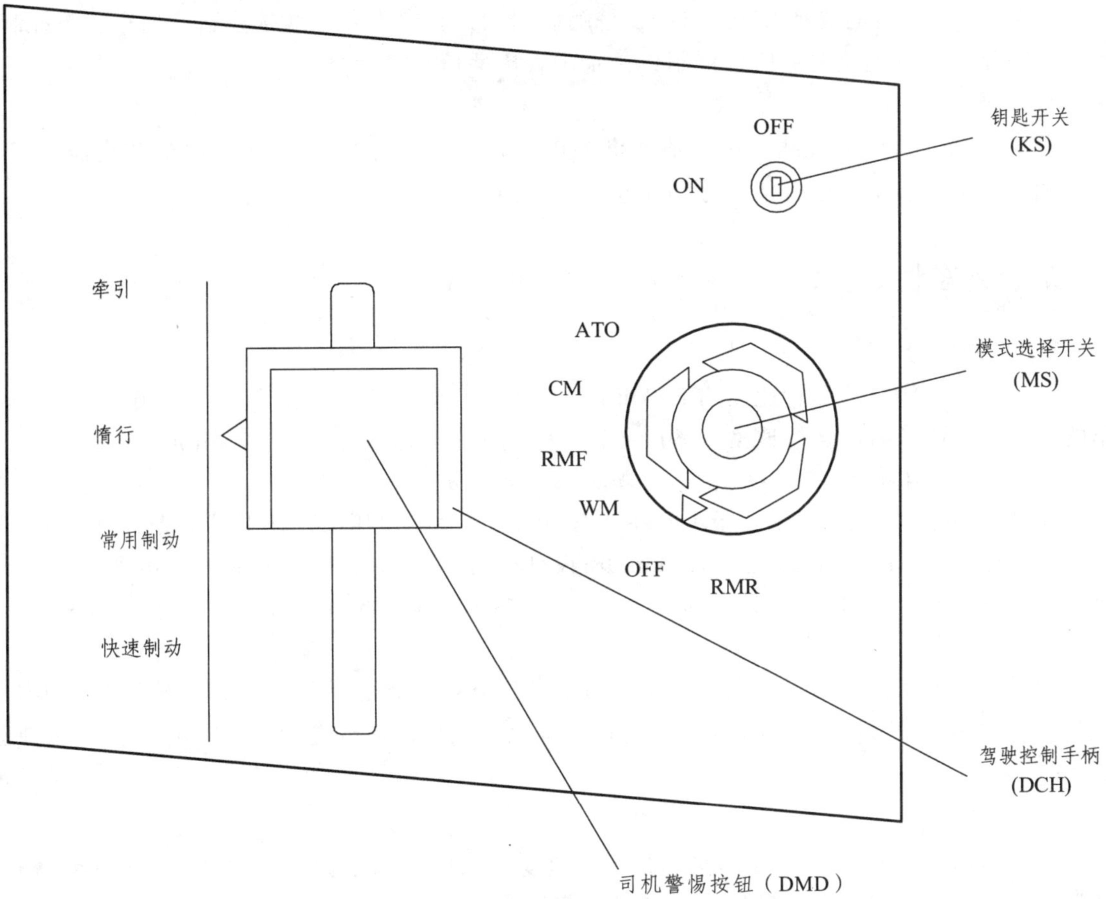

图 7.14　面板 N7

钥匙开关（KS）有 2 个位置：ON 和 OFF。如果两司机室的钥匙开关都在“OFF”位，则 MS 被锁于“OFF”位，DCH 被锁于“惰行”位。当一个钥匙开关置于“ON”位时，相应变为：在激活的当前司机室，“MS”和“DCH”解锁，同时另一司机室的“KS”锁于“OFF”位。对于在折返轨道上司机按下自动折返按钮后列车由 ATC 监控及无人驾驶的情况下司机钥匙被旁路。

模式选择器（MS）有 6 个位置，分别为 ATO、CM、RMF、RMR、OFF、WM。

驾驶控制手柄（DCH）有 4 个位置，分别为牵引、惰行、常用制动、快速制动。

司机警惕按钮（DMD）：司机手动驾驶时必须按压，否则触发紧急制动。

注意：在未激活的司机室，除紧急制动按钮、司机室灯开关、司机室空调开关、司机室间通信功能外，司机台的其他功能被锁。

8. 面板 N8

面板 N8 上安装有司机显示单元（DDU），即 MMI 人机界面。DDU 由触摸 TFT-LCD 彩色屏和信息处理模块组成，为 TIMS 功能构成主要的入口点。司机或维护人员利用指令进入屏幕，进而可以显示数据和与 MPU 通过 FIP 网络进行通信。

9. 面板 N9

面板 N9 上安装的也是 DDU。DDU 是触摸式的，它包含列车准备控制、列车状态控制、列车故障显示、可视化客室信息控制、预录声音广播信息等功能。

10. 面板 N10

面板 N10 上安装有无线通信设备和将 110 V 直流电转换为 24 V 直流电的转换器。

驾驶台下安装了两个机架（分别在左面和右面）和无线设备机架等零部件。

二、列车性能参数

1. 运行速度

所有动车工作时的运行速度为 80 km/h，一辆动车不工作时的运行速度为 60 km/h，一辆车的摩擦制动隔离时的运行速度为 60 km/h，无 ATP 运行时的速度为 60 km/h。

2. 列车牵引特性

在 AW2 载荷工况，车轮处于半磨耗状态，列车在额定电压下，在干燥、清洁的平直轨道上的牵引特性如下：最高运行速度，80 km/h；设计构造速度，90 km/h；挂钩操作速度，3 km/h；反向退行最大速度，10 km/h；零速，无 ATC 时，小于 3 km/h，有 ATC 时，小于 1.8 km/h。

3. 降级模式

两辆动车不工作，列车必须开到最近的站台，清客后空车回库。在 6 节编组 1/3 动力情况下，AW3 载荷的列车能够在 38‰的坡道上起动。初始加速度最大为 0.57 m/s^2。最大速度为 50.5 km/h。

4. 制动特性

常用制动减速度为 1.0 m/s^2；快速制动减速度为 1.3 m/s^2；线路电流限制为 1 550 A（5 s）；电制动方式为再生制动 + 电阻制动；当列车电制动失效时，摩擦制动能够完全担负起整列车的制动作用。

三、列车驾驶模式

1. 模式选择开关

该设备有六个位置，分别为："RMR""OFF""WM""RMF""CM"和"ATO"。司机可通过该设备选择不同驾驶模式和列车行驶方向。

2. 正常驾驶模式

在列车上，能选择两个正常驾驶模式：列车自动运行（ATO）和手动编码模式 CM（SM）。

3. 降级驾驶模式

（1）限制的驾驶模式（RM）：司机根据调车区域的轨道旁信号（保护点和防止碰撞车点）

来控制列车，列车速度被限制（向前方向是 25 km/h，向后方向是 10 km/h）。如果车载或轨道旁 ATP 设备故障或在库停区域没有 ATP 设备，自动选择该模式。

（2）洗车驾驶模式（WM）：在洗车区域，司机必须选择这个模式，速度被限制为 3 km/h。

（3）非限制人工驾驶模式（URM）：URM 模式是故障级驾驶模式，只在车载 ATP 发生故障时使用。URM 模式下，列车的运行由司机控制，司机完全负责列车的运行安全。列车运行速度受牵引控制单元的限制。国内部分地铁公司规定，采用 URM 模式，有监控员时，列车限速 60 km/h 运行；无监控员时，列车限速 45 km/h 运行。地铁公司有特殊规定的，按本公司规定执行。

4. 驾驶模式的管理

司机可通过主控制器的模式选择器来选择驾驶模式。

（1）ATO 模式。

ATO 模式是列车自动驾驶模式。该模式只能用于正线或试车线，且在车辆、ATP、ATO、SICAS 正常的情况下使用。ATO 模式是优先级最高的驾驶模式，通过 ATC 信号系统实现。该模式下，列车自动起动、加速、维持惰行、减速、停车和开门，司机只负责启动 ATO、监控列车运行和在车站按压关门按钮进行关门。该模式是运行等级最高的模式，列车完全在 ATP 的保护下运行，如设备发生故障，ATP 系统自动采取措施，保证列车的运行安全。此时 DCH 被锁于惰行位。

（2）CM 模式。

CM 模式是 ATP 监督下的人工驾驶模式。该模式下，司机根据司机室的指示控制列车运行，但此时由车载 ATP 设备连续监控。该模式会在一段时间内用于训练司机。该模式下，列车处于 ATP 的保护下，司机按照系统推荐速度手动控制主手柄，对列车实施牵引和制动。如列车的运行速度超过 ATP 推荐的速度，ATP 将发出报警信号，然后施行紧急制动，直至列车停车。在 ATO 设备故障时也可以采用此模式。

（3）RM 模式。

RM 模式是限制式的人工驾驶模式。该模式下，ATP 只提供 25 km/h 的超速防护，列车由司机负责驾驶，列车运行速度在 25 km/h 以下时，运行安全由司机负责。当列车运行速度超过 25 km/h 时，ATP 将发出报警信号，然后施行紧急制动。该模式有两个子模式 RMF 和 RMR。对于限制向前 RMF 模式，限速为 25 km/h；对于限制向后 RMR 模式，限速为 10 km/h。

（4）WM 模式。

WM 模式是洗车模式。该模式用于车库（救援）联挂列车或洗车时移动列车。该模式下，运行速度由牵引控制系统限制在一个很低的值（如 3 km/h）。

当列车处于运行状态时，可在没有触发紧急制动的情况下实现从 WM 模式向 RMF 模式，从 RMF 模式向 CM 模式、从 CM 模式向 ATO 模式、从 ATO 模式向 CM 模式、从 CM 模式向 RMF 模式、从 RMF 模式向 WM 模式的转换，但从 WM 模式向 RMR 模式转换必须经过“OFF”位，否则会触发紧急制动。

此外，还有列车自动折返 AR 模式，该模式用于可进行列车自动折返的车站。AR 模式按折返时列车有无司机驾驶可分为有人折返和无人驾驶列车自动折返，按列车运行时采用的模式又可分为 DTRO、ATO、SM 三种折返运行模式。

一般情况下，列车经正线、折返线或联络线按正方向运行及折返作业时，均以自动驾驶模式为常用模式；当 ATO 设备故障或因某种原因需要时，可改为 ATP 监督下的人工驾驶模式（SM）。上述两种模式均为正常运营模式，而限制人工驾驶模式（RM）和非限制人工驾驶模式（URM）均为非正常的运营模式。

四、驾驶操作

（一）车辆段内运行

将列车驾驶室的 ATCCB1 ~ ATCCB5 保险开关合上，将 ATP 切除开关置于“合”位，打开主控钥匙后，显示屏出现 RM 和车库图标，若无 ATP/ATO 故障显示，司机可在 RM 模式下驾驶。当列车速度达到或超过 24 km/h，发出声音报警；当速度大于 29 km/h 时，ATP 产生紧急制动。ATP 功能不监督驾驶方向，列车可以自由地以“前行”或“反向”的驾驶方向移动。

（二）出车辆段

司机以 RM 模式驾驶列车到转换轨，驾驶模式自动由 RM 模式转为 SM 模式，当信号开放，停车点取消后，司机可采用 SM 或 ATO 模式驾驶列车到下一停车点。

（三）入车辆段

司机以 ATO 或 SM 模式驾驶列车进入转换轨，当显示屏出现入库图标、车速低于 25 km/h 时（也可停车），司机可通过按压“RM”按钮（注意同时按压警惕按钮），使列车转为 RM 模式入车库。

（四）在正线运行

列车在正线运行时，可以用 RM、SM、ATO 三种模式驾驶。

1. RM 模式

RM 模式允许列车在司机负责下运行。在下列情况会自动转为 RM 模式：

（1）第一次打开驾驶室及关闭驾驶室（非折返情况）后再次打开。

（2）折返不成功。

（3）紧急制动后。当列车在 ATO 或 SM 模式下产生紧急制动，会自动转为 RM 模式。

（4）列车要通过故障的轨道电路或停车点，司机在 SM 或 ATO 模式下停车并按压 RM 按钮，转换为 RM 模式。列车在 RM 模式下，经过两个 LZB 轨道电路的变化后，自动转为 SM 模式，如越过没有取消的停车点，则需要经过三个 LZB 轨道电路的变化后才自动转为 SM 模式。

2. SM 模式

在 SM 模式下，司机必须根据显示屏显示的推荐速度 v_0 驾驶列车。当实际速度在 (v_0-1) ~ (v_0+4) km/h 这个范围时，会有声音报警；当实际速度大于 (v_0+4) km/h 时，ATP 产生紧急制动。司机以 SM 模式驾驶时，要按下警惕按钮，否则也会产生紧急制动。司机以 SM 模式驾驶列车进站，在停车窗内停车，ATP 给出门释放命令后，司机手动开门。

3. ATO 模式

在 SM 模式下，将模式开关转至“ATO”位，牵引/制动手柄回零位，ATO 启动灯亮，按下 ATO 启动按钮（大于3 s），列车由 SM 模式转为 ATO 模式，司机不需要做任何操作，列车自动驾驶到下一站停车，列车停在停车窗内，ATP 给出门释放命令后，ATO 自动开门。

列车以 ATO 模式驾驶停站后，自动转为 SM 模式。列车在以 ATO 模式运行时，司机可通过将模式开关转至手动位置，同时按住警惕按钮操纵牵引/制动手柄（为防超速，一般是拉制动）转入 SM 模式。在区间列车自动停下时，不会转为 SM 模式，可通过将模式开关转至手动位置转为 SM 模式。

在正线上 ATP 不允许列车倒行，第一次倒行超过 2 m，会产生紧急制动，第二次以后，每超过 0.5 m，都会产生紧急制动。

（五）列车进站作业

（1）列车进站时，司机应注意观察站内及站台情况，以防有人或异物侵入限界，发现异常情况要鸣笛示警，必要时应及时采取减速或停车措施。

（2）司机在手动驾驶时，进站前应根据指示速度适当减速。

（3）列车应带制动进站，严禁采用接近停车位置一把闸制动方式停车，以保证制动的平稳。

（4）遇钢轨涂油或轨面湿滑，应提前减速，防止列车越过停车位置。

（六）车站停车作业

（1）列车进站后，司机应将列车在规定停车地点（停车牌）处停稳。

（2）列车停稳后，司机跨出司机室一步（约 50 cm），立正，双手呈自然状态放置，转体面向列车呈 45°角站立，按压靠站台侧开门按钮，打开所有该侧车门，通过站台与 CCTV 显示情况监护乘客上下情况及发车表示器显示。

（3）在装有屏蔽门或安全门的车站，司机应同时确认屏蔽门或安全门全部开启，如屏蔽门或安全门未自动开启时，立即手动打开屏蔽门或安全门。

（4）当发车表示器闪亮或 DTI 倒计时显示到达 15 s 时，司机应根据乘客上下情况，掌握好关门时机，按压靠站台侧关门按钮，关闭所有该侧车门，尽量做到一次关门成功。

（5）在弯道车站，司机应在确认站务人员的“好了”信号和车门关好指示灯亮后，关闭车门。

（6）列车关门后，司机应在确认车门全部关闭，观察没有夹人夹物及侧墙黄灯灭后方可进入司机室。遇车门未全部关闭或瞭望不清时，不得上车，待确认无异常后，方能进入司机室动车。

（七）客室车门操作

1. 车门自动释放

一般将车门控制开关（DOMS）置于自动开、人工关即“AM”位置。

只有当下列条件全部满足时，ATP 车载单元才会自动释放车门：

（1）收到准许车门打开的感应报文信息，该报文信息中包含停车点在车站（BHP）、哪一侧车门会被打开（TFG）等信息。

（2）列车停稳（测量速度低于 0.1 m/s，用作停稳的标准）。

（3）在车站，列车位于规定停车窗以内。

车载 ATO 接收从 ATP 发出的数据，读取数据中列车运行的方向和打开哪一侧车门；以及来自 ATS 功能的确定目的地号。在由 ATP 车门准许释放以后，ATO 功能给出合适的车门打开命令，并将车门打开命令发给负责控制车门的列车系统，由车门控制系统打开车门。然而，车门的关闭只能由司机来完成。

当列车空车运行时，专门指定的目的地号会阻止车门的打开。从 ATS 接收到的目的地号会被传输给 ATO，以指示列车不在旅客服务状态。

2. 车门手动释放

当列车进站停车后没有停在停车窗内（即不符合 ATP 自动释放车门的条件）时，车载 ATP 将不会自动给出车门释放的符号。此时必须通过按压车门允许按钮给出两侧车门释放符号，司机需确认列车停在站台以内后，手动操作正确侧车门打开按钮，进行手动开门。此时，开门命令并不经过 ATO，而直接通过列车线将车门打开命令传送到负责控制车门的列车系统，由车门控制系统打开车门。

（八）列车出站作业

（1）列车起动前，司机对车门、速度码、信号机、发车表示器确认无误，手指呼唤后发车。

（2）列车出站前，遇有道岔时，司机对道岔防护信号机及道岔位置进行手指呼唤后方可发车。手比方式为：左手握拳，食指中指并拢平伸，指尖分别指向道岔防护信号机及道岔位置。对道岔防护信号机呼唤用语是“信号正确”，对道岔位置呼唤用语是“道岔位置正确”。

（3）司机在手动驾驶列车出站时，应控制好牵引力，做到平稳起动列车。

（4）在安装 CCTV 监视器的车站，司机应通过监视器观察站台情况，发现异常情况，应立即采取紧急停车措施。

（九）列车在车站通过的规定

在行车工作中，如因车辆、设备故障，事故及突发客流等原因造成运行晚点或特殊原因需要时，准许客运列车在行调指令下由车站通过。

末班车或乘客无返乘条件的列车不得通过。不准三列及其以上列车在同一车站连续通过。

列车在车站通过时，行调应提前通知司机和相关车站，车站、司机应及时做好广播。

（十）列车行进方向确定

列车行进方向是由驾驶模式决定的。

在自动模式下，ATC 决定行进方向。如果“向后”列车线不得电，通过 ATC“向前”列车线是得电的；如果“向前”列车线不得电，通过 ATC“向后”列车线是得电的。

在 CM 或 RMF 或 WM 模式下，“向前”列车线是得电的。

在 RMR 模式下，“向后”列车线是得电的。

为了保证“向前”列车线和“向后”列车线的正确操作，在每个车的两个端部和车辆之间的连接处将“向前”列车线和“向后”列车线进行了交叉。

设置有方向手柄的列车，其运行方向由方向手柄置于“前进”位或“后退”位确定。

（十一）紧急制动

1. 紧急制动施加

紧急制动用于紧急情况和滑行保护操作。如果出现紧急情况，操作者必须按下蘑菇按钮（EMPB）。紧急制动是纯空气制动，而且制动命令是不可逆的。

当采用紧急制动时，所有车辆都最大限度地施加摩擦制动。紧急制动为安全制动方式，因此不考虑再生制动。

紧急制动期间，牵引立即切除。一个紧急制动命令发出后，必须重新复位（由 ATC 控制 EBRST 或者由站控员按下 REBPB 按钮）才能重新牵引。只有当列车速度为零时，才允许紧急制动复位。

当下列情况出现时，ATP 车载单元将实施紧急制动：

（1）违反速度曲线。

（2）超过最高速度。

（3）按压位于站台的紧急制动按钮引起紧急停车。

（4）报文传输故障，运行超过 10 m 且时间超过 5 s。

（5）起动方向错误，车辆后退。

（6）列车连挂失败或出现分离情况时。

（7）列车运行时（$0.36\ \text{km/h} < v < 5\ \text{km/h}$）打开车门。

（8）ATP 车载设备全面故障。

（9）在手动驱动模式下未按下警惕按钮。

（10）主风管压力 < 7 bar。

这些条件串联在一起形成紧急制动安全环路。安全环路的中断将导致紧急制动。

另外，由车辆本身产生的紧急制动会告知 ATP 车载单元，ATP 车载单元也由此实施紧急制动（包括通过显示器的指示）。司机警惕开关（DMS）采用手动模式，当驾驶模式是自动（ATO 模式）的，ATC 系统通过一个接触器代替这个开关。

2. 紧急制动缓解

缓解紧急制动，按以下程序进行：

（1）按下 RMPB。

（2）将驱动手柄（DCH）拉至制动区。

（3）按下紧急制动复位按钮（REBPB）。

（十二）列车运行速度的规定（见表 7.1）

表 7.1 列车运行速度的规定

项目	运行速度(km/h)				说明
	ATO	SM	RM	URM	
正线运行	设定速度	低于设定速度 5 km/h	25	60	
客车通过车站	设定速度	40	25	40	客车头部离开头端墙的速度
客车进站停车	设定速度	50	25	50	客车头部进入尾端墙的速度
客车推进运行	—	—	25	25	单列车后部推前部速度为 10 km/h，救援列车在被救援列车尾部推进时为 25 km/h，在前端牵引运行时为 45 km/h
客车退行	—	低于设定速度 5 km/h	10/25	10/35	因故在站间退回发车站时（推进/牵引）
引导信号	—	—	25	25	
客车进入终点站	设定速度	35	25	30	
客车载客在辅助线上运行	设定速度	25	25	25	
车辆段（基地）			25		库内线路为 5 km/h

（十三）驾驶模式之间的转换

在实际运用中，列车的驾驶模式不是固定不变的，根据实际情况，司机可以采用不同的模式。各种驾驶模式的转换条件见表 7.2。

表 7.2 各种驾驶模式的转换条件

从→至	ATO	AR	SM	RM
ATO	×	进入可进行自动折返的车站，列车停站后，可由 SM 模式转为 AR 模式（见 SM→AR）	1. 模式开关转至手动位置； 2. 列车停站时自动执行	1. 列车紧急制动以后自动转为 RM 模式； 2. 停车（SM 模式），按压 RM 按钮
AR	只在折返站的发车轨使用，司机进入驾驶室，用主控钥匙打开操作台，按压 ATO 启动按钮	×	只在折返站的发车轨使用：司机进入驾驶室，用主控钥匙打开操作台，列车进入 SM 模式	1. 列车紧急制动以后，自动转为 RM 模式 2. 列车停车后，司机进入驾驶室，用主控钥匙打开操作台，按压 RM 按钮

续表 7.2

从→至	ATO	AR	SM	RM
SM	1. 模式开关转至ATO位置； 2. 按压ATO启动按钮	1. 按压AR按钮； 2. 关闭操作台； 3. 司机下车按压DTRO启动按钮	×	1. 列车紧急制动以后，自动转为RM模式； 2. 停车后，按压RM按钮
RM	1. 如果列车接收到有效的ATP报文和经过了两个正常的轨道电路，则自动地转为SM模式； 2. 将模式开关转至ATO位； 3. 按压ATO启动按钮	×	如果列车接收到有效的ATP报文和经过了两个正常的轨道电路，自动转为SM模式	×

（十四）司机室转换

在进行司机室转换时，司机必须先将本操纵端主控手柄回到“惰行”位，模式开关在“OFF”位后，方能关闭主控制器钥匙。程序如下：

（1）另一司机室在打开主控制器钥匙前，司机必须确认司机室“受电弓控制”旋钮在“网络”位或在“升弓”位。

（2）司机在听到主控制器发出“咔”一声或 DDU 显示屏有显示后方可打开主控制器。本端司机室关闭钥匙后，需要间隔 15 s，另一端司机室才能打开主控钥匙。一列车只能有一台激活的司机室。

（3）折返作业时，司机按压折返图标后，关闭主控钥匙，另外一端司机打开钥匙，等待折返图标显示“绿闪”，折返灯“黄闪”后，再转动模式开关至所需的位置（如打开钥匙后，立即转动模式开关，会导致列车折返失败），司机室转换完成。

（十五）列车在各种情况下的行车凭证与驾驶模式

行车凭证是列车占用前方进路的凭据。根据行车条件和列车驾驶模式的不同，行车凭证分为信号机显示的开放信号、车载信号、调度命令、路票等。

地铁的运行线路有的没有控制等级之分，而有的线路将列车的控制等级分为三种，即 IXL 联锁级列车控制等级、ITC 点式列车控制等级、CTC 连续式列车控制等级。在不同控制等级下，列车与轨旁设备使用及传输的信息有所区别，列车的驾驶模式也有所不同。在 CTC 连续式列车控制等级下，车—地间通过无线信号传递信息并获得移动授权；在 ITC 点式列车控制等级下，车—地间通过应答器传递信息并获得移动授权；在 IXL 联锁级列车控制等级下，车—地间没有信息传递，司机只能以 RM 模式根据地面信号运行。

因此，根据行车条件、运营设备及控制等级的不同，以及各地铁公司的信号模式及闭塞方法的差异，列车在各种情况下的行车凭证与驾驶模式也不尽相同，应按本公司《行车组织》的有关规定执行。

1. 信号模式

ITC：点式通信移动闭塞，通过线路上的应答器建立地与车之间的通信，实现 ATP 保护下的 ATO 驾驶。以点式移动闭塞组织行车时，正线进路防护信号机正常开放，列车动车凭证为地面信号及车载信号。

CTC：无线通信移动闭塞，通过感应环线或无线通道建立地与车之间的双向连续通信，实现 ATP 保护下的 ATO 驾驶。以无线移动闭塞组织行车时，正线进路防护信号机无显示（处于灭灯状态），列车动车凭证为车载信号。

IXL：联锁控制级别，在连续式或点式通信故障的情况下，作为降级运行模式，可由标准色灯信号机系统为列车提供全面的联锁防护。在该级别下，列车动车凭证为地面信号机显示的允许运行信号。

2. 行车凭证与驾驶模式

运营期间，正常情况下客车采用 ATO/SM 模式驾驶，列车运行速度严格按《行规》的规定及推荐速度执行。各种情况下行车凭证与驾驶模式如下：

CTC 信号级别下：凭证为车载推荐速度码。以 ATO/SM-C 模式运行，司机要严格按“运营时刻表”规定的开车点及 DTI 显示掌握好停站和运行时间。

ITC 信号级别下：凭证为车载推荐速度码和地面信号机显示的允许运行信号。以 ATO/SM-I 模式运行，司机要严格按“运营时刻表”规定的开车点及 DTI 显示掌握好停站和运行时间。

RM 信号级别下：凭证为地面信号机显示的允许运行信号和行调命令，以 RM 模式运行。

电话闭塞法下：凭证为路票和发车手信号，以 URM 模式运行。

电话联系法下：凭证为电话记录号码和无线电发车指令，按 RM 模式运行。

行车后备模式下：凭证为发车表示器的绿色箭头，按规定后备模式运行。

切除 ATP 下：凭证为行调的口头或书面命令，以 URM 模式运行。

五、折返作业

（一）折返与折返作业的定义

地铁列车的折返是指该次列车运行至图定的终点站或临时折返站后进入反向线路，改变运行方向准备重新始发的过程。

折返作业是司机驾驶列车到达终点站或临时折返站按有关规定完成折返操作的程序与步骤。

列车从始发站出发，旅行到达终点站后，进行“清客”等作业，退出运营，在规定的折返线进行转线调头，由于没有获得新的注册的车次号，因此可以把折返过程看成是调车作业的特殊形式。

（二）列车折返方式

1. 站前折返

站前折返是列车在中间站或终点站利用站前渡线进行折返作业，如图 7.15 所示。站前折返方式由于渡线设置在站前，可以在一定程度上减少项目建设的投资，缩短列车行走距离，但列车折返会占用区间线路，影响后续列车闭塞，降低路线运能并造成站台乘客上下车秩序混乱。所以地铁行车组织中较少采用这种折返模式，特别是在行车密度高、列车运行间隔短的条件下，一般不会采用站前折返方式。

（a）

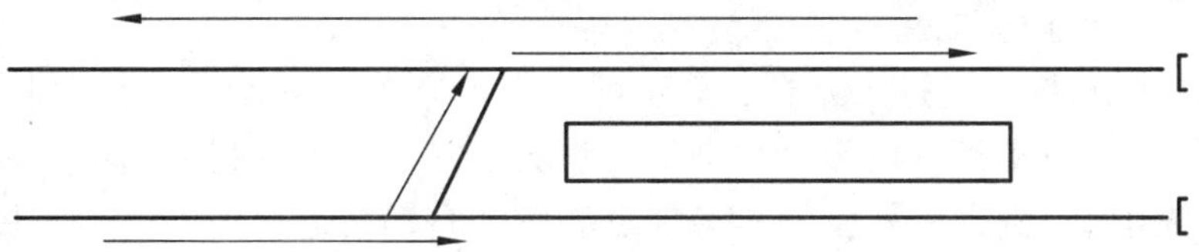

（b）

图 7.15　站前折返图

2. 站后折返

站后折返是列车在中间站或终点站利用站后折返线进行折返作业，如图 7.16 所示。折返作业与接发车采用平行作业，不存在进路交叉，有利于提高线路通过能力，是国内外地铁通常采用的折返方式。

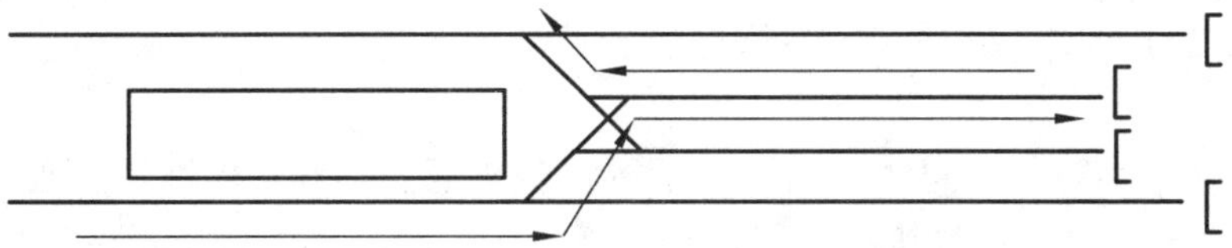

（a）

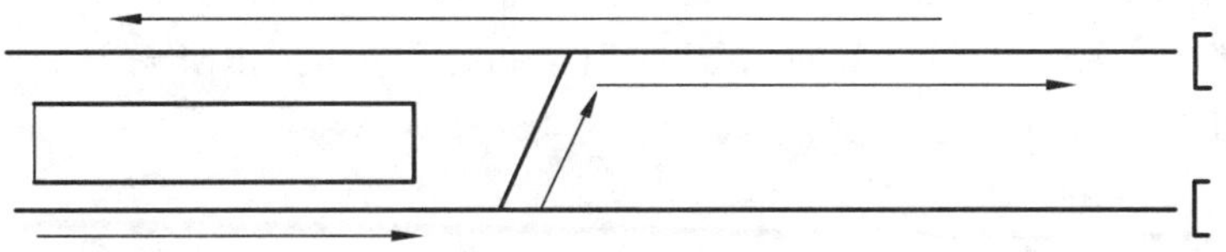

（b）

图 7.16　站后折返图

列车运行时的折返在一般情况下可采用折返线折返和渡线折返两种方式。中间站渡线只能作临时列车折返，不能安排固定列车折返。

3. 优先折返

一般情况下，在运营线路的始、终点都设有专用折返线，必要时可对列车采用优先折返模式进行折返作业。

优先折返是指运营列车折返时选用最合理的折返线路完成列车折返作业的方式。选择折返线折返模式主要是为了提高折返时的运行能力，使后续到达列车能够迅速接近车站，并预留折返进路或使已在折返线内的列车能够迅速驶入再次始发的站台。优先折返模式能够保证后续列车或折返列车由于某种因素冒进信号时不会产生正面冲突或侧向冲突。它通过道岔位置与进路排列使两列列车隔开，形成安全进路的态势。

（三）列车折返操作

列车在特定的区域要进行自动折返，列车只有在 ATO 或 SM 模式下才可能进入 AR 模式。自动折返分为无折返轨的折返和有折返轨的折返，其中有折返轨的折返又分为有人折返和无人折返。

1. 无折返轨的自动折返（自动换端）

列车以 SM 或 ATO 模式进入站台，显示屏出现折返图标和 AR 符号，列车停稳后，自动折返灯亮，司机按下自动折返按钮，自动折返灯灭，显示屏上的折返图标出现黄色背景，此时司机可关主控钥匙，到另一驾驶室。另一驾驶室的自动折返灯闪亮，RM 灯亮，司机开主控钥匙，显示屏显示 SM 模式，自动折返完成。

2. 有折返轨的有人自动折返

列车以 SM 或 ATO 模式进入站台，显示屏出现折返图标和 AR 符号。列车停稳后，自动折返灯亮，司机按下自动折返按钮，使自动折返灯灭，显示屏上的折返图标出现黄色背景。当折返进路排好，信号机开放，停车点取消，关车门后司机可用 ATO 或 SM 模式驾驶列车进入折返轨至停车点停车，关主控钥匙，到另一驾驶室。另一驾驶室的自动折返灯闪亮，RM 灯亮，司机开主控钥匙，显示屏显示 SM 模式。当进路排好，信号机开放，停车点取消，司机可用 ATO 或 SM 模式驾驶列车到站台停稳，自动折返完成。

3. 无人折返

列车以 SM 或 ATO 模式进入站台，显示屏出现折返图标和 AR 符号。列车停稳后，自动折返灯亮，司机按下自动折返按钮，使自动折返灯灭，显示屏上的折返图标出现黄色背景。先关车门，将模式开关转至断开位，关主控钥匙，离开驾驶室到站台的无人折返钥匙开关（DTRO）处，操作此开关。当进路排好，停车点取消后，列车自动驶入、驶出折返轨，到达站台停下，司机进入驾驶室（运行方向），此时自动折返灯闪亮，RM 灯亮，司机开主控钥匙，显示屏显示 SM 模式，无人折返完成。

（四）列车折返的安全规定

（1）列车到达终点站后，司机立即打开客室门，等待车站服务人员清客完毕给出关门手势后及时关闭客室门。在确认接车司机上车，并且对前方道岔防护信号及道岔开通位置进行手指呼唤后驶入折返线，禁止司机在列车折返等待过程中离开工作岗位。

（2）折返中司机必须思想集中，不间断瞭望，在手动驾驶列车时，严禁超速行驶，必须按规定位置停车。

（3）列车在规定地点将司机室控制权转换后，接车司机应与交车司机对口交接，交车司机需将列车技术状况和其他必要的行车信息告知接车司机，接车司机在确认信号及前方进路并呼唤应答后，进行折返。

（4）在办理列车折返、转线、调车作业中，如需临时变更进路，操作人员必须在折返作业开始前通知有关列车司机。司机应复诵表示确认，得到回示后方可办理变更进路的操作。

（5）变更进路完成后，操作人员应通知列车司机，准许列车恢复或开始进行折返作业。列车已起动，不得擅自变更该列车的运行进路。

（6）列车折返时，司机应按操作规程与安全规定驾驶列车，按运行图要求及时折返列车。

第四节 列车在不同情况下的驾驶与操作

一、开车前的操作要求

（1）在列车投入运用前，司机要最后一次检查确认各显示屏、指示灯、仪表显示正常，各开关、按钮及其他设备在运用状态，根据“运营时刻表”规定的运营时刻，及时投入运用。

（2）车辆段/场库内动车前，必须确认相关辅助制动设施（如铁鞋）已撤除、地沟无人、两侧无人或障碍物侵限后，方可动车。跨出、跨入司机室时，必须注意站台与列车之间的空隙，防止踏空摔伤。

二、列车起动操作

（1）列车起动时必须确认行车凭证及各显示屏、仪表的显示状态，凭有效的行车凭证动车。手动驾驶时应做到：起车稳加速快，途中速度高，利用惰力好，进站调速稳，停车位置准。

（2）采用人工驾驶操作时，必须及时按压警惕按钮，防止自动触发紧急制动停车。牵引时司机控制器各级位要顺序操作，逐级进行，正常情况下不得“急推、快拉”，确保起动平稳。

（3）牵引操作时，严禁由制动级位直接转换至牵引级位。应先将控制手柄由制动级位置于“0”位后稍作停顿，再置于牵引 1 级且放置时间不宜过长，严禁直接置于牵引高级位起动列车。

（4）停站列车起动时，司机需先低速起动，速度达到 5 ~ 10 km/h 时再匀速加速，保持速度平稳上升，防止列车冲动，避免因冲动影响乘坐的舒适性。

（5）发生空转滑行时，若在进站时发生，司机立即采取紧急制动停车，报告行调。行调立即通知后续列车在未查明原因前，在滑行地段按照 25 km/h 限速运行。若在区间发生，司机立即采取“最大常用制动”停车，报告行调。行调立即通知后续列车在未查明原因前，在滑行地段按照 25 km/h 限速运行。

（6）列车起动后，注意监听、确认客室自动报站广播，防止漏播和错播，如有错漏，及时进行人工更正和补播。

三、途中运行操作

（1）列车运行中坚持“动车集中看，瞭望不间断”，掌握“远看信号，近看道岔“的原则，严格遵守列车时刻表规定的运行时刻和各项容许及限制速度，确保列车安全正点运行。

（2）随时观察司机操纵台各显示屏、仪表、指示灯的显示状态，确认各开关位置正确。注意广播语音等有关信息，及时、准确操作。做到从声音中听出异常，从鼻子里闻出异味，从手感中觉出异常，时刻注意列车运行中的变化。发现异常时，司机应先采取措施，然后立即报告行调。

（3）司机按规定模式驾驶列车，地面运行中遇雾霾、大雨、烟雾、大雪等，视线不佳、瞭望有困难时，为了防止行车线路有行人或线路两侧有异物侵人限界，司机手动驾驶时要适当减速、加强瞭望，按规定鸣笛；使用“ATO”方式运行时司机要及时鸣笛示警，发现险情立即采取停车措施。

（4）在天气不良的情况下运行至瞭望困难的车站、区间时，司机应适当降低速度，以随时能停车的速度运行。进站时要密切注意站界、站内情况，观察列车距离、速度，及时采取调速措施，确保列车运行安全。

（5）运行中不间断瞭望前方进路状态，发现线路、接触网故障及其他轨旁设备损坏时，须降速通过或停车确认并报告行调；发现有障碍物侵限，危及行车安全时，及时采取紧急停车措施。

（6）列车进站停车时，应平稳操纵，采用点式速度控制法分段控制好列车速度，严禁急剧增大或减小制动级位。主控手柄在常用制动区适时、准确调节速度，防止越出停车标。

四、ATO 驾驶操作

1. ATO 的三个基本控制功能

ATO 包括三个基本控制功能，这三个控制功能是相互独立的，分别是：① 自动驾驶；② 自动折返；③ 车门打开。

2. ATO 模式起动列车必须具备的条件

（1）ATP 设备无故障，RM 和 URM 模式没有被激活。

（2）起动程序完整或车站停车时间已经通过，ATP 轨道侧设备已经复位非安全停车点。

（3）进路被设置，ATP 轨旁设备正常。

（4）车门关闭（由车载 ATP 监视）。

（5）主控手柄在“0”位，方向手柄在“向前”位。

（6）“ATO 起动”按钮被点亮。

3. ATO 驾驶操作方法

（1）确认驾驶模式开关设定在“ATO”位，方向开关在“向前”位，主控手柄在“0”位。

（2）确认发车条件具备，车门关好，关门灯亮绿灯。

（3）司机同时按下控制面板上两个“ATO 起动”按钮，直至“ATO 起动”灯熄灭，列车进入自动驾驶模式。

五、坡道运行操作

司机应熟悉所担当牵引区段的线路纵断面和所设各种信号设施，充分利用线路特点操纵列车。手动驾驶时，司机要做到：

（1）在较平坦的线路上，列车起动后应强迫加速，达到规定速度时，适当调整牵引力，保证列车以均衡速度运行。

（2）上坡道列车运行应保持适当的牵引力，充分利用线路纵断面的有利地形，提早加速，避免列车降速过快而造成晚点；遇列车在上坡道停车后需再次起动时，司机必须对列车施加全牵引，防止列车因牵引力不足倒退从而产生紧急制动。

（3）下坡道司机应防止列车超速运行，必要时应施加适当的制动，避免列车因下坡加速过快而产生紧急制动。若列车在下坡过程出现制动滑行，司机严禁增加制动（防止滑行更严重），应适当减小制动，待滑行消失后按规定速度运行。

六、制动调速与停车

（1）列车施行常用制动时，应考虑列车速度、线路情况、制动距离及列车制动能力等条件，准确掌握制动时机和制动力，保持列车均匀减速。非必要时不得施加快速制动或紧急制动。

（2）列车制动时，应采取“早拉、少拉”的调速方法，保持列车平稳降速；严禁采用“大制、大缓”的操纵方法，避免因空转/滑行或因超速（或松开警惕按钮）而产生紧急制动。

（3）列车应带制动进站，严禁采用接近停车位置一把闸制动方式停车，以保证制动的平稳降速。进入停车线停车时，应提前控制好速度，做到对标准、停车稳，避免二次起动和列车冲标。对标时严禁紧急制动停车。

（4）采用人工驾驶模式进站时，对照位于站台端处的参照物（停车标）停车。司机确认列车完全停稳后方可下车进行站台作业。主控手柄置于制动位，保持列车制动。

（5）如遇雨、雪等特殊天气，列车在高架、地面由人工驾驶时，进站应采取早制动、少制动、延长制动距离的操纵方法，确保列车可靠停车，避免因钢轨湿滑冲过警冲标。在两端尽头线进行折返作业时严禁超速，司机注意对道岔、信号的确认，在离停车标 20 m 处，司机应以随时能停车的速度进行对标，防止列车越标或冲挡事故的发生。

（6）列车运行途中产生紧急制动或因其他原因需临时停车时，司机应通过列车语音广播或人工广播，按照《运营应急信息分布管理办法》中的要求做好客室广播，安抚乘客。

七、列车退行操作

列车因故需要退行时，司机应立即向行车调度员报告。行车调度员在确认列车退行进路空闲和车站广播通告乘客注意安全的情况下，下达准许列车退行的调度命令。同时行调应及时通知有关车站。

列车退行进入车站时，车站接车人员应于进站站台端处显示引导信号。列车在进站站台端外必须一度停车，确认引导信号正确方可进站，后端推进退回车站难以确认进路时，车站应做好站台防护工作，由站务人员负责列车退行的安全防护。

退行列车到达车站后，司机应及时向行调报告，同时根据行调的命令处理。在实行电话闭塞法行车时，列车出发后退回发车站，由发车站发出电话记录号码作为与邻站取消闭塞的依据。

八、列车推进运行操作

列车因故需要推进运行时，司机应立即向行车调度员报告。行车调度员在确认列车推进进路空闲的情况下，下达准许列车推进的调度命令。

推进运行时，必须有监控员或引导员在列车前端司机室引导（当配备双司机时，由另一司机担任监控员）。无人引导时，禁止推进运行。

因天气影响，难以辨认信号时，禁止列车推进运行。

单列车的推进运行限速为 10 km/h。两列车连挂推进运行时，司机需在后列车运行方向的前端司机室驾驶，前列车前端司机室需有监控员进行引导，运行限速为 25 km/h。

在 30‰及以上的下坡道推进运行时，禁止在该坡道上停车作业，并注意列车的运行安全。

九、列车在迷雾天气时的运行操作

迷雾天气会造成瞭望困难，从而对行车安全及路内伤亡均构成极大威胁。为保证地铁运输生产的安全，必须严格执行迷雾天的安全行车措施。

1. 停站出发

在地面高架站遇恶劣天气时，若司机难以确认列车尾部车门是否关好以及有无夹人夹物，必须确认站台行车人员的“好了”手信号后方可开车。

2. 途中运行

列车在恶劣迷雾天气运行时，地面站必须采用手动 SM 模式驾驶，适当降低速度，尽量按图行车，认真瞭望，关键地段勤鸣笛，严禁臆测行车。运行中遇有异响或发现其他异常，应果断采取停车措施，报行调指示处理。

3. 列车进站

遇恶劣迷雾天气时，列车在高架和地面区段进站停车，速度控制应在 35 km/h 以下，必要时以随时能停车的速度运行。

4. 库内动车及调试

遇迷雾天气时，出入车辆段的限速为 10 km/h。必须严格执行问路式调车作业办法，逐一确认调车信号，必要时下车确认信号机，绝不能臆测行车。

十、瞭望距离不足时的限速规定（见表 7.3）

表 7.3　不同瞭望距离的列车限速

客车司机驾驶瞭望条件	客车运行限速/（km/h）
瞭望距离不足 100 m	50
瞭望距离不足 50 m	30
瞭望距离不足 30 m	15
瞭望距离不足 5 m	立即停车，与行调联系，按其指示办理

十一、屏蔽门操作

屏蔽门与车门联动开门时，司机需到站台监护屏蔽门及车门开、关状态。列车在站台停稳后，司机下到站台，确认开启列车门及屏蔽门。司机确认乘降完毕，按下列车关门按钮，关闭车门及屏蔽门。

本站或前方站屏蔽门未关好时，信号不能开放，应报告行调，按行调命令执行。

车站无列车停靠时，严禁操作 PSL 盘（就地控制盘）上的任何设备。正常操作 PSL 盘时要小心谨慎，防止误操作开关、按钮。

当屏蔽门与车门联动功能故障时，司机开关屏蔽门和车门应按照屏→车→屏→车的顺序执行，即开门时先开屏蔽门再开客室门，关门时先关屏蔽门再关客室门。

十二、列车故障运行

（1）运行中发生列车故障或危及运营安全的事件时，司机应立即报告行调，果断处理。列车在运行区间发生故障时，司机应尽可能维持进站处理；遇故障列车需维持运行至终点站时，司机必须时刻关注列车运行状态，防止故障的进一步扩大。

（2）进行车辆/信号故障应急处理需操作相关旁路开关时，必须确认对应的安全条件已经满足，并得到行调同意后方可操作相关旁路开关动车。处理故障时注意掌握常见的操作技巧。

（3）运行中遇车载无线电台发生故障不能正常使用，需与行调联系行车事宜时，应及时使用手持电台或轨旁电话等一切手段与调度联系。

（4）遇接触网停电时，司机应尽量将列车惰行至前方站，无法惰行至车站时，应停于平直线路上，报告行调。

（5）列车发生冲突、挤岔、脱轨、冒进信号或其他意外事故/事件停车后，司机不得擅自动车，需等待救援人员到达后，听从负责人统一指挥。

（6）列车发生突发事件或其他恶性事故时，司机必须立刻报告行车调度员，按照相应的事故应急处理预案，及时、果断地进行处理，并组织乘客自救与疏散，最大限度地防止事故（事件）的扩大和升级，努力减少事故的损失。

十三、运行结束的操作

列车于规定地点停稳后，司机应确认客室清客完毕，将门选向开关回“0”，关闭客室空调与照明，并须做好以下检查操作：

（1）将模式选择开关逐级置于“OFF”位。

（2）将主控制器手柄置于“0”位。

（3）将方向开关置于“0”位。

（4）执行降弓操作，确认网压为“0”，按下“列车休眠按钮”。

（5）将主控钥匙开关转至“锁闭”位并取下。

（6）离开司机室之前，确认司机室车窗关闭，锁闭司机室侧门。

第五节 车辆调试与洗车作业

新车或车辆经检修作业后需要进行调试作业时，司机应严格按车辆调试作业程序进行操作。

一、车辆调试

（一）试车线的功能

试车线设置于车辆段或基地内，其主要功能是在列车安装及检修完 ATP 和 ATO 设备后进行静态、动态测试。试验人员通过在轨道电路设置不同速度信息可检验车载设备性能，通过模拟站台设备可检验列车的车站定位停车和站台停车后的信息交换等。

（二）试车线的设备

试车线的设备主要包括：轨道电路设备、与正线相同的 ATO/ATP 轨旁设备、试车线试验计算机、用于紧急停车的与车辆段联锁系统的接口、精确停车环线、PTI 环线、电源系统、故障诊断及维修工作站等。地铁试车线如图 7.17 所示。

图 7.17 地铁试车线

（三）试车线的进路设定

试车线的进路由车辆段或基地计算机负责设定，试车线没有联锁，需要使用试验计算机模拟必要的联锁关系。同时，需要通过试验计算机模拟 ATP 轨旁单元联锁接口以完成各项相关试验。

（四）试车线调试作业

（1）到试车线试车时，司机应认真阅读调度命令，抄录行车注意事项，掌握调试列车的车号、停放股道、技术状态及调试要求等。

（2）带好行车备品（电台、钥匙等），做好“四确认”，根据《列车检查作业标准》检查列车。

（3）检查作业完毕后，跟信号楼联系（司机报告“××道×段××列车准备完毕”）。

（4）出库信号开放后，与信号楼联系（信号楼发出“××司机××道到××进路已开放，凭地面信号动车”，司机复述“××道到××进路已开放，凭地面信号动车，司机明白”）。

（5）联系完毕后，列车以 5 km/h 的速度运行至平交道，库门处一度停车，“手比眼看，呼唤应答”，确认信号正确、库门开启、线路无障碍物侵入限界后再次鸣笛，以 5 km/h 的速度动车，待全列车出库后以限速 20 km/h 运行。

（6）列车进入试车线后，驾驶员必须先对试车线进行一次往返压道作业，限速为 20 km/h，确认线路与车辆制动情况正常；当试车车速大于 60 km/h 时，驾驶员应将列车调至线路端头规定位置，确保满足试车的制动安全距离与线路最高限速；夜间试车、接近线路尽头或轮轨黏着条件差时，应加强瞭望，适当降低速度和提前采取制动措施，确保试车安全。

（7）试车完毕后，驾驶员应将列车行驶至规定位置，并向信号楼值班员申请回库。过程如下：司机先报告“试车线列车申请回库”；信号楼值班员回复“试车线列车回停车库××道”；司机复诵“试车线列车司机明白，回停车库××道”。待回库调车信号开放后，司机回复信号楼“信号楼试车线回库信号开放”；信号楼值班员指示“试车线至××线信号开放可以动车”；司机复诵“试车线至××线信号开放可以动车”。司机确认进路准备妥当后，动车回库。

（8）遇雷雨、强风、大雪及浓雾等不良天气时，不得进行试车作业。

二、洗车作业

（1）司机在回库接到信号楼或运转值班员洗车作业通知后，应了解所洗列车的停放股道及列车号。

（2）司机确认列车车况良好、调车信号开放后，严格执行“问路式”调车以及作业标准化的相关规定将列车运行至洗车库门口待命。

（3）司机凭开放的洗车库入库信号，严格遵守车场内的限制速度，使用 WM 模式限速 3 km/h 进入洗车库，运行中加强瞭望，严格按地铁公司制定的《洗车作业操作规定》要求进行洗车作业。

（4）在洗车过程中，司机不得打开车门，擅自进入洗车区域；在清洗列车头部时，不得启动列车刮雨器。

（5）在洗车过程中，如发现列车前方进路或设备状态异常，应立即采取紧急停车措施，并与信号楼值班员联系。

（6）司机确认列车洗车作业完毕，完成换端作业后，联系信号楼值班员准备回库作业，根据信号楼值班员口头命令，手指呼唤确认信号、道岔开放状态正确后，起动列车回库。

复习思考题

1. 电客车司机的任务是什么？
2. 列车操纵中对司机的总体要求有哪些？
3. 轻轨列车驾驶模式分为哪几种？
4. 地铁列车驾驶模式分为哪几种？
5. 降级驾驶模式有哪几种？
6. RM 模式在哪几种条件下使用？
7. 客室车门自动释放的条件有哪些？
8. 简述客室手动开关门的操作程序。
9. 列车进站时司机应如何操作？
10. 列车出站时司机应如何操作？
11. 什么情况下列车实施紧急制动？
12. 如何缓解列车紧急制动？
13. 列车运行速度有何规定？
14. 道岔侧向通过速度有何规定？
15. 列车在各种情况下的行车凭证与驾驶模式有何规定？
16. 如何进行司机室转换操作？
17. 司机在正线值乘备用列车时有何规定？
18. 何谓折返？列车折返方式有哪些？
19. 列车起动操作有何规定？
20. 列车途中运行操作有何规定？
21. ATO 模式起动列车必须具备的条件有哪些？
22. 坡道运行操作有何规定？
23. 列车退行有何规定？
24. 列车推进运行有何规定？
25. 列车在迷雾天气运行时应注意什么？
26. 试车线调试作业要求有哪些？

第八章　调车作业与工程车开行

本章提要

（1）调车的定义、分类及指挥原则。

（2）调车作业计划、有关符号及操作要求。

（3）常见调车手信号、调车速度的规定及有关安全规定。

（4）工程车开行的要求、程序及运行速度规定。

第一节　调车作业

一、调车作业一般要求

调车工作是轨道交通系统运输生产过程的重要组成部分，也是车站和车辆段（基地）一项重要而又复杂的工作。了解调车工作的意义、分类、操作要求及有关安全事项，就能够安全、高效、及时地完成调车任务，为列车正点运行创造条件。

（一）调车的定义

除列车在正线及辅助线运行、车站（车辆段）到发以外，一切电客车、工程车在线路上有目的的移动统称为调车。

（二）调车的分类

调车作业按方法、方式和过程可以分为两类：

（1）由列车完成的转线、转场、出入场等相关的作业。

（2）由内燃机车（工程车）以及其他机车完成的编组、解体、转线、摘挂、取送等相关的作业。

不论是何种形式的调车作业，不论在方法的使用和实现上有何区别，它们最基本的要求都是一致的，没有根本的差异，仅仅是形式、表现方法不同。

（三）调车工作的指挥原则

1. 统一领导原则

统一领导就是在同一基地或车站内，在同一时间只能由基地信号楼调度员统一领导全场的调车工作。

2. 单一指挥原则

单一指挥就是在同一时间内，一台机车或一组车列的调车作业计划的执行、作业方法的拟定和布置，以及车辆的行动指挥只能由一人（调车长或司机）负责。

所有在车站进行的调车作业,应以确保正线正常运营为基础条件合理安排调车作业程序、时机，不得以任何理由影响和干扰正线运营。

（四）调车作业计划

调车作业都是通过调车作业计划来实现的,调车作业计划是进行调车作业的凭证与根据。

调车作业计划是指调车工作的有关领导人向调车作业人员以书面形式下达或口头布置方式的调车作业通知，内容包括：起止时间、担当列车（机车）作业顺序、股道号、摘挂辆数（编组车号或车位）、安全注意事项等。

调车领导人（信号楼调度员）应在现场或通过电话向调车指挥人（调车员）下达计划。调车员应根据作业计划制定安全防范措施及其他注意事项，并向司机交递和传达。一批计划或变更计划不超过三钩时，可以口头方式布置，有关人员应复诵。变更作业计划应停车传达，确认有关人员复诵清楚。

（五）“调车作业单”有关符号

＋—— 挂车；
－—— 摘车；
⊖ —— 本线拉前摘车；
△—— 转头；
△渡—— 渡线转头；
D —— 待命；
JJ —— 交接；
ZB —— 整备。

（六）调车工作的一般要求

（1）调车作业前，司机应了解车辆技术状态、运行路径和作业要求；调车作业中，必须按照调车作业计划以及调车信号机或调车手信号的显示要求进行，没有信号不准动车，信号不清立即停车。

（2）在停车场内调车时，遇三钩以上的调车作业，司机应凭运转值班员发布的调车单，执行调车任务；遇三钩及以下的调车作业，司机应凭运转值班员发布的口头命令，执行调车任务。调车时要掌握调动列车的车号、停放股道及调送地点。

（3）调车作业时，调车人员必须正确及时地显示信号，司机要认真确认信号并且鸣笛回示。

（4）在停车场内调车时，列车限速为 20 km/h，司机应认真确认进路中每个调车信号机的显示及每个道岔的开通位置，并进行相应的手指呼唤（在调车信号机前，动作为左手握拳，食指中指并拢平伸，指尖分别指向调车信号机，呼唤为“白灯”（或“红灯停车”）；在道岔前，动作为左手握拳，食指中指并拢平伸，指尖分别指向道岔开通方向，呼唤为“道岔好”（或“停车”）。

（5）利用牵出线、尽头线调车，当列车接近终点时，司机要控制好车速，在停车位置前10 m处一度停车，然后以3 km/h限速接近停车位置并停车。

（6）在调车过程中，如遇信号显示或进路错误，司机应立即采取停车措施，并立即报告值班员，等待信号重新开放或由信号楼值班员通知后，根据调车信号或口头命令动车。

（7）所有参加调车作业的人员如司机、调车员、信号楼信号员等之间的相互配合、相互协作十分重要，因此，无论是车辆的动车、信号确认、进路确认及注意事项都必须在作业前明确。司机必须在确认信号，瞭望四周情况后才能起动机车。

（8）调车作业时因特殊需要必须越出场界调车时，应事先报告行车调度员，得到批准同意后，由行车调度员发给调车作业有关人员调度命令，调车人员应严格按命令要求执行。

二、常见的调车手信号与调车速度规定

（一）常见调车手信号（见表8.1）

表8.1　常见调车手信号

序号	调车手信号类别	显示方式	
		昼间	夜间
1	停车信号	展开的红色信号旗；昼间无红色信号旗时，两臂高举头上向两侧急剧摇动	红色灯光。夜间无红灯光时，用白色灯光上下急剧摇动
2	减速信号	展开的绿色信号旗下压数次	绿色灯光下压数次
3	指挥列车或车辆向显示人方向来的信号	展开的绿色信号旗在下方左右摇动	绿色灯光在下方左右摇动
4	指挥列车或车辆向显示人反方向去的信号	展开的绿色信号旗上下摇动	绿色灯光上下摇动
5	指挥列车或车辆向显示人方向稍行移动的信号（包括连挂）	左手拢起红色信号旗直立平举，右手展开的绿色信号旗在下方左右小幅摆动	绿色灯光下压数次后，再左右小动
6	指挥列车或车辆向显示人反方向稍行移动的信号（包括试拉）	左手拢起红色信号旗直立平举，右手展开的绿色信号旗在下方上下小幅摆动	绿色灯光平举上下小幅摆动
7	三、二、一车距离信号	右手展开的绿色信号旗下压三、二、一次	绿色灯光平举下压三、二、一次
8	连挂作业	两臂高举头上，拢起的手信号旗杆成水平末端相接	红、绿色灯光（无绿色灯用白色灯光代替）交互显示数次
9	试拉信号(连挂好后试拉)	先按连挂信号显示，当列车起动后立即显示停车信号	
10	取消信号：通知前发信号取消	拢起的手信号旗，两臂于前下方交叉后，左右摇动数次	红色灯光作圆形转动后，上下摇动

注：可参照第五章第三节调车手信号的显示方式执行。

（二）调车速度的规定（见表 8.2）

表 8.2　调车速度的规定

项　　目	速度（km/h）
空线牵引运行	25
空线推进运行	15
调动装载超限货物的车辆时	10
在尽头线调车时	10
在维修线调车时	10
在库内调车时	5
货物线上对位时	5
接近被连挂车辆三、二、一车时	8、5、3
接近被连挂车辆时	3

三、调车作业与安全规定

（一）调车作业规定

（1）禁止调车作业的规定。

① 设备或障碍物侵入线路设备限界时，禁止调车作业。

② 禁止溜放调车作业。

③ 客车转向架液压减震器被拆除但空气弹簧无气时，禁止调车作业。

④ 客车制动系统故障时禁止自身动车。

⑤ 禁止两台机车或列车同时在同一条股道上相对移动。

（2）在尽头线上调车时，距线路终端应有 10 m 安全距离，遇特殊情况接近小于 10 m 时，应与司机联系，严格控制速度并采取防溜措施。

（3）组织两列客车或机车在同一股道作业时，应通知一列客车或机车在指定位置停车（客车降弓）待令，然后向另一列客车或机车司机布置安全注意事项及存车位置情况后，再开放防护信号机放行该客车或机车到指定位置停止作业。

（4）调车作业连挂时，应进行试拉。调动重车超过 2 辆或空车超过 4 辆时必须连接风管。

（5）调车信号机故障开放不了，需越过关闭的信号机时，调车员必须在得到信号楼调度员通知并确认进路开通后方可领车越过该信号机。

（6）调车员应在调车正面（司机驾驶侧）正确及时地显示信号，司机应认真、不间断地确认信号，并鸣笛回示。没有调车员的起动信号，禁止动车；没有鸣笛回示时，调车员应立即显示停车信号。信号显示错误或不清，司机应立即停车。

（7）越出基地（车站）限界调车时，应得到行调同意，邻站承认后方可办理。无行调命令时禁止越出基地（车站）限界调车。

（8）机车车辆在通过平交道前，应一度停车，瞭望平交道是否有障碍物或行人，确认安全后方可继续通过平交道。

（9）单机或牵引运行时，前方进路由司机确认；推进运行时，前方进路由调车员确认。

（10）连挂车辆规定。

① 连挂车辆，调车员应显示连挂信号和距离信号三、二、一车（三车约 60 m，二车约 40 m，一车约 20 m）。没有显示连挂信号和距离信号不准挂车。

② 机车、车组接近被连挂车辆不少于 1 m 时一度停车，确认车钩位置正确后再连挂。

③ 单机连挂车辆，不需显示距离信号，但在距停留车不小于1 m时，应一度停车，凭调车员手信号挂车。

（二）调车作业安全

调车工作是地铁运行的重要组成部分，调车工作安全是确保地铁运行安全的重要环节之一，它对提高地铁运行的效率，做好列车后勤保障，使列车的维修、检查保养等修程的顺利实现有着十分突出的作用。

在调车作业中发生的事故称为调车事故。一般来说，调车作业惯性事故分为撞、脱、挤、溜四种类型，即冲突、脱轨、挤岔、机车车辆溜逸。

1. 调车作业事故的常见原因

（1）调车作业计划不清或传达不彻底。调车作业计划是信号员、调车组等调车作业相关人员统一的行动计划，如果调车作业计划本身不清，会造成调车进路排错，机车车辆进入线路，从而可能造成事故；而调车作业计划传达不彻底，会造成信号员及调车司机行动不一致，也极易导致事故发生。

（2）作业前检查不彻底，准备不充分。调车作业前，必须按规定提前排风，摘解风管，核对计划，确认进路，检查线路、道岔和停留车辆情况，手闸制动时要选闸、试闸，铁鞋制动时要准备足够的质量良好的铁鞋。

（3）误排进路或未扳、错扳、临时扳动道岔或错误转动道岔。信号员误排进路或未扳、错扳、临时扳动或错误转动道岔，调车员和司机不认真确认信号及道岔位置，极易造成冲突、脱轨和挤岔事故。

（4）调车手信号显示不标准。调车手信号显示不标准有三种情况：一是未按规定的要求显示信号；二是错过了显示信号的时机；三是错误地显示信号。上述情况都有可能导致事故的发生。

（5）前端无人引导推进运行或推进车辆不试拉。推进作业时，前端无人引导，由于调车司机无法确认线路和停留车情况，极易造成撞车和挤岔事故。推进车辆不试拉，一旦车辆中有假连接，制动或停车时车辆脱钩发生溜逸，也容易发生撞车、脱轨、挤岔和溜逸等事故。

（6）没按规定采取防溜措施。调车作业在线路上停放车辆时，如不按规定采取防溜措施，极易发生车辆溜逸事故，一旦车辆溜逸入区间，后果不堪设想。

2. 调车运行安全的基本要求

（1）车厂值班员正确、及时地排列调车进路、开放调车信号，做到随时监控机车车辆运行。调车作业中，司机与车厂值班员保持联系，严格执行呼唤制度。

（2）调车作业由调车员单独指挥，根据调车作业计划单，正确、及时地显示信号，指挥调车司机，并注意行车安全。

（3）调车司机应根据调车员的信号，准确、平稳地操纵机车，时刻注意确认信号，不间断地进行瞭望，正确、及时地执行信号显示要求，负责调车作业安全。

（4）车厂值班员根据调车作业计划单、现场作业情况和机车车辆停放股道，正确、及时地排列调车进路、开放调车信号，做到随时监控机车车辆运行、完成一钩勾划一钩。

（5）调车作业“四禁止”：设备或障碍物侵入线路设备限界时，禁止调车作业；禁止提活钩、溜放调车作业；客车转向架液压减震器被拆除但空气弹簧无气时，禁止调车作业；禁止两组车组或列车同时在同一条股道上相对移动。

（6）调车作业中司机要准确掌握速度，在瞭望条件差、天气不良等情况下应适当降低速度。在尽头线上调车时，距线路终端应有 10 m 安全距离，遇特殊情况需小于 10 m 时，应与司机联系，严格控制速度并采取防溜措施。

3. 车辆停留、防溜及止轮器存放的规定

（1）连接线、牵出线、洗车线、走行线（接发列车时除外）、试车线、咽喉道岔区禁止停放机车车辆。在其他线路存放车辆时，应经车厂调度员同意。机车车辆应停在线路两端信号机内一侧。

（2）工程机车、轨道车停放在带电区时，应在上车顶扶梯处悬挂“高压电，禁止爬上”标志牌。

（3）调车作业，应做到摘车时先做好防溜措施（列车应恢复气制动和停车制动，工程车拧紧手闸，必要时放置铁鞋）；挂车前应首先检查防溜措施状况，确认无误后才能挂车，挂妥后再撤除防溜装置。

图 8.1　止轮器（铁鞋）

（4）铁鞋应统一放置于机车车辆一侧的车轮下，撤除防溜装置后，铁鞋应及时放归原位。止轮器（铁鞋）如图 8.1 所示。

第二节　工程车开行

地铁工程车是保证地铁安全运营不可缺少的设备，担负着紧急救援，调车作业，供电设备和线路的维修、施工，线路和接触网检测，钢轨打磨修复等一系列生产任务，是城市轨道交通系统生产活动的重要组成部分。地铁工程车根据其具有的功能和担负的主要任务分为调车机车、轨道车、架线车、放线车、网轨检测车、钢轨打磨车、平板车等除电客车以外的所有机车及车辆。因此，了解工程车开行的要求、程序及安全注意事项，对于保障运输线路畅通，提高生产效率有着十分重要的意义。

一、工程车开行的规定

（1）由行车调度负责统一指挥工程车开行，工程列车按正常列车办理，尾部必须挂有标志灯。

（2）工程列车中所有车辆的制动机，应全部加入列车的制动系统，编入工程列车的车辆不准有关门车。

（3）在工程车出车厂前，工程车司机要与行车调度试验无线电台的性能；工程车在运行中，司机和车长要加强与行车调度的联系（如联系不上时通过车站转达），掌握列车运行计划，确认进路。

（4）工程车进路排列由行车调度负责，行车调度在指挥工程车运行时要严格确认工程车运行前后有无施工作业。

（5）工程车在正线运行时凭地面信号行车，一个联锁区内只准一列工程车运行；在区间及非联锁站作业后折返时，凭调度命令行车。

（6）工程车在进站、出站、运行至曲线前、站内或区间动车前，按规定鸣笛示警。

（7）安排工程车作业时，必须严格按照划分的区域安排作业。工程车在车站装卸物料时，物料必须整齐稳固地堆放在距站台边缘安全限界以外的地方，车站要负责监控，查看是否有物品侵限。工程车离开作业区返回时，车长、司机负责观察工程车返车厂途中的前方线路出清情况，保证车上物品及部件不掉落，工程车在回库前向行车调度汇报。

（8）封锁区域工程车运行由施工负责人负责指挥。如封锁区间内有道岔、辅助线时，由车长与车站联系调车进路计划，车站排好进路后通知车长，由车长指挥动车。

（9）涉及接触网停电挂地线且需工程车配合作业时，工程车到达作业区后，行车调度同意后才可挂地线；作业完毕，拆除地线，得到行车调度命令后司机方可动车回厂。

（10）工程车司机必须掌握好运行速度以控制列车运行。

二、工程车运行速度的规定（见表 8.3）

表 8.3　工程车运行速度

项　目	机　型	速　度（km/h）	说　明
正　线	内燃机车	45	侧向道岔及通过车站 30 km/h
	接触网检修作业车 JW-6E、接触网架线作业车 JX-6E	50	
车辆段（基地）	工程车辆	25	侧向道岔通过限速 25 km/h

复习思考题

1. 何谓调车？如何分类？
2. 调车工作的指挥原则有哪些？

3. 调车作业计划的内容有哪些？
4. 对“调车作业单”的有关符号有何规定？
5. 调车工作的一般要求有哪些？
6. 常见调车手信号的显示方式与意义是什么？
7. 调车作业的原则是什么？
8. 调车速度有何规定？
9. 工程车的开行有何规定？
10. 工程车运行速度有何规定？

第九章　列车故障处理

本章提要

（1）故障产生的原因、故障处理的思路和技巧、故障处理原则、排故注意事项。

（2）列车故障应急处理：车门故障、制动故障、车载 ATC 设备故障、TIMS 故障、牵引故障等的处理方法。

（3）地铁列车常见故障处理：一般故障的处理，车门故障、制动类故障、牵引系统故障的处理方法。

（4）轻轨客车正线运营故障应急处理。

第一节　排除故障基本知识

列车是一个非常复杂的系统，设备复杂，零部件很多，经过一段时间的运用后，不可避免地会出现一些损伤，即各零部件会发生不同程度的自然磨损、松旷、变形、蚀损或物理化学变化。电气装置还会出现断线、接地、电磨损及绝缘老化，从而使列车在载客运营中因故障掉线、清客、救援的现象时有发生，给正常的运营组织带来混乱，影响车辆的使用寿命和行车安全。为了保持列车技术良好的状态，充分发挥车辆的技术性能，要求列车司机熟悉车辆的构造，努力掌握科学的检验技术、合理的检查顺序，具有极其认真的精神和很强的责任心，在学习和经验积累的基础上，及时正确地判断和处理车辆故障，以确保列车的安全正点及延长车辆的使用寿命。

为了迅速地排除故障，维持列车运行，本章分别对几种主型列车的一些常见故障的应急处理方法作了介绍。由于故障原因往往是多方面的，这里仅举出可能性较大的原因。同理，故障的处理办法亦是多种多样的，在此也只是举出应急和常用的方法，以供客车驾驶员在处理车辆故障时参考。

一、车辆故障产生的原因分析

（一）人为性故障

人为性故障是由有关人员未按操作规程操作、维护或保养造成的。

（1）驾驶员违章操作；

（2）使用维护保养不良；

（3）人为损坏、欠修等。

（二）自然性故障

自然性故障是由环境条件恶化、材料缺陷及安装不合理等造成的。

（1）环境条件恶化或设备老化；

（2）零部件不合格；

（3）机件装配和调整错误。

车辆发生了故障，正确分析和判别车辆故障的原因是一项重要而细致的工作，不应在未弄清故障原因之前随意、盲目处理，这样不但不能消除故障，反而可能造成新的故障。

二、故障处理的思路和技巧

（一）故障处理的思路

列车运行中出现的故障可以说是具有经常性和突发性的，特别是有关功能性的故障较多，其中有的故障比较简单，可以手到病除，有的则不然，它会使我们冥思苦想而难以排除。特别是车辆在运行中，故障突如其来，即使你有常备不懈的思想准备，如果没有坚实的故障处理基本功，这个不速之客也会使你束手无策，这样就有可能贻误处理故障的最佳时机而酿成事故。因此，能否在规定时间内及时、准确地分析、排除故障实际上已经成为驾驶员技术业务的标志之一。

运行中的列车的故障处理由于受到运行条件、工具配件、司机故障处理能力等因素的限制，而且不可能无时间限制地将列车停在区间处理（区间应急故障处理的时间一般不宜超过 3 min）。因此，应急故障处理的方法应是“简明扼要，简便易行”的。此外，司机学习故障处理时如果仅就某一故障现象就事论事，而不懂得举一反三，则假如故障以另一种形式出现，特别在紧张情况下，司机仍然不会处理。要解决这样的问题，要从两方面着手：

（1）深层次了解故障的内在规律，通过现象看本质，思维方式发散，而不是简单地搬用教条。

（2）使学习的知识简而精，注重实用性，由故障的表象推出具体的处理步骤，把复杂的问题简单化。

为了减小列车故障发生的频率，平时要做好维修保养，司机要规范驾驶列车，合理使用各项功能。一旦发生列车故障，司机要充分发挥自己综合分析、判断和处理故障的能力，迅速、准确地判断出故障位置。查找故障时，要按照故障发生的概率，先检查故障率高的处所，后检查故障率低的处所；按照“先易后难、先近后远、先低压后高压、先分析后处理”的原则进行处理。

在查找故障时，为了缩小查找范围，通常可采用“观”“听”“辨”等方法。

（1）“观”。眼睛是窗口，是获取信息的主要工具。车辆有了故障，查找故障点是关键。通常故障发生后，都有一定的表象，驾驶员在故障处理中，首先应通过观察 MMI，DDU 显示屏，指示灯、制动压力仪表的显示状态及主控手柄（DCH）位置，收集故障判断的最基本信息，尽可能地缩小和确定查找故障大致范围，范围越小，故障位置越容易找出。

（2）“听”。即听列车有无异常音响，如听 DDU 的蜂鸣声，听列车操作时继电器吸合断开的声音，以及行调和其他行车人员对司机进行的呼叫声等。行车过程中司机注意力不可能时刻保持高度集中，因此需要有效利用我们的听觉器官。特别是列车运行过程中，车辆走行部既看不到，也摸不着，因此“听”走行部有无异响、“听”DDU 的蜂鸣声以及继电器的动作声，对早期判断故障有着很重要的意义，司机一定不要忽视。

（3）“辨”。在收集相关信息后，在大脑中还应进行分析判断，辨别现象的真伪，必要时还需通过简单的操作加以辨别和进一步的缩小故障的范围。

总之，通过“观”“听”“辨”，可对故障范围有一个综合的认识，利用上述方法不仅能提高司机的信心和心理素质，同时也能缩短查找和处理故障的时间。

（二）故障处理的基本技巧

1. 重试法

重试即再试一次，或换端重试。如一节车同一侧有一个或两个车门故障，可再次按下开/关门按钮，故障的门会尝试再开/关一次；如车门仍没有打开/关闭，则重复上述动作一次。又如列车到站后，车门未正常打开时，可按下驾驶台“开门”按钮重新开门。

2. 复位法

根据司机室显示屏或仪表、指示灯显示内容，检查有关电气柜里的空气断路器是否落下，若落下，进行复位处理；若未落下，则重新断合一次。

3. 切除法

有些设备发生故障会直接影响列车的驾驶性能及安全性能，因此列车在电路设计中对重要部件安装了监控系统，该设备一旦发生故障，车辆控制系统会遵循设备故障导向安全这一设计原则，采取限速运行或停止运行等手段来确保列车安全。驾驶员必须通过故障现象准确查找故障原因，通过切除故障设备不让其工作的方法来维持列车运行，以减小故障对运营的影响。如牵引电机故障接地时，可利用显示屏找到故障电机将其切除。又如车门故障关闭不到位时，司机可以切除该车门继续载客运行。

4. 转换法

司机可利用车辆的备用系统或设备进行转换或切换。如微机控制系统Ⅰ发生故障，可将设备转换到微机控制系统Ⅱ工作；又如空气压缩机Ⅰ发生故障，可将其转换到空气压缩机Ⅱ工作，以维持列车运行。

5. 旁路（隔离）法

车辆某些设备或系统发生故障时，会影响列车驾驶功能，导致列车无法牵引，此时驾驶员必须按故障情况严格区分故障发生的原因，可尝试使用旁路相关设备的方法维持列车运行。如车门、紧急疏散门、停车制动、气制动或门锁故障时，经行调同意后可进行旁路处理。旁路相关设备时，一定要仔细检查确认，慎重处理。如旁路停放制动或气制动时，司机必须先确定列车制动已真正缓解后，再使用旁路制动监控电路的方法排除故障，以防扩大事故。

6. 重启法

控制信号或通信信号发生误差，会造成信息显示紊乱或黑屏，严重的会影响列车某些设备的正常使用（或成为死机），在这种情况下最好采用重新起动列车或重新启动相关设备的方法，激活故障设备，恢复列车功能。如出现 MMI 黑屏或 ATP 打叉等故障时，可按步骤对操纵台进行重启。

三、故障处理的一般原则

（1）发生车辆故障时，要沉着冷静，要快速地作出正确的判断和处理，尽量缩短在线故障处理时间。

（2）当出现非正常情况时，应尽可能进站停车处理。列车故障消失可以继续运行时，必须报行调后方能动车。列车仍不能继续运行时，3 min 内司机必须请求救援，并按规定安排列车防护和防溜。

（3）当出现《列车故障应急处理指南》中未列出的故障时，若故障原因不明且各空气断路器均在正常位置，司机应在检调或检修中心工程师的指导下采取措施。

（4）遇车载 ATC 故障需采取 URM 模式驾驶时，严格按照《行车组织规则》行车，运行中加强地面信号的确认，严格按照线路限速运行。

（5）遇非正常情况，按照各类《非正常行车办法》执行，加强确认各行车凭证。

四、故障处理流程程序

1. 故障处理流程

（1）车辆段内故障处理流程：如图 9.1 所示。

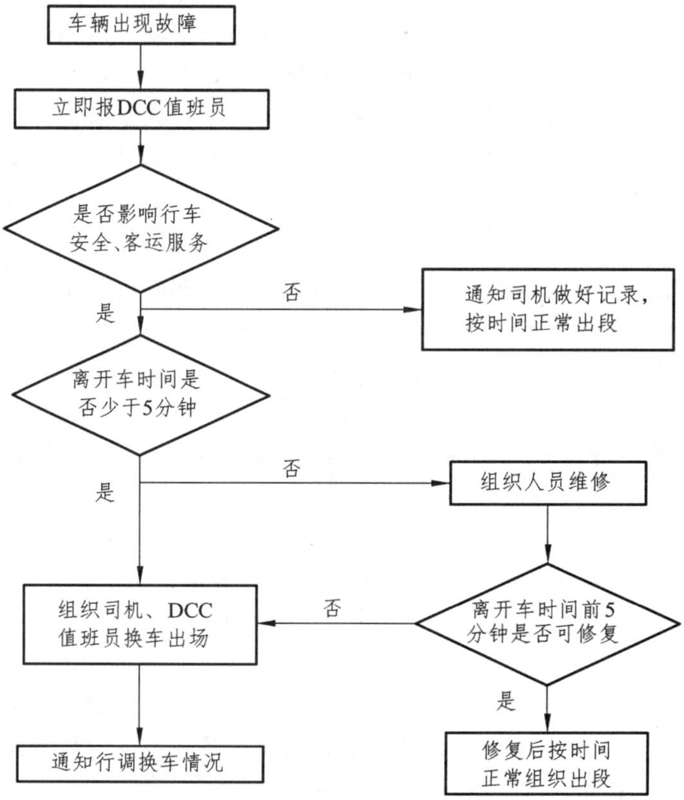

图 9.1 车辆段内故障处理流程

（2）正线运营故障处理流程：如图 9.2 所示。

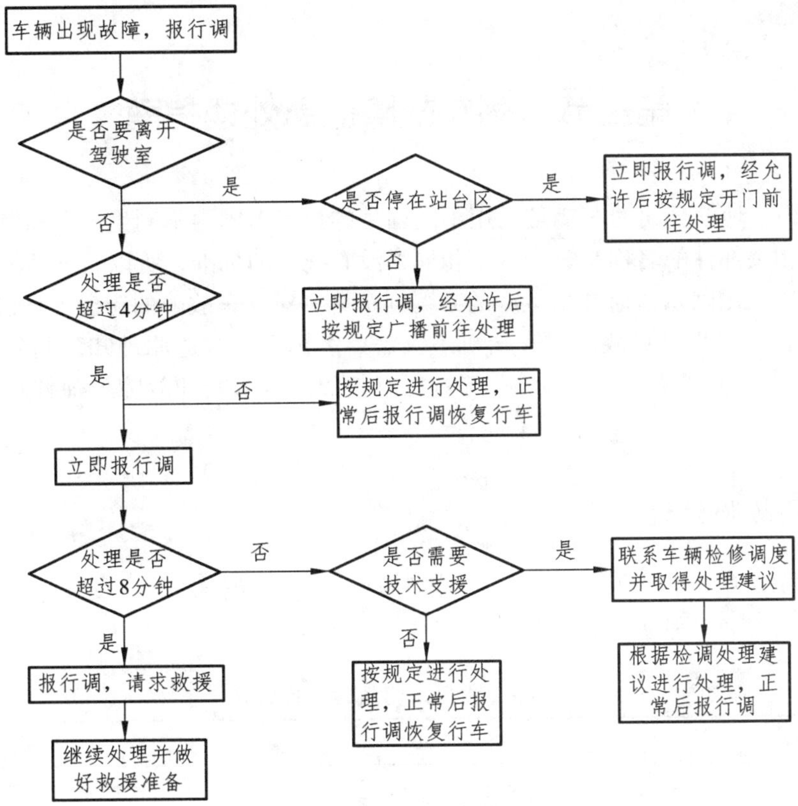

图 9.2　正线运营故障处理流程

2. 车辆故障处理程序（见表 9.1）

表 9.1　故障处理程序

序号	司机处理过程	所需时间	要　点
1	向行调汇报	40 s	五要素：司机代号、车次、车号、地点、故障现象
	做好故障广播		向乘客说明停车原因
2	按故障处理指南检查各断路器（含设备柜、二位端处断路器）或进行换端处理	40 s～3 min	按照故障处理指南逐一排除故障
3	汇报行调后降弓，休眠，重启	4.5 min	降弓 15 s，关闭钥匙开关、按休眠按钮 10 s，等 20 s 后唤醒，自检需要 3 min，打开钥匙开关、升弓、信号自检 15 s
	休眠重启前做好客室广播		吐字清晰，节奏平稳，避免造成乘客恐慌
4	申请旁路	30 s	得到行调批准后实施
	做好清客广播		态度诚恳，礼貌用语

注：故障发生时原则上按照上述步骤处理，但有时也需视现场具体情况选取以上步骤处理。

第二节　列车故障应急处理指南

目前，国内各地铁公司的车辆是采用不同国家的技术由国内不同生产厂家制造的，车辆的结构、设置及相关部件的名称与符号各不相同，没有统一的标准，所以，车辆故障的处理方法也不同。本节以采用阿尔斯通技术生产的某型列车为例对列车故障的应急处理进行介绍。

列车在运行中发生常见故障时，司机不仅需要掌握列车构造原理知识和列车故障应急处理知识，更需要通过“观”“听”“辨”等行之有效的综合诊断和故障处理技巧，循序渐进地进行分析和排查。

一、车门故障处理

车门是列车运用过程中开关频率、出现故障频率最高的设备之一。因此，掌握车门故障的处理技巧尤为重要。常见车门故障的处理方法见表 9.2。

表 9.2　常见车门故障处理方法

序号	故障现象	处理方法	说　明
1	列车到站后，车门未正常打开	按下驾驶台“开门”按钮，重新开门	排除 ATC 自动开门指令列车未响应
		将模式开关转向“洗车”模式，按下“开门”按钮	排除列车零速信号故障
		检查并断合司机室电气柜内 DOCB（车门开断路开关）、DOTCB-A、DOTCB-B、ZVTCB1(左侧门)、ZVTCB2（右侧门）	（落下后有蜂鸣声）排除列车开门回路上的瞬间电气故障
		去另一端司机室开门，继续运营；若到下一站后故障依然存在，则清客下线	排除本司机室开门继电器故障
		上述操作无效，清客下线。用方孔钥匙打开每节车外墙上的“车门紧急解锁”装置，每节车通过该装置旁这扇门进行清客下线	电路故障，司机无法排除
2	按下侧墙“关门”按钮，全列车门未正常关闭	按下驾驶台“关门”按钮，重新关门	排除侧墙“关门”按钮本身故障
		断合主控钥匙开关（列车丢失零速信号会自动关门），按照正常程序缓解紧急制动	排除列车关门回路上的瞬间电气故障
		上述操作无效，清客下线。清客时使用司机室设备柜内“重要控制旁路开关”，将其打到“车门旁路”位，按两下“允许开门”按钮，模式开关打到“限速向前”位牵引，当列车速度超过零速后，模式开关可以转到“手动”位驾驶	此故障司机无法排除

续表 9.2

序号	故障现象	处理方法	说　明
3	按下侧墙“关门”按钮，部分车门未正常关闭，驾驶台上车门关好灯不亮	按下驾驶台“关门”按钮，重新关门	排除车门未响应故障
		DDU 显示有逃生门打开。根据 DDU 指示找到相应逃生门，双手将逃生门拉紧，观察 DDU 显示以确认该门已关闭到位	排除逃生门未关闭到位的故障
		DDU 显示有客室门红闪。根据 DDU 指示找到相应车门，确认该门已关闭，用方孔钥匙将车门切除，观察门头指示灯、DDU 显示以确认故障车门已被隔离。切除 3 个以上车门，则清客下线	全列车在关门状态下，切除通信故障的车门
		DDU 显示有客室门打开。根据 DDU 指示找到相应车门，双手将车门拉至关闭，观察门头指示灯、DDU 显示和车门关好灯以确认故障车门已被隔离；若双手拉不动车门，打开侧罩板断合车门电源开关 S_4。确认该门已关闭，用方孔钥匙将车门切除，观察车门关好灯亮以确认故障车门已被隔离。切除 3 个以上车门，则清客下线	全列车在关门状态下，切除功能故障的车门
		DDU 显示有客室门紧急解锁。根据 DDU 指示找到相应车门，用方孔钥匙将车门右侧立柱上的红色紧急解锁手柄复位到水平位置。若此手柄已在水平位置，则切除该车门	恢复车门的紧急解锁
		DDU 无任何异常显示。检查后端司机室的空气开关 CLCB-A（左侧车门锁闭开关）和 CLCB-B，若脱落则恢复，若正常则重新断合一次	排除车门联锁回路上的瞬间电气故障
		上述操作无效，清客下线。清客时使用司机室设备柜内“重要控制旁路开关”，将其打到“车门旁路”位，按两下“允许开门”按钮，模式开关打到“限速向前”位牵引，当列车速度超过零速后，模式开关可以转到“手动”位驾驶	此故障司机无法排除

二、制动故障处理

常见制动故障处理方法见表 9.3。

表 9.3 常见制动故障处理方法

序号	故障现象	处理方法	说明
1	列车运行时施加紧急制动	按照正常程序缓解紧急制动	
		检查DDU上的蘑菇按钮和受电弓图标，如异常，恢复相应的蘑菇按钮，按照正常程序缓解紧急制动	排除拍蘑菇按钮产生的紧急制动
		检查司机室气压表，若主风管气压<7 bar，排除空压机故障，使用两端司机室的LMRGBS（低压设备柜总风缸旁路开关），按照正常程序缓解紧急制动，就近清客下线。（司机此时应持续监控气压表，当气压接近4 bar时停车，避免列车在运行时施加停放制动。）	排除气压过低引起的紧急制动
		检查停放制动指示灯。若该灯为红色，则检查并断合两个A车二位端电气柜内的RBCB（低压电气箱空气断路开关），若所有制动施加指示灯变亮、停放制动指示灯变绿，按照正常程序缓解紧急制动	排除A车继电器箱电源故障引起的紧急制动
		使用司机室电气柜内的ATPFS，按照正常程序缓解紧急制动	排除ATC故障引起的紧急制动
		上述操作无效，清客下线。清客时将BBS（制动旁路选择开关）开关打至接通位，按下BBPB，进行制动旁路	此故障司机无法排除
2	推牵引，1 bar不缓解，列车无位移	检查门关好灯。若该灯不亮，则处理车门故障	排除车门故障的影响
		检查停放制动指示灯。若该灯为红色，则处理停放制动故障	排除停放制动故障的影响
		断合主控钥匙开关，按照正常程序缓解紧急制动	排除牵引回路上的瞬间电气故障
		上述操作无效，清客下线。清客时将BBS开关打至接通位，按下BBPB，进行制动旁路	此故障司机无法排除
3	推牵引，列车无牵引力，只能缓慢行驶	停车，检查所有制动施加指示灯和DDU上SPL图标。若该指示灯不亮且SPL图标显黄，则检查后端司机室BSCB（制动施加断路开关）	排除所有制动施加/缓解回路上的瞬间电气故障（制动施加/缓解指示灯不亮）
		推牵引，若DDU上某节车制动图标异常或出现制动释放故障，则检查该车二位端电气柜内断路器。若无异常，则隔离BIPS。两节及以上车出现此故障隔离BIPS后，清客下线	排除单节车制动施加故障
		推牵引，DDU上每节车制动图标无异常，则清客下线。清客时将BBS开关打至接通位，按下BBPB，进行制动旁路	此故障司机无法排除
4	列车停放制动无法缓解	检查主风管压力，如果压力低于4 bar则请求救援。若连挂后，两车气压无法达到正常范围，应关断连挂端司机室下的主风管隔离阀，关断两车司机室低压设备柜内的CTCB（列车连挂断路开关），隔离故障列车所有停放制动	排除气压过低引起的停放制动
		按压驾驶台停放制动按钮，施加缓解停放制动	排除瞬间电气故障
		若同时紧急制动，则检查并复位两个A车二位端电气柜内的RBCB，若所有制动施加指示灯变亮、停放制动指示灯变绿，则按照正常程序缓解紧急制动。若无效，清客下线。清客时将BBS开关打至接通位，按下BBPB，进行制动旁路	排除A车继电器箱电源故障引起的紧急制动

表 9.3　常见制动故障处理方法

序号	故障现象	处理方法	说　明
4	列车停放制动无法缓解	检查所有制动施加指示灯，若该指示灯不亮，则使用司机室设备柜内“重要控制旁路开关”，将其打到“制动旁路”位。然后在“洗车”模式下推牵引，观察 DDU 上 B、C 车的制动图标，若某节车图标异常，则停车检查并断合该车二位端电气柜内 RBCB，若所有制动施加指示灯变亮、停放制动指示灯变绿，则将“重要控制旁路开关”恢复正常。若无效则清客下线，清客时将 BBS 开关打至接通位，按下 BBPB，进行制动旁路	排除 B、C 车继电器箱电源故障引起的紧急制动
		若所有制动施加指示灯亮，则清客时将 BBS 开关打至接通位，按下 BBPB，进行制动旁路。使用旁路装置后，司机以 5～10 km/h 的速度测试列车是否有气制动施加。若感觉有气制动施加，须检查每车二位端左侧电气柜内的停放制动施加/缓解指示灯，找到错误施加停放制动的车辆，隔离该车停放制动	此故障司机无法排除。隔离时司机需要在车辆走行部将 BP 阀和 BC 阀同时关断，等停放制动缸内压缩空气排尽后手拉停放制动缸上拉环缓解停放制动
5	空压机故障	DDU 上显示空压机故障，则检查并断合该车二位端电气柜内 RBCB、BCECB（制动控制断路开关）	排除 BCE 和空压机电路上的瞬间电气故障
		检查主风管压力，若气压小于 7.5 bar 且不能恢复，则降弓、休眠、重新唤醒	排除空压机电路上的瞬间故障
		若气压仍不能恢复，到站清客下线。司机在行车时应持续监控气压表，及时缓解紧急制动，避免停放制动	此故障司机无法排除
6	BCE 故障	DDU 上显示 BCE 故障，则检查并断合该车二位端电气柜内 BCECB。三节及以上车出现此故障且无法消除，可维持运营至终点（优先处理同时产生的其他故障）	排除 BCE 的瞬间电气故障

三、牵引故障处理

常见牵引故障处理方法见表 9.4。

表 9.4　常见牵引故障处理方法

序号	故障现象	处理方法	说　明
1	PCE 故障	DDU 上显示 PCE 故障，则检查并断合该车二位端电气柜内 PCECB（牵引控制空气断路开关）。两节及以上车出现此故障且无法消除，可维持运营至终点	排除 PCE 的瞬间电气故障
2	受电弓故障	DDU 上无网压显示，列车无牵引力，则尽量依靠列车惯性运行至下一站，降弓等待网压恢复后继续运营。10 min 后列车自动休眠，按住唤醒按钮至休眠灯灭	排除接触网断电对列车的影响
		DDU 显示受电弓故障，报 OCC 通知站务注意观察，若弓网接触正常且牵引正常则继续运行	排除受电弓信号传输异常引起的假故障
		若弓网接触异常或列车无牵引力，则降弓，请求救援	此故障司机无法排除

四、TIMS 故障处理

常见 TIMS 故障处理方法见表 9.5。

表 9.5　常见 TIMS 故障处理方法

序号	故障现象	处理方法	说　明
1	DDU 黑屏	检查并断合司机室电气柜内的 MPUCB、DDUCB，若故障无法消除，可维持运营至终点。此时切勿使用 ATPFS，否则会丢失零速信号，导致紧急制动无法缓解	排除 MPU、DDU 的瞬间电气故障
2	EB 图标显红但无紧急制动	检查并断合司机室电气柜内的 RIOM10CB（远程输出/输入断路开关），若故障无法消除，可维持运营至终点。列车休眠灯亮时，应按住唤醒按钮至休眠灯灭，避免列车休眠	现象：推牵引有位移，1 bar 不缓解，蜂鸣器长鸣。排除 RIOM10 的瞬间电气故障

五、车载 ATC 设备故障处理

常见车载 ATC 设备故障处理方法见表 9.6。

表 9.6　常见车载 ATC 设备故障处理方法

序号	故障现象	处理方法	说　明
1	打开主控钥匙开关后，MMI 黑屏	（1）如果 DDU 显示 ATC 图标绿色，则打开客室 ATC 柜，断合 ATCCB5； （2）如果 DDU 显示 ATC 图标红色，则重启 ATP	重启 ATP 程序： （1）关闭主控钥匙开关 15 s 后，分断 ATPFS、ATCCB1、ATCCB2、ATCCB3、ATCCB4、ATCCB5，闭合 ATCCB1、ATCCB2、ATCCB3、ATCCB4、ATCCB5，最后闭合 ATPFS； （2）打开主控钥匙开关
2	打开主控钥匙开关后，DDU 显示 ATC 图标红色，而 MMI 显示正常	向行调汇报，不做处理，维持运营，回库检修	
3	MMI 出现车库图标，列车只能以 RM 模式运行，不能转为 SM	就近清客下线	

续表 9.6

序号	故障现象	处理方法	说　明
4	打开主控钥匙开关后，MMI 显示 ATP 打叉	（1）检查 ATCCB1、ATCCB2、ATCCB3、ATCCB4 是否闭合上且 ATPFS 是否在正常位，如没有合上或不在正常位，关闭主控钥匙，将保险或开关恢复至正常状态，再打开主控钥匙开关； （2）如保险均在闭合位且 ATPFS 开关在正常位，则重新断合钥匙开关，如故障仍存在，以 URM 模式驾驶	（1）关闭钥匙开关到再次打开钥匙开关的最小时间间隔是 15 s，如果小于 15 s，车载设备不能正常启动，MMI 会显示 ATP 打叉，造成紧急制动无法缓解； （2）打开钥匙开关 15 s 后，车载设备启动完成，此时才能缓解紧急制动
5	列车在驾驶中产生紧急制动，MMI 显示 ATP 打叉	重启 ATP，如故障显示仍然存在，以 URM 模式驾驶	URM 模式就是在切除 ATP 状态下运行
6	列车在驾驶中产生紧急制动，MMI 没有显示 ATO 或 ATP 打叉	（1）检查是否由人为或 ATO 超速造成，如 ATO 多次超速产生紧急制动，则向行调汇报，改 SM 模式驾驶； （2）检查车上的紧急停车按钮是否被按下； （3）检查车门关指示灯是否点亮，如不亮按照车门故障处理； （4）列车停车后，按下 RM 按钮缓解信号紧急制动，如紧急制动无法取消，以 URM 模式驾驶	紧急制动发生在站台区停车且速度低于 5 km/h 时，若 MMI 上无任何故障相关信息，此时注意门关好灯是否亮
7	列车在 SM 模式下正常运行，在 ATO 模式下没有牵引	列车可以 SM 模式驾驶	OCC 根据实际情况让列车在 SM 模式下继续运营或回库检查
8	列车在 SM 模式下正常运行，MMI 显示 ATO 打叉	列车可以 SM 模式驾驶	OCC 根据实际情况让列车在 SM 模式下继续运营或回库检查
9	列车以 RM 模式行驶经过两个以上区段，不能转成 SM	如此前未做任何操作，则到达下一站重新断合钥匙开关，再以 RM 行驶；否则清客下线	若相关轨旁设备无故障，列车需要回库检查
10	列车在折返/换端时，司机打开主控钥匙开关后，AR 灯仍闪，或显示 ATP 打叉	重启 ATP，如故障显示仍然存在，以 URM 模式驾驶回库检查	
11	在折返站列车停稳后约 10 s 无 AR 信息	（1）关车门后，以 SM 或 ATO 模式进折返线； （2）另一端驾驶室，以 RM 模式动车	折返时采用两个司机分别在两车头操作的方法能减少此故障的影响

续表 9.6

序号	故障现象	处理方法	说明
12	列车到站停在规定范围内，没有车门释放信号	操作强行开门按钮后，如开门灯亮则手动开车门；如操作后开门灯仍不亮，以洗车模式手动控制开门	司机注意选择正确侧车门打开
13	列车对标停稳后，有车门释放，但车门不能自动打开	司机手动控制开门，若仍无效，可以洗车模式手动控制开门	司机注意选择正确侧车门打开
14	列车 MMI 重启	（1）如果列车当前正以 SM/ATO 模式运行，则以 ATO 模式运行，不做处理； （2）如果列车当前正以 RM 模式运行，继续以 RM 模式运行过 2 个轨道区段后，改以 ATO 模式运行，不做处理	
15	列车 MMI 黑屏	（1）如果列车当前正以 SM/ATO 模式运行，以 ATO 模式运行到下一站对标停稳后，断合 ATCCB5； （2）如果列车当前正以 RM 模式运行，继续以 RM 模式运行过 2 个轨道区段后，改以 ATO 模式运行到下一站对标停稳后，断合 ATCCB5； （3）如果列车停在车站，立即断合 ATCCB5	
16	ATO 启动表示灯点亮后，按压 ATO 按钮无效	（1）检查是否同时按压了两个 ATO 按钮； （2）用 SM 模式动车后，再尝试启动 ATO 驾驶； （3）如故障仍然存在，以 SM 模式运行	
17	AR 灯点亮后，确认 AR 按钮，但 AR 灯长亮	（1）如果确认按钮有效，维持运营，回库检修； （2）如果确认按钮无效，关车门后以 SM 或 ATO 进折返线	
18	按下允许开门按钮，MMI 无门释放信号显示	确认允许开门按钮失效，将模式开关置于洗车模式，手动开门，报 OCC	司机注意选择正确侧车门打开
19	列车 ATO 对标不准	（1）如所有列车在某站对标不准，则司机在该站以 SM 模式进站，人工对标停车（行调通知）； （2）如某列车在多站对标不准，则该列车以 SM 模式进站	司机注意选择正确侧车门打开

续表 9.6

序号	故障现象	处理方法	说 明
20	ATO、SM、RM 模式下均无法动车，且无任何故障信息	重新断合钥匙开关	（1）关闭钥匙开关到再次打开钥匙开关的最小时间间隔是 15 s，如果小于 15 s，车载设备不能正常启动，MMI 会显示 ATP 打叉，造成紧急制动无法缓解；（2）打开钥匙开关 15 s 后，车载设备启动完成，此时才能缓解紧急制动
21	列车停在站台，门关好后，有速度码，模式开关在 ATO 位，列车自动启动	列车以 SM 模式驾驶	停车后模式开关应置于 CM 位

六、司机故障处理单项操作时间标准（见表 9.7）

表 9.7　司机故障处理单项操作时间标准

序号	项　目	时间（s）	备　注
1	故障信息确认与判断	30	
2	向行调汇报	40	实际变化比较大
3	客室广播	10	
4	开关安全门、车门	15	
5	切除一个车门（可拉动/不可拉动）	15/30	
6	切除一个安全门	20	
7	断合主控开关	45	含断合间隔 15 s
8	降弓，休眠，唤醒	210	
9	本司机室电气柜操作	25	
10	ATC 柜设备操作	30	
11	二位端低压柜操作	20	BIPS 响应加 90 s
12	司机室到 A1	10/15/20	（1）近/中/远：运营方向每节车厢第 1、第 3、第 5 个车门，时间为司机通过客室到达时间；（2）从站台到达 A1、B1、C1、C2、B2、A2 最远端时间分别为 10、19、27、35、45、55 s，安全门处理参照此时间标准
13	司机室到 B1	25/30/35	
14	司机室到 C1	40/45/50	
15	司机室到 C2	55/60/65	
16	司机室到 B2	70/75/80	
17	司机室到 A2	85/90/95	

续表 9.7

序号	项　目	时间（s）	备　注
18	到另一端司机室（客室/站台）	105/58	
19	升弓	15	
20	降弓	10	

七、车辆故障处理流程举例

例 1：按下侧墙“关门”按钮，部分车门未正常关闭，驾驶台上车门关好灯不亮。其处理流程如图 9.3 所示。

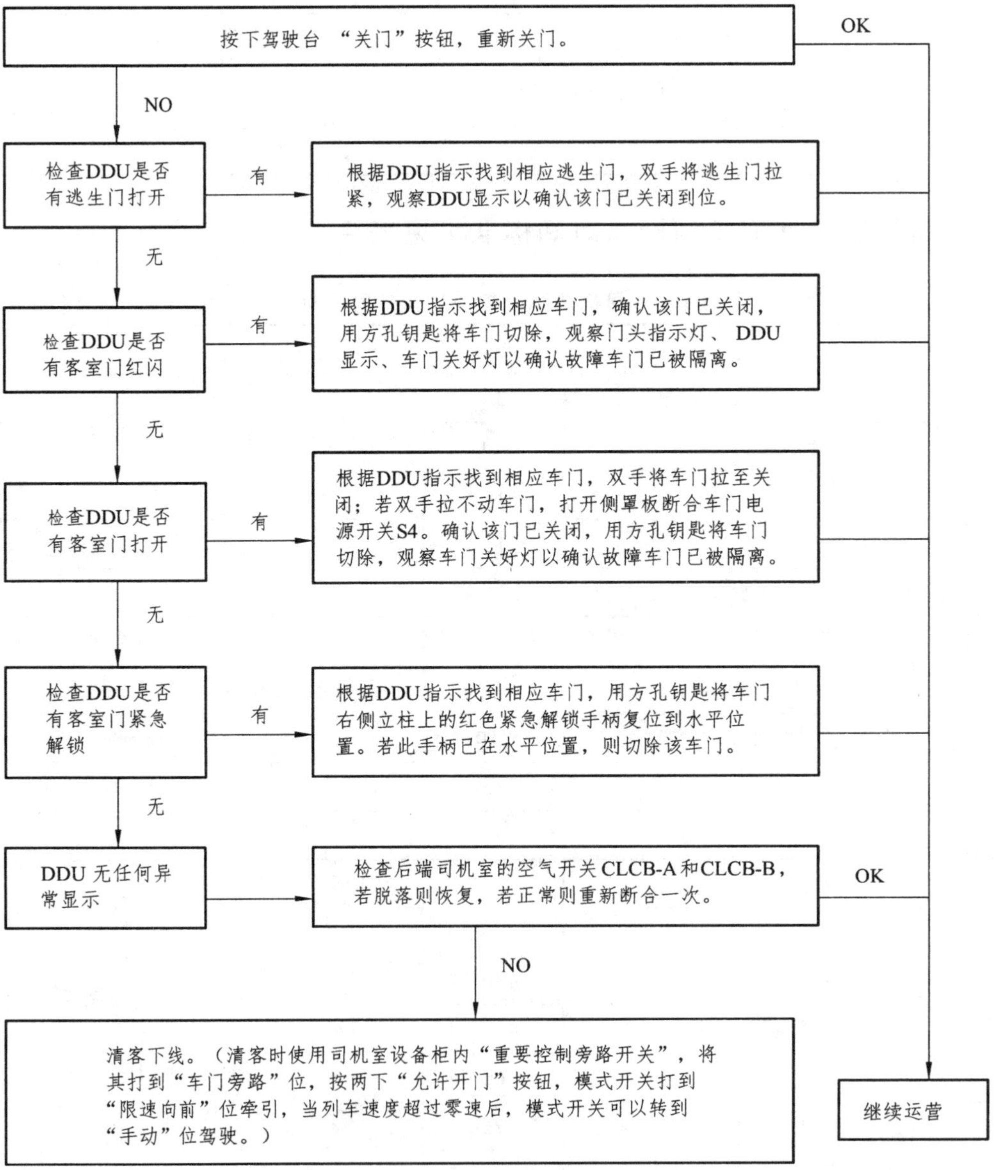

图 9.3　故障处理流程（1）

例 2：列车运行时施加紧急制动。
其处理流程如图 9.4 所示。

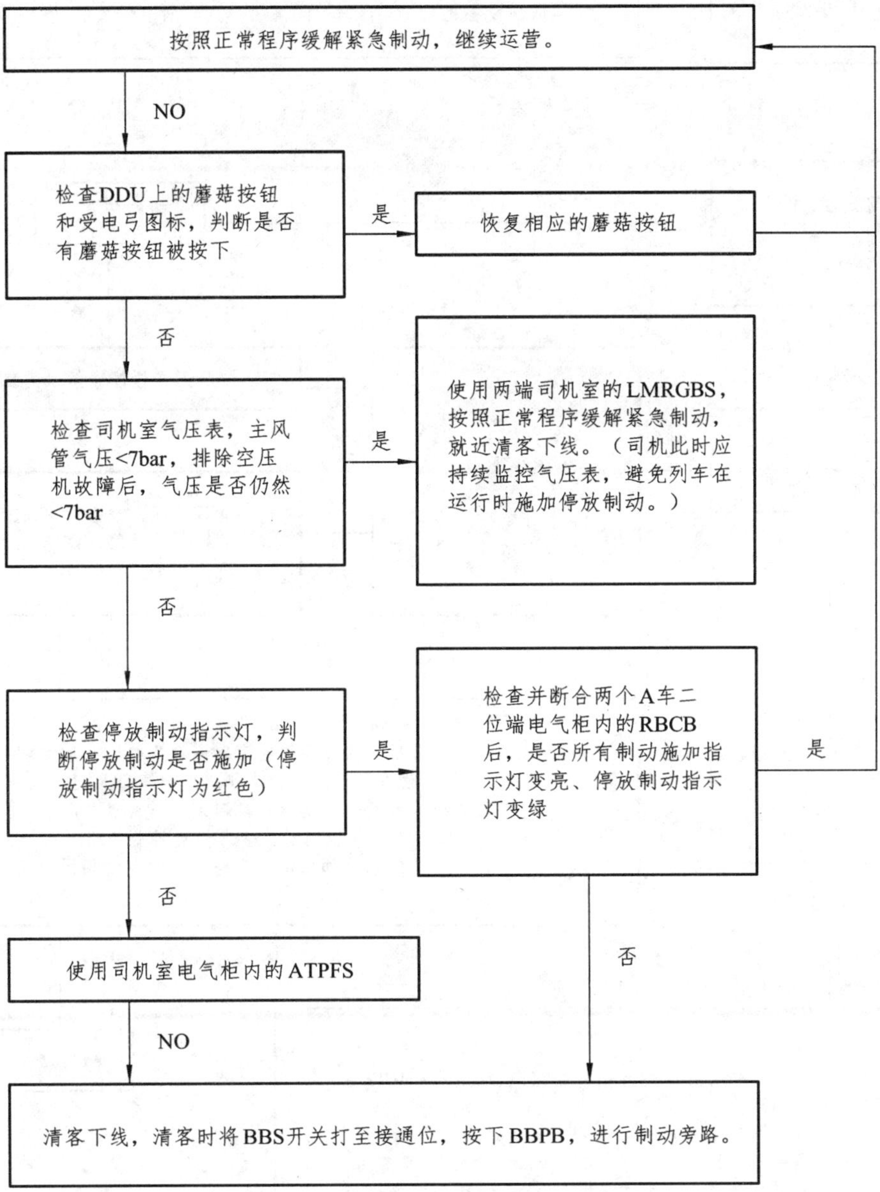

图 9.4　故障处理流程（2）

例 3：列车停放制动无法缓解。
其处理流程如图 9.5 所示。

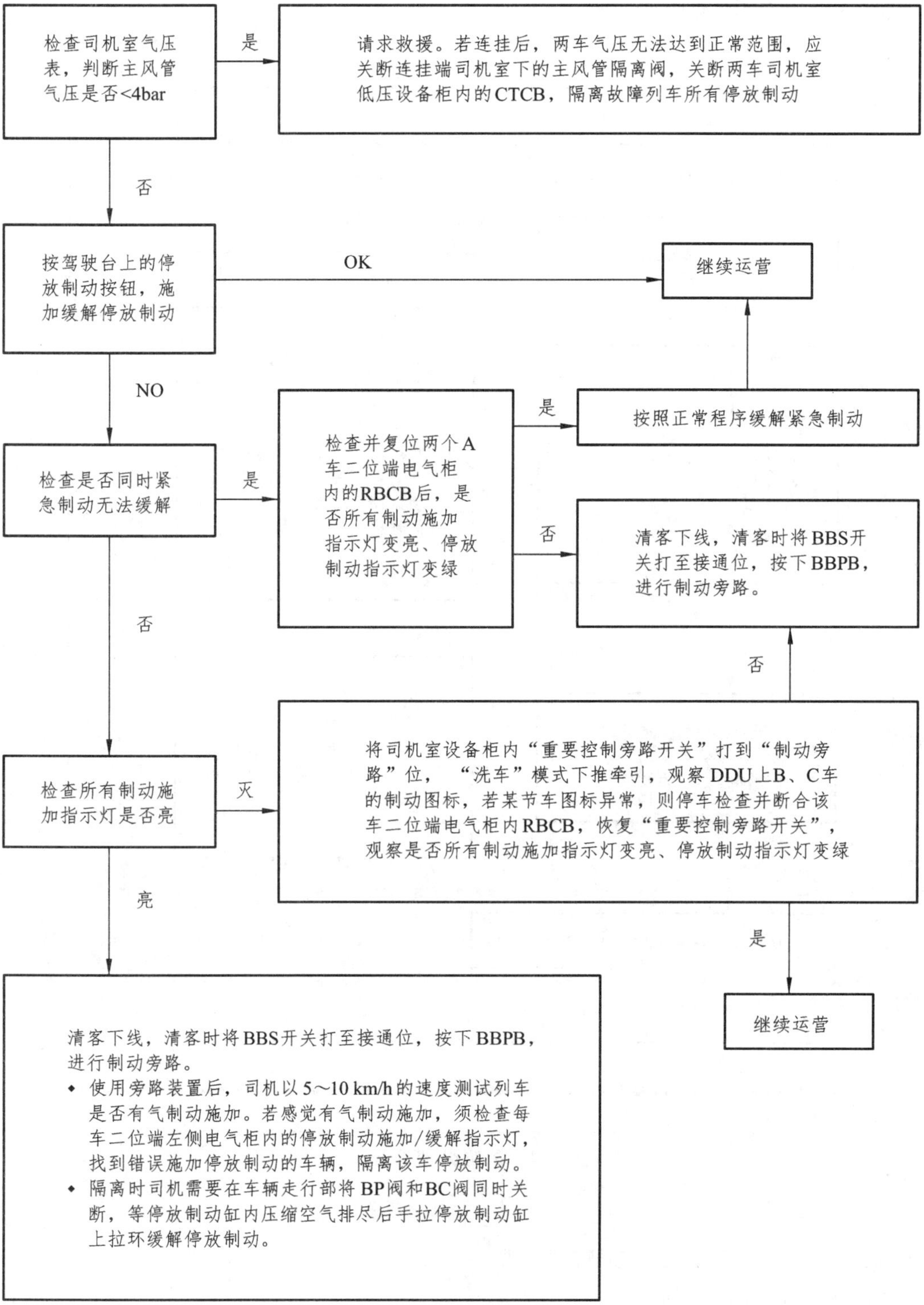
检查司机室气压表，判断主风管气压是否<4bar
是
请求救援。若连挂后，两车气压无法达到正常范围，应关断连挂端司机室下的主风管隔离阀，关断两车司机室低压设备柜内的CTCB，隔离故障列车所有停放制动
否
按驾驶台上的停放制动按钮，施加缓解停放制动
OK
继续运营
NO
检查是否同时紧急制动无法缓解
是
检查并复位两个A车二位端电气柜内的RBCB后，是否所有制动施加指示灯变亮、停放制动指示灯变绿
是
按照正常程序缓解紧急制动
否
清客下线，清客时将BBS开关打至接通位，按下BBPB，进行制动旁路。
否
否
检查所有制动施加指示灯是否亮
灭
将司机室设备柜内“重要控制旁路开关”打到“制动旁路”位，“洗车”模式下推牵引，观察DDU上B、C车的制动图标，若某节车图标异常，则停车检查并断合该车二位端电气柜内RBCB，恢复“重要控制旁路开关”，观察是否所有制动施加指示灯变亮、停放制动指示灯变绿
是
继续运营
亮
清客下线，清客时将BBS开关打至接通位，按下BBPB，进行制动旁路。
使用旁路装置后，司机以5～10 km/h的速度测试列车是否有气制动施加。若感觉有气制动施加，须检查每车二位端左侧电气柜内的停放制动施加/缓解指示灯，找到错误施加停放制动的车辆，隔离该车停放制动。
隔离时司机需要在车辆走行部将BP阀和BC阀同时关断，等停放制动缸内压缩空气排尽后手拉停放制动缸上拉环缓解停放制动。

图 9.5　故障处理流程（3）

第三节 地铁列车常见故障处理

本节以采用庞巴迪技术生产的某型车辆为例对地铁列车常见故障的处理进行介绍。

一、一般故障的处理

1. 全自动车钩漏风的处理方法

若司机观察到主风压力表指针下降过快并听到全自动车钩有漏气声，应马上报告 OCC。建议到站台后检查全自动车钩，并关闭该端 B27，继续运行至前方终点站。

2. 确认客车空气制动缓解的方法

（1）运行过程中，在非空气制动的状态下，司机台空气制动缓解绿灯点亮，车辆显示屏所有空气制动状态标志均显示灰蓝色。

（2）起动过程中，司机台空气制动缓解绿灯点亮，车辆显示屏所有空气制动状态标志均显示灰蓝色，列车伴有明显的排气声响。

（3）需要人工缓解单节车空气制动，必须把单节车两个空气制动的塞门（B09 开关）切除，B09 开关位于每节车 5#座椅下方。

3. ATP 故障时的切除步骤

（1）不需要关闭司机台主控钥匙开关，把 ATP 切除开关置于“分”位；

（2）把 4F04～4F07 自动开关断开。

4. 复位 ATP 的方法

（1）关闭司机台主控钥匙开关；

（2）把 ATP 切除开关置于“分”位；

（3）把 4F04～4F07 自动开关断开；

（4）等待 3 s，然后合上 4F04～4F07；

（5）把 ATP 切除开关置于“合”位；

（6）打开主控钥匙开关，注意从关闭钥匙开关到打开钥匙开关的时间间隔为 35 s。

5. 运行中 1 个 DCU（牵引控制）严重故障时的处理方法

出现此类故障时应报告 OCC，到相应车复位自动开关 2F11，如能恢复正常，则继续牵引；如不能恢复，需切除此动车，维持运营到结束服务。（复位和切除可到终点站进行）

6. 运行中 2 个 DCU 严重故障时的处理方法

出现此类故障时应报告 OCC，用主控钥匙复位或复位相应车的自动保护开关 2F11，如能恢复正常，则继续牵引；如不能恢复，则请求维持运营到终点退出服务。

7. 运行中 3 个 DCU 严重故障时的处理方法

出现此类故障时应报告 OCC，用主控钥匙复位，如能恢复正常，则继续牵引；如不能恢复，则请求到达下站退出服务。

8. 运行中 4 个 DCU 严重故障时的处理方法

如此类故障在方向手柄离开零位时出现，则检查高速断路器是否合上。若故障是由换司机室太快或开关司机台主控钥匙开关太快引起的，需用主控钥匙进行复位。若此故障一直出现，报告 OCC，请求救援。

9. 显示屏出现牵引差动电流时的处理方法

出现此类故障时应报告 OCC，切除相应车的高速断路器（B 车 2F36、C 车 2F37）及 DCU（2F11），按相应的 DCU 严重故障办法处理。

10. ECU（制动控制）轻微故障时的处理方法

出现此类故障时应报告 OCC。如 6 节车同时出现故障，用主控钥匙复位，一般可恢复正常；如单节车出现故障，用主控钥匙或 MCB 自动开关复位；如此故障一直存在，则报告 OCC，列车可继续运营。

11. 1 个 ECU 中等故障时的处理方法

出现此类故障时应报告 OCC，并检查故障车气制动能否施加和缓解。如故障车能进行气制动，则维持运营；如不能，则请求切除故障车 B09，以 SM 模式限速 60 km/h 运营到终点退出服务。

12. 2 个或 3 个 ECU 严重故障时的处理方法

出现此类故障时应报告 OCC，切除故障车 B09，请求以 SM 模式限速 30 km/h 运营到下站退出服务。

13. 1 个空压机故障时的处理方法

司机确认显示屏显示 1 个空压机故障，并观察空气压缩机泵风时间，如主风缸压力指针上升较慢，立即报告 OCC，检查 A 车电气柜中相应的空气压缩机自动开关 3F10、3F11，如跳闸则复位，继续运营；如复位不了或没跳闸，则请求运行到终点时退出服务。

14. 2 个空压机故障时的处理方法

司机确认显示屏显示 2 个空气压缩机故障且无其他故障显示，若观察到主风压力小于 7.5 bar 时，空气压缩机不工作，主风缸压力不上升，立即报告 OCC，检查 A 车电气柜中空气压缩机自动开关 3F10、3F11，如跳闸则复位，继续运营；如复位不了或没跳闸，则请求到下站退出服务。

15. 转向架 1、2 制动封锁的处理方法

（1）如果是在切除该节车 B09 后出现制动封锁，则在结束服务后复位对应的 B09；

（2）如果是牵引指令太小而出现制动封锁，则将主控手柄回零位，重新牵引；

（3）如果是相应车的 2F40 跳闸，则复位，如果复位不了则切除相应车的 B09，报行调打"气制动旁路"和"停车制动旁路"开关，以 SM 模式限速 60 km/h 运营到下站退出服务。

16. 显示屏显示"另一单元没有有效信号"时的处理方法

立即报告 OCC，建议到达前方终点站后复位另一端的 4F01，维持运行并随时监视司机台上气制动施加、缓解灯和车门指示灯状态，一旦发现异常则报告 OCC 下站退出服务；若正常则运营到终点站后，对另一端 4F01 进行复位，如果复位后恢复正常，则继续运营，如果不能恢复正常，则报告 OCC 建议退出服务。

17. 车载无线电台故障时的处理方法

司机应检查并复位无线电台开关（4F03）一次（由于设备原因，只能复位一次），如能恢复正常，则把情况报告 OCC；若不能恢复正常，则到站后把情况报告车站，请求列车到达下一站时，由车站借无线电手机给司机，继续运营，并把情况报告 OCC。

18. 打开主控钥匙开关后显示屏出现 ATP/ATO 通信中断信息和符号时的处理方法

（1）关闭司机台主控钥匙开关，检查4F04、4F05、4F06、4F07和ATP切除开关是否闭合，如没闭合上，则闭合后再打开主控钥匙开关，若恢复正常则报告OCC，继续运营。

（2）如故障出现时，4F04、4F05、4F06、4F07和ATP切除开关都闭合上，则进行复位（复位ATP切除开关或复位4F04、4F05、4F06、4F07），再打开主控钥匙开关，若恢复正常则报告OCC，继续运营。

（3）如果复位后，不能恢复正常，则报告OCC，经OCC批准后以URM模式驾驶至终点站退出服务。

19. 列车在运行中产生紧急制动并显示ATP通信中断信息和符号的处理方法

关闭司机台主控钥匙开关，对4F04、4F05、4F06、4F07或ATP切除开关进行复位，再打开控制台，如恢复正常，则报OCC，继续运营；若故障仍存在，则报告OCC，经OCC同意后以URM模式驾驶至终点站退出服务。

20. 列车在折返站停稳后约10 s无AR信息的处理方法

（1）报告OCC，关闭清客一侧车门，关闭主控钥匙开关。

（2）到另一端驾驶室对4F04、4F05、4F06、4F07或ATP钥匙开关进行复位后，打开控制台。

21. 列车在换端后打开主控钥匙开关AR灯仍闪烁的处理方法

报告OCC，关闭客室门后，关闭主控钥匙开关，对4F04、4F05、4F06、4F07或ATP切除开关进行复位后，再打开主控钥匙开关。若故障仍存在，则报告OCC，按OCC指示执行。

二、车门故障处理

1. 故障车门已关闭但车门灯闪烁的处理方法

列车在站关门时发现某个车门黄灯闪烁，马上重新开、关门一次，观察能否恢复正常。若能恢复正常则确认站台安全、进路正常后动车；若不能恢复正常，做好乘客广播并报告行调。确认故障车门位置后，司机带上钥匙进入客室把故障车门切除。在关门情况下切除车门，司机必须认真确认故障切除的车门机械锁好，切除指示灯红灯亮。切除完毕，从其他车门下车，回到驾驶室，司机关车门。确认站台安全、进路正确后动车并报告行调。

2. 故障车门未关闭时的处理方法

（1）打开车门上方的盖板。

（2）拉下紧急解锁手柄（红色解锁手柄），使车门驱动风缸排气。

（3）把车门推至易操作位置，取下驱动风缸活塞杆端部的卡簧。

（4）用力将活塞杆向上提起，使活塞杆与左门页分离，将卡簧装回活塞杆端部。

（5）将紧急解锁手柄完全打回原位，用手将两门页关闭。

（6）确认锁钩完全把两门页锁好（此时锁钩处于水平位置），用方孔钥匙切除该车门，确认门盖关上。

3. 开门时一节车门不能打开的处理方法

保持其他车门打开状态，到故障车检查 8F09/8F10、8F05/8F06、8F03/8F04 是否跳闸，若跳闸则复位，关门动车后报行调，若没有跳闸则按行调指示执行。

4. 关门时所有车门上方指示灯灭但有一节车外侧墙运行状态灯黄灯亮的处理方法

（1）马上重新开、关门一次，观察能否恢复正常，若能则确认站台安全、进路正常后动车。

（2）若不能恢复正常，做好乘客广播并报告行调；到故障车用手拍打 5 个车门，确认能否恢复正常，若能恢复正常则返回驾驶室，动车后报行调。

（3）若还不能恢复正常，则确认全部车门关好，返回司机室报行调旁路车门动车（ATP 模式下按强行开门按钮；URM 模式下打车门旁路）。

5. 关门时外侧所有车门指示灯和运行状态黄灯灭但司机室相应侧关门指示灯不亮的处理方法

（1）马上重新开、关门一次，观察能否恢复正常，若能则确认站台安全、进路正常后动车。

（2）若不能恢复正常，做好乘客广播并报告行调；带上钥匙，保持车门打开，到故障车检查自动开关 8F09/8F10 是否跳闸，若跳闸则复位，关门动车后报行调。

（3）如自动开关没跳闸，则确认所有车门已关好后报行调，旁路车门后动车。

（4）若列车到达下一站，仍出现此现象，则司机在确认车门关好的情况下，旁路车门后动车，并报告行调，建议到终点站退出服务。

6. 整列车门打不开时的处理方法

（1）观察相应侧开关门灯是否亮，若亮则人工开门，若人工开门按钮不能打开，则报告行调操作 8K07/8K08 开门。

（2）若开关门灯不亮，观察 8F01 是否跳闸，若跳闸则复位，手动开门，若没有跳闸则操作 8K01/8K07、8K02/8K08 开门。

（3）若关门灯亮，开门灯不亮则操作强行开门按钮给出开门信号，再人工开门。

（4）若操作强行开门按钮，仍不能给出开门信号，则报告行调，建议分断 ATP 再人工开门；若切除 ATP 仍不能打开车门，则报告行调操作继电器开门；若操作继电器仍不能打开车门，则建议换端开门，或手动逐个拉门或按行调指示执行。

7. 整列车门不能关闭时的处理方法

（1）将工作状态（2S11）置于手动开门位，手动关门。

（2）关闭主控钥匙开关关门。

（3）列车折返时有可能是 4K03 扣死，这时可到北端将 8F01 打下再到南端按关门按钮关门后，旁路车门维持运营。

8. 主要车门故障现象

（1）切除车门后，外侧墙灯和关门灯正常，显示屏显示“车门故障”。

（2）拉下手柄后，车门指示灯、外侧墙灯亮，车门关灯不亮，显示屏显示“车门紧急解锁”。

（3）车门打开后，车门指示灯、外侧墙灯亮，关门灯不亮，显示屏没显示。

（4）8F09 / 8F10 跳闸后，关门灯不亮，显示屏显示“车门故障”，关门时继电器有响声。

（5）8F03 / 8F04、8F05 / 8F06 跳闸后，各种显示正常。

三、制动类故障处理

1. 司机室内停车制动缓解灯绿灯不亮的处理方法

（1）按试灯按钮试验，如停车制动缓解灯不亮而灯泡未烧，做停车制动试验，观察外侧墙停车制动状态指示灯的状态。若有一节车侧墙蓝灯亮，则报告行调，建议到故障车检查 2F38 自动开关是否跳闸。若是则复位并回驾驶室做停车制动施加、缓解试验，缓解故障车的停车制动。若侧墙蓝灯全灭，则先按制动施加按钮，再按制动缓解按钮。确认所有蓝灯灭，副台缓解绿灯亮则动车。如副台绿灯不亮，报告行调，建议打停车制动旁路到终点站退出服务。

（2）若故障车 2F38 无跳闸或复位不成功，故障车的停车制动仍不能缓解，则报告行调到故障车操作 B19 缓解故障车的停车制动。若仍不能缓解，则报告行调切除故障车的 B09，用螺丝刀撬故障车的停车制动缓解环，缓解故障车的停车制动。确认所有停车制动缓解后，报行调操作停车制动旁路动车。

2. 运行中产生紧急制动后显示屏显示紧急制动信息并伴随受电弓降下的处理方法

（1）马上报行调，同时通过广播安抚乘客；按升弓按钮升弓，若能升弓并缓解紧急制动则继续运行。

（2）若仍不能升弓，则检查紧急按钮是否被按下，若是则复位，恢复升弓后继续运行。

（3）如紧急按钮正常则检查操纵端 A 车自动开关 2F01、2F04 等是否跳闸，若跳闸则复位，升弓后继续运行。

（4）如操纵端 A 车无自动开关跳闸，则把 3S01 重新置合位再升弓。

（5）如仍不能升弓则报告行调，建议到两个 C 车检查 9F01 是否跳闸，若跳闸则复位重新激活 3S01 后升弓动车。

（6）如仍不能升弓则报告行调请求救援。

3. 运行中产生紧急制动后显示屏显示紧急制动信息但受电弓未降下的处理方法

（1）观察显示屏运行中是否出现 RM 和红色掌印的图标是否能按 RM 按钮缓解，能则动车后报告行调。

（2）如运行中显示屏显示 ATP 打叉的符号，则复位 ATP，成功后以 RM 模式动车。

（3）若紧急制动仍不能缓解，则检查操纵端 A 车 2F05 自动开关是否跳闸，若跳闸则复位，动车后报行调。

（4）若紧急制动仍不能缓解，则报告行调，建议切除 ATP 以 URM 模式运行，到终点站退出服务。

（5）若紧急制动不能缓解，则建议换端或按 OCC 指示执行。

4. 某节车气制动不能缓解且显示屏无故障显示的处理方法

若列车起动后 3 ~ 5 s 时出现 4 个 DCU 轻微故障，司机台气制动缓解灯不亮，列车失去牵引力，然后自动停下，司机应马上报告行调，分主断做气制动试验，观察外侧制动状态灯的显示。主控手柄在牵引位时，发现有一节车的气制动施加灯一直亮，司机报告行调，建议到故障车切除该车 B09。切除该车 B09 后，观察该车外侧气制动缓解灯是否亮，若亮则报告行调，以 SM 模式限速 60 km/h 运行。若切除该车 B09 后，该车外侧气制动缓解灯不亮，主控手柄在牵引位时，司机台气制动缓解灯也不亮，则报告行调，建议操作“气制动旁路”以

SM 模式限速 60 km/h 运行到终点站退出服务。

5. 某节车外侧墙运行状态灯绿灯和红灯同时亮的处理方法

（1）若在车站发现此情况，司机报告行调，分主断做气制动试验。

（2）在施加和缓解试验时分别观察故障车外侧的制动状态灯的显示情况。

（3）若在缓解试验时，故障车外侧墙运行状态灯绿灯和红灯同时亮，司机台气制动缓解灯不亮，则报告行调切除故障车 B09。

（4）若在施加试验时，故障车外侧墙运行状态灯绿灯和红灯同时亮，则报告行调切除故障车 B09。

（5）若在施加试验时，故障车外侧墙运行状态灯红灯亮，同时绿灯不亮；在缓解试验时故障车外侧墙运行状态灯绿灯和红灯同时亮，司机台气制动缓解灯绿灯亮，则报告行调继续运行。

6. 列车产生 2.6～2.8 bar 的制动气压不能缓解、显示屏无故障显示、司机室各指示灯正常的处理方法

（1）将方向手柄回零位，5 s 后再推向前，重新起动，如恢复正常则报告行调。

（2）若仍不能缓解，则检查操纵端 A 车 2F05 自动开关是否跳闸，若跳闸则复位，动车后报告行调。

（3）若操纵端 A 车 2F05 自动开关未跳闸，则报告行调，并通过广播安抚乘客。关闭主控钥匙开关，30 s 后，打开主控钥匙开关，观察能否恢复正常，若能恢复正常则动车后报告行调。

（4）若仍不能恢复正常，则报告行调，建议清客后换端试验或按行调的指示做好被救援的准备。

7. 列车起动时出现 1.5 bar 的制动气压不能缓解且显示屏显示 4 个 DCU 中等故障的处理方法

（1）分主断做气制动试验，观察气制动能否缓解。若能缓解，则合主断再牵引，若能动车则动车后报告行调。

（2）若分主断做气制动试验气制动可缓解，合主断时气制动不能缓解，则报告行调并做好乘客广播，按关门按钮一次，再重新起动，若能动车则动车后报告行调。若仍不能动车则关闭钥匙开关，再重新起动，能动车则动车后报告行调。若仍不能动车则报告行调，建议清客后换端或按行调指示等待救援。

（3）若分主断做气制动试验，保压制动也不能缓解，则检查车门是否关好、疏散门是否锁好、停车制动是否缓解、警惕按钮是否作用良好、主风压力是否大于 7 bar，若有一个不正常则按相应的故障处理。若以上检查全部正常，则报告行调，建议操作“停车制动”旁路，若能动车则动车后报告行调。若仍不能动车则关闭主控钥匙开关，再重新起动，若能动车则动车后报告行调。若仍不能动车，则报告行调，建议清客后换端试验或按行调的指示等待救援。

8. 列车起动时出现 1.5 bar 的制动气压不能缓解且显示屏显示 DCU 中等故障，司机室内停车制动施加、缓解灯不亮，气制动施加、缓解灯不亮，其他指示灯显示正常时的处理方法

（1）观察显示屏是否有“主风压力小于 6 bar、转向架 1 制动封锁、转向架 2 制动封锁”的信息和有一节车外侧运行状态灯红、绿、蓝灯都不亮，有则初步怀疑是相应车的 2F40 自动开关跳闸。报告行调后到故障车复位 2F40（在站内，把车门打开，从站台前往处理；处理时注意观察故障车外侧运行状态灯的显示），复位后正常则继续运行。若故障车 2F40 无跳闸

或复位不成功，则切除故障车的 B09，报告行调，建议操作“停车制动”气制动旁路，以 SM 模式限速 60 km/h 运行到终点站退出服务。

（2）若显示屏无故障显示和外侧运行状态灯显示正常，则初步怀疑是后端 A 车的 2F30 自动开关跳闸。报告行调后到后端 A 车检查 2F30 自动开关是否跳闸，若跳闸则复位，动车后报告行调。若后端 A 车 2F30 自动开关未跳闸或复位不成功，则确认所有停车制动缓解（外侧所有蓝灯灭）后报告行调，建议操作“停车制动”旁路，做气制动试验。若观察到外侧气制动缓解灯绿灯全部亮则报告行调，建议操作“气制动”旁路，动车后到终点站退出服务。

9. 列车起动 3～5 s 后显示屏出现 4 个 DCU 轻微故障，显示屏无其他故障显示，司机室气制动缓解灯不亮时的处理方法

（1）马上停车并报告行调，同时通过广播安抚乘客。

（2）分主断做气制动试验，观察外侧运行状态灯的显示，在缓解试验时观察是否所有绿灯亮，是则报告行调，建议操作“气制动”旁路，动车后到终点站退出服务。

（3）分主断做气制动试验，如在缓解试验时观察到有一节气制动缓解灯绿灯不亮，则报告行调，建议到故障车切除 B09。如故障车切除 B09 后外侧绿灯亮，则报告行调以 SM 模式限速 60 km/h 运行到终点站后退出服务；如故障车切除 B09 后，外侧绿灯仍不亮，则确认其他车气制动缓解后报告行调，建议操作“气制动”旁路，以 SM 模式运行至终点站退出服务。

四、牵引系统类故障处理

若列车在起动时气制动可缓解但无牵引力，且显示屏显示 4 个 DCU 中等故障，司机可进行如下处理：

（1）司机马上转换 SM 模式/人工驾驶，观察能否恢复正常，若能则继续运行并报告行调。

（2）若故障不能恢复，则检查操作端 A 车的 2F10 自动开关是否跳闸，若跳闸则复位，动车后报告行调。

（3）若操作端 A 车的 2F10 自动开关未跳闸，则报告行调，通过广播安抚乘客。关闭主控钥匙开关，再重新牵引，若正常则继续运行。

（4）若仍不能恢复正常，则报告行调，建议清客后换端做动车试验，若能动车则报告行调退行或推进运行。若换端做动车试验若仍不能动车，则报告行调请求救援。

五、安全疏散门故障时的处理方法

（1）列车在运行中，出现疏散门指示灯闪烁的情况时，一般为疏散门中间行程开关 7S05 接触不良，这时可通过手动操作观察是否有牵引力。

（2）列车在运行中，若疏散门指示灯亮，但显示屏没有疏散门未锁字样，这时为 7K06 烧坏，确认两端疏散门是否锁好，若锁好则报行调打疏散门旁路。

（3）如显示屏出现疏散门未锁字样，先确认两端 7F01 是否跳闸。确认两端疏散门锁好，则报行调，打疏散门旁路，听从行调指示。运行中注意车状态及仪表的显示。

（4）如在区间运行时出现疏散门指示灯亮的情况，则报行调直接打疏散门旁路，转换为 SM 模式运行到下站处理。

（5）如出现疏散门指示灯亮及显示屏有显示，则确认疏散门锁好，打旁路动车。

六、显示屏故障时的处理方法

若显示屏显示不正确或黑屏、白屏时，报告行调，运行至下一站或终点站复位。复位成功则继续运营；若复位无效则检查并随时监视司机台上气制动施加、缓解灯和车门指示状态，如果有异常则运行至下一站清客，退出服务，如正常则请求到终点站退出服务。

如另一单元无有效信号，报告行调，建议到终点站复位。运营中监视司机台上气制动施加、缓解灯和车门指示状态，如果有异常则运行至下一站清客，退出服务。如正常则请求到终点站后到后端检查 4F01 是否跳闸，若跳闸则复位。

七、无法激活蓄电池的原因

（1）列车蓄电池电量不足。
（2）两蓄电池箱的继电器 3Q03 烧坏或断开。
（3）两 A 车的 3F05 均跳闸。
（4）任一 C 车的 3F08（列车辅控）跳闸。
（5）操纵端 3S01、3F06 跳闸。
（6）C 车 9F01（车钩监控）跳闸或 W03（半自动车钩解钩盒）未锁或半自动车钩监控提杆提起。

八、司机台开锁后无法升弓的原因

（1）主风缸压力小于 3 bar。
（2）紧急制动按钮被按下。
（3）操纵端 2F01、2F30 跳闸。
（4）两端 2F33、2F31、2F04 均跳闸。
（5）两端 A 车 U01 关闭。
（6）C 车 9F01 跳闸、半自动车钩监控提杆提起、半自动车钩解钩盒打开。

九、部分自动开关名称与跳闸的现象（见表 9.8）

表 9.8　部分自动开关名称与跳闸的现象

自动开关名称	列车停下时产生的现象	运行中跳闸产生的现象	备注
列车主控（2F01）	受电弓降下，列车马上产生紧急制动，显示屏无显示，主断分合灯不亮，升降弓灯不亮。气制动灯不亮，司机台不能激活。（2F01 操纵端跳闸）	受电弓降下，列车马上产生紧急制动，制动气压为 2.8 bar 不能缓解，显示屏无显示，主断分合灯不亮，升降弓灯不亮。气制动灯不亮，司机台不能激活。（2F01 操纵端跳闸）	非操纵端跳闸时，无影响

续表 9.8

自动开关名称	列车停下时产生的现象	运行中跳闸产生的现象	备注
制动状态指示灯（2F40）	显示屏显示：主风压力小于6bar，转向架 1 制动封锁、转向架 2 制动封锁，司机台气制动缓解、施加灯不亮，停车制动施加、缓解灯不亮，相应车辆外侧运行状态指示灯红灯、绿灯、蓝灯都不亮。列车保压制动不能缓解，主控手柄在牵引位时，出现 4 个 DCU 中等故障	列车失去牵引力，显示屏显示：4 个 DCU 中等故障，主风压力小于 6 bar；司机台气制动缓解、施加灯不亮，停车制动施加、缓解灯不亮，相应车辆外侧运行状态指示灯红灯、绿灯、蓝灯都不亮。列车停车后保压制动不能缓解	
附属设备（7F01）	显示屏显示疏散门未锁，保压制动不能缓解，风笛不响，升弓、降弓灯不亮，该 A 车受电弓标志没有，司机台疏散门未锁灯不亮	列车失去牵引力，显示屏显示 4 个 DCU 中等故障、疏散门未锁；风笛不响，升弓、降弓灯不亮，该 A 车受电弓标志没有；列车停下时保压制动不能缓解；司机台疏散门未锁灯不亮	非操纵端跳闸时，操纵端司机台疏散门未锁灯亮。其他现象与操纵端跳闸一样
紧急停车（2F04）	该端受电弓降下，列车马上产生紧急制动，制动气压为 2.8 bar，不能缓解；主断分、合灯不亮；显示屏显示紧急制动；DC/DC 严重故障；该单元车 VVVF 红点（操纵端跳闸）	列车马上产生紧急制动，制动气压为 2.8 bar，不能缓解；该端受电弓降下；主断分、合灯不亮；显示屏显示紧急制动；DC/DC 严重故障；该单元 VVVF 红点（操纵端跳闸）	非操纵端跳闸时，相应端受电弓降下，列车可缓解，相应单元 VVVF 红点，DC/DC 严重故障
列车辅控（3F06）	不能合上 3S01，列车不能激活（未合上 3S01 前跳闸）；若合上 3S01 时跳闸，列车马上自动分断 3S01	列车马上产生紧急制动，制动气压为 2.8 bar，不能缓解；受电弓降下；列车马上自动分断 3S01	非操纵端跳闸时，无影响
列车辅控断（3F07）	不能断开 3S01，若未升弓则不能升起受电弓（操纵端跳闸）	无影响	非操纵端跳闸时，无影响
车辆主控（2F02）	显示屏显示该车 ECU 严重故障，相应车制动系统红点；做气制动缓解试验时，司机台气制动缓解灯不亮，相应车外侧墙气制动缓解灯绿灯不亮	在列车缓解情况下跳闸，相应车保持缓解状态；显示屏显示 ECU 严重故障；停车后相应车仍然保持缓解状态，司机台气制动施加灯红灯不亮；列车可以缓解	

续表 9.8

自动开关名称	列车停下时产生的现象	运行中跳闸产生的现象	备注
KLIP（4F08）	操纵端 A 车显示屏无显示，主断分合灯不亮，升、降弓灯不亮，空调停止工作。非操纵端 A 车，显示屏显示：相应车 VVVF 红点、左/右门红点、制动系统红点、DC/AC 红点、乘客报警等信息。列车可以动车	操纵端 A 车显示屏无显示，主断分合灯不亮，升、降弓灯不亮，空调停止工作，列车可以正常运行。非操纵端 A 车，显示屏显示：相应车 VVVF 红点、左/右门红点、制动系统红点、DC/AC 红点、乘客报警等信息。列车可以正常运行	
基准值变换器（2F10）	列车在停止状态时，气制动可缓解但无牵引力，显示屏显示 4 个 DCU 中等故障（操纵端 A 车）	出现四个 DCU 严重故障，停下后出现 ECU 严重故障（操纵端 A 车）	非操纵端跳闸时，无影响
车门命令（8F01）	开关门灯都不亮，开关门按钮不起作用。列车在开门后跳闸，客室门自动关闭。列车在开门前跳闸，客室门不能打开，操纵 8K01/8K07、8K02/8K08 不起作用。列车可以缓解	司机室开关门灯都不亮，列车可以正常运行	非操纵端跳闸时，无影响
车钩监视（9F01）	不能合上 3S01（未合 3S01 前跳闸）。如果在升弓后跳闸，列车马上产生紧急制动，制动气压为 2.8 bar，不能缓解；受电弓降下，此时按升弓按钮，受电弓不能升起。显示屏显示：半自动车钩解钩、紧急制动	列车马上产生紧急制动，受电弓降下，制动气压为 2.8 bar，不能缓解。显示屏显示：半自动车钩解钩、紧急制动	若要缓解紧急制动和升弓必须恢复 9F01，还必须把 3S01 重新打至合位
ATP（4F04）	产生紧急制动，显示屏显示 ATP 无有效信号符号和信息（操纵端 A 车）	列车马上产生紧急制动，显示屏显示 ATP 无有效信号符号和信息（操纵端 A 车）	非操纵端跳闸时，无影响
ECU 电源（2F12）	显示屏显示 ：ECU 严重故障、相应车制动系统红点。起动时司机台气制动缓解灯不亮，该节车气制动不能缓解	显示屏显示 ECU 严重故障。制动时该节车气制动保持缓解状态，司机台气制动施加灯不亮	

续表 9.8

自动开关名称	列车停下时产生的现象	运行中跳闸产生的现象	备注
左/右门未锁（8F09/8F10）	显示屏显示相应车车门红点，关门时继电器有响声，关门灯不亮。如果是在开门时跳闸，则关门时该节车车门不会关，列车不能起动。如果是在关门时跳闸，车门不能打开，司机室相应侧关门灯不亮，列车不能起动	ATP 保护下列车马上产生紧急制动，司机室相应侧关门灯不亮。在 URM 模式下，列车马上失去牵引力，显示屏显示 4 个 DCU 中等故障，司机室相应侧关门灯不亮	
左/右门解锁（8F03/8F04）	相应车左/右侧车门不能打开（开门前跳闸）。若开门后跳闸，无影响。关门后司机室关门灯亮，列车可缓解	无影响	
左/右门开（8F05/8F06）	相应车左/右侧车门不能打开（开门前跳闸）。若开门后跳闸，相应侧车门自动关闭。关门后司机室关门灯亮，列车可缓解	无影响	
CFSU 电源（4F01）	操纵端跳闸，显示屏无显示，主断合、升降弓灯不亮。非操纵端跳闸，显示屏显示另一单元车没有有效信号，主断合、升降弓灯不亮。列车可缓解	操纵端跳闸，显示屏无显示，主断合、升降弓灯不亮。非操纵端跳闸，显示屏显示另一单元车没有有效信号，主断合、升降弓灯不亮。列车可缓解（在 ATO 模式下跳闸列车马上产生紧急制动）	
110 V 永久列车线（3F05）	任一端跳闸无影响。两端同时跳闸时 3S01 合不上（未激活列车前）	任一端跳闸无影响。两端同时跳闸，列车马上产生紧急制动，受电弓降下，并自动关闭 3S01	
速度等于 VMIN（2F05）	列车马上产生紧急制动，制动气压为 2.6 bar，不能缓解。显示屏显示紧急制动。在 URM 模式下列车没有车门解锁信号，车门不能打开	列车在运行时，无影响	
停车制动缓解（2F38）	停车制动在施加的情况下，按停车制动缓解按钮，相应车停车制动不能缓解；停车制动在缓解情况下，无影响	列车在运行时，无影响。但一旦停车制动施加后相应车停车制动不能缓解	

续表 9.8

自动开关名称	列车停下时产生的现象	运行中跳闸产生的现象	备注
停车制动施加（2F39）	停车制动在缓解的情况下，按停车制动施加按钮，相应车停车制动不能施加；停车制动在施加的情况下，无影响	列车在运行时，无影响。但一旦要施加停车制动，相应车停车制动不能施加	
受电弓高速断路器（2F30）	操纵端跳闸，升降弓按钮、停车制动施加缓解按钮、主断分合按钮不起作用，主断分合灯不亮。非操纵端跳闸，操纵端司机室停车制动施加缓解灯不亮，气制动施加缓解灯不亮，保压制动不能缓解	操纵端跳闸，升降弓按钮、停车制动施加缓解按钮、主断分合按钮不起作用，主断分合灯不亮。非操纵端跳闸，操纵端司机室停车制动施加缓解灯不亮，气制动施加缓解灯不亮，显示屏出现 4 个 DCU 中等故障	
列车辅控通（3F08）	未激活列车前跳闸，3S01 合不上。3S01 合上后无影响	无影响	
受电弓主控（2F33）	未升弓前跳闸，相应端受电弓不能升起。升弓后跳闸，相应端受电弓马上降下	相应端受电弓马上降下	
受电弓升（2F31）	未升弓前跳闸，相应端受电弓不能升起。升弓后跳闸，无影响	无影响	

十、车辆塞门位置和功能（见表 9.9）

表 9.9 车辆塞门位置和功能

代号	内容	位置	元件形式	功 能
A11	空气压缩机调压器塞门	UFPP	截断塞门	此塞门用来隔离空气压缩机控制用的调压器。当塞门打开，调压器与压缩空气气流相连；当其关闭，则隔离。当调压器失效时，关闭此塞门，检查安全阀功能是否正常，或通过试验接头外部供气检查压力开关的设置以隔离调压器

续表 9.9

代号	内容	位置	元件形式	功　能
B09.1	空气制动塞门（转向架 1）	PCS4	截断塞门	此带排气的塞门用来隔离车辆 1 端转向架制动缸管道，并且排出制动缸压力空气（如果空气制动施加以后）。 此塞门位于客室第 4 号座椅下。在车体和 1 位转向架基础制动装置之间连接软管 B10 时，制动缸管必须关断。 在空气制动不能缓解时，也使用此塞门。 如果列车必须用机车牵引时，此塞门也应关闭。进一步，如果响应的压力开关 B15 失效时，此塞门也要关闭
B09.2	空气制动塞门（转向架 2）	PCS6	截断塞门	此带排气的塞门用来隔离车辆 2 端转向架制动缸管道，并且排出制动缸压力空气（如果空气制动施加以后）。 此塞门位于客室第 4 号座椅下。在车体和 2 位转向架基础制动装置之间连接软管 B10 时，制动缸管必须关断。 在空气制动不能缓解时，也使用此塞门。 如果列车必须用机车牵引时，此塞门也应关闭。进一步，如果响应的压力开关 B15 失效时，此塞门也要关闭
B16	主风缸塞门	UFCS	截断塞门	此塞门将主风缸与空气管路隔离。 此塞门还用于在运输时将主风缸与车辆的隔离。 当主风缸在维护与更换时，用此塞门隔离主风缸
B19	停车制动施加与缓解电磁阀	UFPP	脉冲阀	如果无电状态时，用此阀手动缓解与施加停车制动（正常工作状态，这种操作是电控的）。 此阀位于空气控制屏上。 当电气故障时，停车制动手动施加是按按钮 K1，手动缓解是按按钮 K2（注意：有压力空气为缓解与施加停车制动的先决条件）
B19	停车制动紧急缓解	踏面制动单元	拉环	停车制动可以通过人工拉动制动单元上的辅助缓解环来紧急缓解，在无压力空气状态下而列车必须移动时使用紧急环缓解。 当 2S06“停车制动施加”按钮指示时，手动缓解不列入考虑。 紧急制动缓解后，停车制动可以通过按 2S06 来施加，紧急缓解接着被取消。 当第一次再施加时，机械辅助缓解装置自动副为复位
B27.1/B27.2	车钩塞门		截断塞门	塞门 B27.1 和 B27.2 将主风管和车辆与响应车钩之间的连通软管 B25 隔离。 在连接管路断裂，且压力降到 6 bar 的情况下，压力开关输出信号给 DCU，关断与车辆连接的两个塞门以隔离 B25。 解钩前或换车钩和连接管路，B25 前塞门要关断

续表 9.9

代号	内容	位置	元件形式	功　能
S02.1	刮雨器操作阀	DCSR (A 车)	带节流装置操纵阀	用于调节刮雨器气量，控制动作速度
S02.2	刮雨器操作阀	SCSL (A 车)	带节流装置操纵阀	用于调节刮雨器气量，控制动作速度
S01	刮雨器和汽笛塞门	DCCD	截断塞门	此塞门将刮雨器和信号装置与风源隔开。 此塞门在副司机台下的矮柜内。 在二个装置中的任一个失效时此塞门关闭
U01	受电弓塞门	PCS8 (A 车)	截断塞门	此塞门将受电弓与压力空气起源隔离。此塞门位于 A 车客室第 8 号座椅下。 如果受电弓系统内出现漏泄，此塞门要关断。关断塞门会使受电弓不能升起，但空气不会漏泄
U03	受电弓电磁阀	PCS8 (A 车)	电磁阀	在电源故障状态下，此阀用来控制升弓，但此时必须有压力空气。此阀位于 A 车客室内第 8 号座椅下。操作时拉把手
U06	受电弓脚踏阀	PCS8 (A 车)	脚泵	主风压力不足时，踩脚泵可人工升弓
W03	半自动车钩阀	UFSC (C 车)	按钮操纵阀	此阀用来准备将一列车分解为二个三节车。压力空气通过管路与解钩气缸相通，并使钩锁处于解钩位置。 此阀位于 C 车底架半自动车钩盒内，按下按钮 5，打开 P 至 A 的通路，使压力空气流进相连接的装置中，当按钮释放时，阀自动恢复关闭位置。允许 A 通路通过 R 排气
X01	外供气塞口(压力空气)	UFPP	按钮操纵阀	此塞门开启车间外供气通路。 此塞门位于空气控制屏上。手柄垂直位时关闭，水平位置时开启。 如果压缩机不能给空气系统充气的话，空气系统可以通过开启此塞门后，由外部供气。例如，运营前起动列车可用
B50	全自动车钩电器连接风缸塞门	UFAU	截断塞门	用于控制全自动车钩电器自动连接。当两客车连挂时，如两连接端 B50 位置开通，则全自动车钩电器部分自动连接，两列车的停车制动、司机室对讲、客室广播可以相互控制。如果任一端 B50 关断则不能实现电器部分自动连接。 如连挂时不能电器部分连接，必须把 B50 关闭

第四节　轻轨客车正线运营故障应急处理

本节以武汉轻轨列车为例对轻轨客车正线运营故障的应急处理进行介绍。

一、列车整列客室车门无法打开

1. 故障现象

列车对标停车后，司机按正常的开门操作步骤操作后，整列车车门没有打开。

2. 处理办法

（1）在车门自动控制模式下。

检查TOD显示屏是否有“开门”提示，如有“开门”提示则将相应侧“门允许”开关置于“旁路”位，检查并闭合“列车门控”自动开关DOORNFB。若以上方法无效转为车门手动控制模式开门。

如没有“开门”提示则转车门手动控制模式开门。

（2）在车门手动控制模式下。

① 检查“开门允许”指示灯是否亮。如指示灯未亮则将相应侧的“门允许”开关打至“旁路位”后开门；如仍不能开门，则按压“试灯”按钮，判断“开门允许”指示灯是否损坏；如“开门允许”指示灯良好则检查并闭合司机室右侧电气柜内的“列车门控”自动开关DOORNFB，进行开门操作；如自动开关DOORNFB在“闭合”位则按压“换端”按钮至“开门允许”指示灯亮，进行开门操作，开门操作完成后按压“换端清除”按钮（约3s后“开门允许”指示灯灭）。

② 按压司机操纵台上的“开门”按钮ODC开门。

③ 报告行调，至另一端司机室进行开/关门作业，清客，退出运营。

④ 若以上方法无效，紧急解锁车门，手动开门后，清客，退出运营。

二、单节车客室车门无法打开

1. 故障现象

司机按正常的开门操作步骤操作后，某节车车门没有打开。

2. 处理办法

（1）通过TMS显示屏和车外侧车门指示灯（黄色）判别故障车辆。司机通过广播告知乘客从相邻车门下车。检查并闭合故障节的“本车门控”自动开关DOORNFB1后，转车门手动控制模式开门。

（2）若以上方式无效，清客退出运营。

三、个别客室车门无法打开

1. 故障现象

司机按正常的开门操作步骤操作后，个别车门完全没有打开。

2. 处理办法

（1）如在车门自动控制模式下，转车门手动控制模式开门；如果在车门手动控制模式下，则重新进行开门操作。（注意：按压开门按钮的时间不少于 0.5 s。）

（2）若以上方法无效，如确认该车门关闭正常，维持运行；否则人工切除该车门，维持运营至终点站，向驻站检修人员报修。

（3）一节车单侧客室车门无法正常打开的车门不超过 1 h，在车门上贴上标志，维持运行至全天运营结束，否则在终点站报告行调，听行调安排。

四、个别车门打开后没有开到位

1. 故障现象

司机按正常的开门操作步骤操作后，个别车门打开后没有开到位。

2. 处理办法

（1）待关门操作完成后，人工切除该车门，维持运行。

（2）一节车单侧客室车门无法正常打开的车门不超过 1 h，在车门上贴上标志，维持运行至全天运营结束，否则在终点站报告行调，听行调安排。

五、“门全闭”指示灯不亮

1. 故障现象

列车关门后，列车“门全闭”指示灯不亮。

2. 处理办法

（1）通过 TMS 显示屏检查客室车门是否全部关闭，否则按“个别车门无法关闭处理”，直至所有客室车门关闭。

（2）ATO 模式下检查前后端司机室侧门是否关闭。非 ATO 模式下检查后端司机室侧门是否关闭。

（3）按压“试灯”按钮，判定“门全闭”指示灯是否损坏，如损坏则通过 TMS 显示屏判断客室车门是否全部关闭，维持运行至终点站，向车辆部驻站检修人员报修。

六、个别客室车门无法关闭

1. 故障现象

列车关门后，门全闭指示灯不亮，TMS 显示屏显示某个车门没有关闭。

2. 处理办法

（1）通过 TMS 显示屏判别故障车门。

（2）如有异物，则取出后在车门手动控制模式下关门；否则人工关门，并切除该车门，维持运行。

一节车单侧客室车门无法正常打开的车门不超过 1 h，在车门上贴标志，维持运行至全天运营结束，否则在终点站报告行调，听行调安排。

（3）如人工无法关门，则报告行调，清客，转 ATP 切除模式，按压“门旁路”开关退出运营。

七、司机室车门无法关闭

1. 故障现象

操作端或非操作端司机室车门无法关闭。

2. 处理办法

重新关闭司机室车门 2 次，如仍然无法关闭，则进行下列操作：打开相应司机室车门侧罩板，检查司机室车门锁钩、锁座，如发现锁钩断裂、卡死，锁座错位、脱落等机械故障，司机无法修复时，用白布带或绝缘胶布或绳子等将司机室车门把手和扶手绑扎固定，转为 PM 模式运行至终点站，退出运营。

八、列车无法建立头尾

1. 故障现象

按正常建立头尾操作步骤操作后，TMS 显示屏显示列车未建立头尾。

2. 处理办法

（1）在 ATO 模式下。

① 检查后端司机室模式选择开关是否恢复到位。

② 检查 1、4 号车上的“列车控制电源”自动开关 TCN1 是否在闭合位，否则闭合该开关。

③ 重复转换模式选择开关和司机控制器钥匙开关一次。

④ 若以上方法无效，报告行调，转 PM 模式运行。

（2）在非 ATO 模式下。

① 检查后端司机室模式选择开关和司机控制器钥匙是否恢复到位。

② 检查 1、4 号车上的“列车控制电源”自动开关 TCN1 是否在闭合位，否则闭合该开关。

③ 重复转换模式选择开关和司机控制器钥匙开关三次。

④ 若以上方法无效，报告行调，根据行调安排清客并请求至后端司机室，插入并闭合司机控制器、ATP 钥匙，建立无人驾驶模式后，司机从间壁门进入前端司机室，与行调联系排进路至终点站，退出运营。

九、整车牵引电机无牵引电流

1. 故障现象

非 ATO 模式下，司机控制器手柄推至牵引位，整车牵引电机无牵引电流。

2. 处理办法

司机控制器手柄推至牵引位，整车牵引电机无牵引电流，此时已建立头尾，紧急制动已缓解。

（1）检查“停放制动”指示灯是否亮，如果亮则按“停放制动指示灯不灭”故障处理。

（2）检查“门全闭”指示灯是否亮，如果不亮则按“门全闭指示灯不亮”故障处理。

（3）检查高速断路器是否闭合，若未闭合则按司机控制器手柄 VVVF 复位按钮使其复位。

（4）闭合“警惕装置旁路开关”DSDPS。

（5）报告行调，到另一端司机室检查 ATP 切除模式下有无牵引电流，如正常，根据行调安排清客，就近退出运营（注意，列车退行时速度有限制，速度超过 4 km/h 时切断牵引，超过 7 km/h 时实施紧急）；否则请求救援。

十、紧急制动无法缓解

1. 故障现象

总风压力正常（7.5 ~ 9 bar），紧急制动开关未压下，紧急制动无法缓解。

2. 处理办法

（1）检查是否建立了头尾，否则按“无法建立头尾”故障处理。

（2）如在 ATO 或 PM 模式下，请示转 RM 或 ATP 切除模式，看紧急制动能否缓解，如能缓解，则根据行调指示，清客、退出运营。如在 RM、ATP 切除模式下都不能缓解，则报告行调，在 ATP 切除模式下，闭合“紧急制动旁路开关”ESS，如能缓解则根据行调指示就近站台清客、退出运营（注意：此时紧急制动按钮无效，注意行车安全）；如不能缓解，则断开 ESS。

（3）检查“紧急制动电源”自动开关 BVN 是否闭合，若未闭合则闭合该开关。

（4）报告行调，至另一端司机室操作，检查是否能够缓解紧急制动，如能缓解则根据行调安排，清客，就近退出运营。否则请求救援：

① 救援列车与故障列车连挂后，向行调请求上行线、下行线三轨同时断电；

② 确认三轨断电后，下车截止故障列车所有车辆 2 位侧下部的两个制动缸塞门（一列车共 8 个制动缸塞门）；

③ 确认所有单元制动器闸瓦都脱离车轮踏面，等所有人员都上车后，向行调请求上行线、下行线三轨恢复供电；

④ 救援列车推行故障列车至就近站台，清客、退出运营。

十一、空气制动缓解不良

1. 故障现象

进行缓解操作时，TMS 显示屏上显示某节车空气制动无法完全缓解，“制动不缓解”指示灯亮。

2. 处理办法

（1）报告行调，转 PM、RM 或 ATP 切除模式，选择方向后，闭合司机台上的“强迫缓解开关”CPRS 至“强迫缓解”指示灯亮，如能缓解，则维持运行至终点站，退出运行。

（2）按以上步骤不能缓解，报告行调，将司机控制器手柄置“制动位”后执行如下操作：

① 如列车在车站，则清客；

② 根据不能缓解车辆“制动缸塞门”的位置向行调请求相应的线路三轨断电；

③ 确认三轨断电后，下车将故障车辆的两个“制动缸塞门”截止，确认单元制动缸可靠缓解；

④ 等所有的人员都上车后向行调请求三轨恢复供电，故障列车至就近站台，清客、退出运营。

十二、“停放制动”指示灯不灭

1. 故障现象

“停放制动”指示灯不灭，司机手柄推至“牵引位”无牵引电流。

2. 处理办法

（1）ATO 模式下，报告行调后转 PM、RM 或 ATP 切除模式。

（2）将司机控制器手柄推至“制动位”，检查“停放制动”按钮是否闭合，若闭合，则将其断开后，继续运行。

（3）如果总风压力正常，则闭合“停放制动旁路开关”PBPS，维持运行至终点站后退出运营。

十三、风管路泄漏

1. 故障现象

总风压力表在 7.5 bar 至 9 bar 之间波动明显比平常时频繁，或 TMS 上显示空气压缩机都在运行，但总风压力还在不断下落。

2. 处理办法

报告行调，请求尽快到就近站台清客，就近退出运营。

十四、风管路严重泄漏

1. 故障现象

两台空气压缩机都在工作，但总风压力迅速下滑至 6.5 bar 以下，列车实施紧急制动。

2. 处理办法

（1）请求救援。

（2）救援列车与故障列车连挂后，向行调请求上行线、下行线三轨同时停电。

（3）确认三轨停电后，两人下车同时截止两列车连挂端的“主风管塞门”。

（4）截止故障列车所有车辆 2 位侧下部的“制动缸塞门”和“停放制动塞门”（一列车共有 8 个制动缸塞门、8 个停放制动塞门）。

（5）手动或利用一根细长棒拉动所有“带停放制动的单元制动器”（一列车共有 16 个“带

停放制动的单元制动器”）的“手动缓解拉环”，缓解停放制动。

（6）确认所有单元制动器闸瓦都脱离车轮踏面，等所有人员都上车后，向行调请求上行线、下行线三轨恢复供电。

（7）救援列车推行故障列车至就近站台清客，退出运营。

十五、空气压缩机及其控制部分故障

（一）总风压力降至 7.5 bar 以下

1. 故障现象

总风压力下降到 7.5 bar 以下，TMS 显示本单元空气压缩机不泵风。

2. 处理办法

（1）通过 TMS 检查 SIV 是否正常工作，否则按“SIV 故障”处理。

（2）闭合“强迫泵风”开关，风压达到 9 bar 后断开该开关。

（二）总风压力下降到 6.8 bar 以下

1. 故障现象

总风压力下降到 6.8 bar 以下，TMS 显示两台空压机都未工作，并且无空压机工作声音。

2. 处理办法

（1）通过 TMS 检查 SIV 是否正常工作，否则按“SIV 故障”处理。

（2）闭合“强迫泵风”开关，风压达到 9 bar 后断开该开关。

（3）检查操作端“空压机控制”自动开关 CPCN 是否在“闭合位”，否则闭合该开关。

（4）如仍不能泵风，则报告行调，请求尽快就近清客、退出运营。如果实施紧急制动，但总风压力大于 6 bar，报告行调，闭合“紧急制动旁路”开关，缓解紧急制动，就近清客、退出运营。（注意：总风压力低于 5 bar，列车将自动施加停放制动。）

十六、SIV 未工作

1. 故障现象

运行中，TMS 显示屏显示某个 SIV 未工作。

2. 处理办法

（1）按压“SIV 复位”按钮使其复位。

（2）如果是操纵端的 SIV 未工作，检查并闭合“SIV 控制电源”IVCN；如果是非操纵端的 SIV 未工作，至终点站后至另一端司机室检查并闭合“SIV 控制电源”IVCN。

十七、SIV 故障

1. 故障现象

运行中，TMS 显示屏显示某个 SIV 故障。

2. 处理办法

（1）按压“SIV 复位”按钮使其复位，如故障消失继续运营；

（2）如依然显示某个 SIV 故障，在确认另一个 SIV 正常工作、蓄电池正常充电的情况下，可维持至全天运营结束。

十八、蓄电池不能充电

1. 故障现象

运行中，TMS 或控制电源电压表显示蓄电池电压低于 110 V。

2. 处理办法

（1）检查 SIV 是否工作，否则按“SIV 未工作”故障处理。

（2）如果蓄电池电压接近 90 V，则报告行调尽快就近清客、退出运营。

十九、显示 VVVF 故障

1. 故障现象

运行中，TMS 显示某个 VVVF 严重故障（TMS 显示屏显示红色）。

2. 处理办法

（1）司机控制器手柄回零位，按压“VVVF 复位”按钮使其复位。

（2）如不能使其恢复，按“VVVF 切除”按钮切除发生故障的逆变器，维持运行至终点站后清客，断开故障 VVVF 动车客室车厢电气柜内的 IVN、HBN、BHBN 空气开关 30 s 后再闭合，在司机室按 VVVF 复位按钮，进行牵引试验，如一切正常，可继续投入运营。

二十、TMS 显示某个动车无牵引电流

1. 故障现象

运行中，TMS 上长期显示某个动车无牵引电流。

2. 处理办法

司机控制器手柄回零位，按压“VVVF 复位”按钮使其复位。如不能复位，则通过 TMS 显示屏检查该动车电气柜内 IVN、HBN、BHBN 空气开关是否闭合，如未闭合，维持运行至终点站，闭合该开关，如已闭合，则报告行调申请退出运营。

复习思考题

1. 车辆故障产生的原因有哪些？
2. 简述故障处理的思路和技巧。
3. 故障处理原则是什么？

4. 司机排故的注意事项有哪些？
5. 列车到站后车门未正常打开，司机应如何处理？
6. 简述车门紧急解锁的处理方法。
7. 简述车门切除“五部曲”的内容。
8. 在列车运行中施加紧急制动时应如何处理？
9. 受电弓故障时司机应如何处理？
10. 简述复位 ATP 的方法。
11. 列车停放制动不缓解时应如何处理？
12. 显示 VVVF 故障时应如何处理？
13. 3 个 DCU 严重故障时应如何处理？
14. 1 个 ECU 中等故障时应如何处理？
15. 主风管气路压力过低应如何处理？
16. 2 个空压机故障时应如何处理？
17. 在 DDU 上显示 ATC 为红色标记时应如何处理？
18. 轻轨列车整列客室车门无法打开时应如何处理？
19. 整车牵引电机无牵引电流时应如何处理？
20. 简述紧急制动无法缓解时的故障现象及处理方法。

第十章 非正常行车及突发事件的处理

本章提要

（1）列车晚点、客车故障、信号设备故障、轨道电路故障等非正常情况的行车组织。

（2）电话闭塞法组织行车、站间电话联系法组织行车。

（3）列车反方向运行、采用 URM 模式运行操作、检修及封锁施工时的列车运行。目视行车法、区间进路行车法等。

（4）发生火灾、脱轨、冲突等意外事故时的处理方法，信号机显示错误时的处理方法。

（5）正线列车救援原则、救援程序、救援注意事项。

第一节 非正常情况下行车组织

非正常情况行车组织是相对于正常情况行车组织而言的，主要是指由于设备故障、火灾、大客流或运行秩序紊乱等原因，不能继续采用正常情况下的行车组织方法组织轨道交通行车。城市轨道交通由于采用较先进的设备，自动化程度较高，正常情况下行车组织作业主要是利用先进设备监控列车运行。然而越先进的设备，平时越少出现故障，一旦出现故障，则越考验各级行车人员的事故处理能力及应变能力。因此为加强员工对非正常情况的处理能力，城市轨道交通系统非常重视非正常情况事故演练。本章介绍部分城市轨道交通系统非正常情况行车组织的基本方法，具体操作程序及作业流程与所采用的运输设备有关。

一、列车晚点

列车在运行过程中由于车辆故障、运缓、作业延误或客运组织问题等原因造成列车出现大幅度晚点，不能确保列车按运行计划正点始发和正点到达时，应牢固树立“以旅客为本”的思想，加强运输组织和客运组织，积极恢复正点。晚点时行车组织的重点是放弃原有的列车运行计划，通过调整沿线列车的运行时间、运行速度和停站时间等，逐步恢复列车运行的正常秩序，尽快将在线运行列车的间隔调整均匀。为了尽量使列车恢复和接近运行图规定的要求，一般有加速运行、压缩停站时间、加快列车折返速度、越站运行、组织反方向运行等方法。

行车调度应正确判断列车晚点的原因、程度、堆积列车数量、发生的地点，确定前行和后续列车的站间运行时分和停站时间，随时调整运行参数，编制临时运行图。此时车站乘客信息系统应向乘客通告车站所处状态和列车运行情况。同时可通过执行相应的票务模式，利用闸机限制乘客进入站台，甚至关闭扶梯来控制站台乘客人数。不论什么原因造成列车晚点，司机都应在安全的前提下积极恢复正点。

二、客车故障

客车在运行过程中出现故障时，可根据故障的不同情况进行不同处理。

故障客车能进行牵引运行，则组织空车回车辆段，动用备用车或车辆段出车替换故障车。

如故障车不能运行，则须组织救援。如果使用运行中的列车组织救援时，须先清客后用空车进行救援。

组织救援时，行车调度应发布开行救援列车的调度命令，故障客车在区间时还需封锁区间，救援列车凭调度命令进入封锁区间。在开通封锁线路前，不得将救援列车以外的其他列车开往该线路。

已申请救援的列车不准动车，司机（或车长）应打开被救援列车两端的标志灯作为防护信号，并注意与救援列车的连接。值得注意的是，铁路系统在组织事故救援时曾经因防护不当，使救援列车与被救援列车相撞，再次发生事故，因此城市轨道交通系统在组织事故救援时应特别注意安全防护。救援时救援列车应在距被救援列车规定距离停车，听候救援负责人（被救援列车司机）的指挥连挂。被救援列车在连挂之前还可继续排除故障，但不能起动列车，如故障排除则可报告行调解除救援。

三、信号设备故障

先进的城市轨道交通系统正线采用 ATC 列车自动控制系统信号设备，由控制中心和车站两级控制。正线有道岔并配有联锁设备的车站称为联锁站，一般使用微机联锁。正线不设进、出站信号，只设进路防护信号机。微机联锁信号设备具有追踪进路功能，列车每出清一段轨道电路，进路自动逐段解锁。

信号设备故障主要包括 ATS 故障、ATP 故障、车载 ATO 故障、联锁故障、轨道电路故障等。对于信号设备故障，由于轨道交通系统采用的信号设备不同，处理的具体方法也不同，但基本原理是相同的。下面以国内采用微机联锁信号系统及列车自动控制 ATC 系统的轨道交通系统为例，介绍信号设备故障时的行车组织方法。

（一）ATS 设备发生故障

ATS 系统的主要功能是控制和监督列车运行。ATS 系统按列车计划运行图指挥列车运行，办理列车进路，控制发车时刻，及时收集和记录列车运行信息，跟踪列车位置、车次，绘制列车运行图，并在控制中心的模拟盘上显示列车信息及线路情况。

当 ATS 系统发生故障时，ATS 系统功能不能实现，需要行车调度中央人工控制所管辖线路上的信号机和道岔，办理列车进路，组织和指挥列车运行。如果出现中央 ATS 系统无显示等故障，则行调应与联锁站办理监控权切换，实现站控。

联锁站值班员首先应确认联锁工作站上的“RTU（指 ATS 的远程终端控制单元）降级模式”是否激活，当“RTU 降级模式”被激活时，联锁站不用操作，列车可自排进路及自动取消运营停车点；若“RTU降级模式”未被激活，行调没有特殊指示时，车站必须在工作站上按正常情况人工排列进路及人工取消运营停车点。

ATS系统故障，将影响列车位置、车次等列车运行信息的记录，进一步影响列车运行图的自动绘制。故司机得到ATS设备故障的通知后，应迅速查看MMI上的车次和目的地码是否正确，如丢失或不正确，应利用停站机会人工输入。换向运行时，输入新的车次，防止因车次和目的地码错误造成列车跳站。推荐速度为零或SM模式动车时，司机要严格执行呼唤确认制度，防止闯信号或挤岔事件的发生。司机在各规定报点站，应向行调报告各次列车的到开点，行调以报点站为单位人工铺画客车运行图。

如果车站在工作站上取消不了运营停车点时，应立即报告行调，由行调转告司机，用RM模式驾驶客车出站，直至转换为ATO模式。当车站取消运营停车点而客车目标速度仍为零且超过规定时间时，车站值班员应报告行调，由行调指示司机开车。当ATO驾驶恢复正常时，应向行调报告。

（二）ATP设备发生故障

ATP子系统是确保列车运行安全的关键设备，由轨旁地面设备和车载设备组成。列车通过地面ATP设备接收运行于该区段的目标速度，保证列车在不超过此目标速度情况下运行，从而也保证了后续列车与先行列车之间的安全间隔距离。对于联锁车站，ATP系统确保只有一条进路有效。ATP系统同时还监督列车车门和车站站台屏蔽门的开启和关闭，保证操作安全。

1. ATP地面设备发生故障

当ATP地面设备发生故障时，ATO车载设备接收不到限速命令，无法按自动闭塞法行车。此时如果是小范围的设备故障，可由行调确认故障区间空闲后，命令司机在故障区间以RM模式限速运行，经过规定数量的轨道电路还未恢复ATO模式时，以RM模式驾驶至前方车站或终点站。如是大范围的设备故障，须停止使用自动闭塞法，改为车站控制，按电话闭塞法组织行车。

2. ATP车载设备故障

ATP车载设备发生故障时，因故障列车无法接收ATP限速命令，此时主要解决列车的驾驶模式问题。一般ATP车载设备发生故障时，司机根据行调命令人工驾驶限速运行，即以URM模式（有限速规定）驾驶列车至前方站；列车到达前方站（或在车站发生故障）故障仍不能修复时，由车站派行车人员上驾驶室添乘，沿途协助司机瞭望，监控速度表，超速时，立即按压紧急停车按钮。司机以URM模式按规定的限制速度继续驾驶列车至前方终点站退出服务。此时行调应随时注意ATP车载设备发生故障的列车运行情况，严格控制速度，以确保列车与列车之间的最小间隔在一个区间及以上。

列车在运行中因道岔显示故障造成紧急停车（停在岔区）时，车站应报行调通知信号检修人员，车站人员到现场将道岔锁定后，司机根据行调命令限速离开岔区。

如果客车在站台发车前收不到ATP速度码，司机应报行调，在得到行调同意后可使用RM模式动车。

（三）ATO 子系统发生故障

ATO 子系统的主要功能是站间运行控制、使列车根据时刻表和可能的最大节能原则自动调整实际运行时分和在站内的停留时间、在车站的定位停车控制、车门控制及站台屏蔽门的开启等。

当 ATO 子系统发生故障时，列车自动运行功能不能实现，此时列车改为 SM 人工驾驶模式，在 ATP 车载设备的监护下，按车内速度信号显示运行。

四、轨道电路故障

1. 区间轨道电路故障

列车在故障轨道电路区段停车后，司机可根据行调指示转换为人工限速 RM 驾驶模式。列车重新起动并运行出清故障区段若干轨道电路区段后，由司机手动恢复为 ATO 驾驶模式。

2. 车站道岔区段轨道电路故障

此类故障将直接影响中央 ATS 自动和人工设置列车进路，行调可授权区域联锁工作站以单独操作的方式，将进路中的道岔转换到规定位置并锁闭，然后开放有关防护信号机的引导信号。列车根据引导信号的指示，以人工驾驶模式运行，出清故障区段若干轨道电路区段后，列车自动转换为 ATP 限速人工驾驶 SM 模式，此时司机可手动恢复为 ATO 驾驶模式。

五、联锁设备故障

（一）联锁设备出现异常时的处理

1. 联锁死机（显示正常，但不能操作）

（1）报告行车调度员和信号维修人员。

（2）行车值班员对联锁主机电源复位，同时行车调度员接收该联锁区的控制权，在 MMI 上监控。

（3）如复位故障不能恢复，且 MMI 不能监控，报行车调度员，行车调度员通知相关信号人员组织抢修。

2. 联锁工作站全部灰显

（1）报告行车调度员和信号维修人员。

（2）行车调度员接收该联锁区的控制权，在 MMI 上监控。

（3）如果 MMI 不能监控，报行车调度员，行车调度员通知相关信号人员组织抢修。

（二）联锁设备故障时的处理

联锁设备故障时，列车进路上的道岔必须人工办理，中间站道岔必须使用钩锁器并加锁，折返站使用钩锁器只挂不锁。两端站列车折返作业时按调车方式办理，不办理路票，列车凭车站发车手信号进出折返线。因联锁设备故障停在区间及辅助线的列车凭行调命令采用 RM 模式运行至车站，收到凭证后采用 URM 模式运行。

第二节　非正常情况下接发列车

一、非正常情况下接发列车的程序

目前，国内外城市轨道交通普遍采用列车自动控制 ATC 系统控制列车运行，监控列车运行安全。列车正常运行时，由信号系统自动控制，信号正常时车站不需要办理接发列车，只需由车站值班员、站台人员完成站台安全监控和乘客乘降的服务工作。只有遇到非正常情况（信号系统出现故障，需人工排列进路组织列车运行或列车退回车站等特殊情况）时须办理接发列车手续。其基本程序分为办理闭塞、布置与准备进路、交接凭证、接发列车、开通区间 5 个步骤。具体接发列车作业程序与信号联锁设备及其状态有关。

（一）办理闭塞

闭塞的实质是同一区间、同一时间内只允许一列车占用。办理闭塞实际上就是使出发列车取得占用区间的许可权。

城市轨道交通系统一般都采用自动闭塞，故随着列车的运行，自动完成闭塞作用。新线在全线正式投入运营前采用半自动闭塞，须由区间两端车站行车值班员通过按压闭塞按钮办理闭塞，当区间两站闭塞表示灯均亮绿灯即表示闭塞好了。

当基本闭塞设备故障时，须采用代用闭塞法—— 电话闭塞法，闭塞主要由区间两端车站行车值班员通过行车电话发出电话记录号码来办理闭塞。

（二）布置与准备进路

1. 接发列车进路的划分

进路是指列车运行或调车作业走行的路径，前者称为列车进路，后者称为调车进路。列车进路可分为接车进路、发车进路和通过进路。

（1）接车进路。接入停车列车时，由进站信号机（或进站方向进路防护信号机）起，至接车线末端警冲标或出站信号机（或另一端进路防护信号机）止的一段线路，称为接车进路。

（2）发车进路。发出列车时，由列车前端至相对方向进站信号机（或进路防护信号机）止的一段线路，称为发车进路。

（3）通过进路。列车通过时，该列车通过车站两端进站信号机（或进路防护信号机）间的一段线路，称为通过进路。

2. 布置进路

在轨道交通系统中，接发列车的关键是正确、及时地准备好列车进路，值班站长或行车值班员必须亲自布置和确认进路是否准备妥当。布置进路时，应讲清两个内容：一是车次，二是列车占用的线路。如果车站一端有两个列车运行方向或双线反方向行车时，还应向司机讲清方向。

3. 准备进路

准备进路与联锁设备有关。电气集中联锁和微机联锁均是进路式集中联锁，准备进路时，顺序按压进路始、终端按钮，道岔即自动转换并锁闭进路，进路一次性排列完毕，同时防护该进路的信号机自动开放。

城市轨道交通系统由于装备了列车自动控制系统 ATC 系统，ATC 系统的 ATS 子系统能根据列车运行图自动排列进路、开放信号。当中央 ATS 系统故障，可通过微机联锁区域操作员工作站（简称 LOW 工作站）人工排列进路。

联锁设备全部故障或停电时，需要人工手摇道岔准备进路。具体操作程序按《车站行车工作细则》的相关规定执行。

（三）交接凭证

这里所说的凭证，是指发车信号机显示的进行信号以外的“证件”，如路票、列车进入封锁区间的“调度命令”等。

交接凭证时要认真检查其是否正确，同时要注意安全，一般应停车交付。收回凭证后，要确认凭证是否正确，并及时注销保管。

（四）接发列车

站台接发列车作业人员应在《车站行车工作细则》规定地点立岗接发列车，注意列车运行状态，发现危及行车安全的情况时，立即采取紧急措施。

（五）开通区间

与办理闭塞相对应，接发列车作业完毕后，半自动闭塞区间和电话闭塞区间须开通区间，使区间恢复空闲，保证不间断地接发列车。

半自动闭塞区间开通区间时，由区间两端站车站值班员拉出闭塞按钮，区间两站的闭塞表示灯熄灭即表示区间开通。

二、采用电话闭塞法组织行车

当基本闭塞设备故障（包括信号联锁系统故障）、列车反方向运行（反方向运行区段有 ATP 速度码除外）、开行施工列车和轨道车时，均应停止使用基本闭塞法，改用电话闭塞法行车。

电话闭塞法是在没有机械、电气设备控制的条件下，仅凭两端车站值班员通过行车电话联系来保证列车空间间隔的一种临时代用的行车闭塞法。采用电话闭塞法行车时，列车占用区间的行车凭证为路票，列车发车凭证为车站值班员的手信号，闭塞区内司机采用 URM 模式驾驶列车运行。

在停止使用基本闭塞法，改用电话闭塞法行车时，调控权下放，实行车站控制，即由车站行车值班员办理接发列车作业。由于采用电话闭塞法行车时无设备控制，为了防止因疏忽向占用区间发车，造成同向列车追尾，要求车站行车值班员在接发列车作业过程中，严格按照规定的作业程序和要求进行，以确保接发列车作业安全和能按调整后的列车运行计划不间断地接发列车。电话闭塞法行车时的作业程序、内容与要求如下：

（1）行车基本闭塞设备故障时，行调及时向有关车站及司机发布命令：自发令时起，在×站至×站间采用电话闭塞法组织行车。采用电话闭塞法行车时一个闭塞区段内只允许一列列车占用。

（2）电话闭塞行车的发车站行车值班员在发车前向接车站请求闭塞，接车站在确认接车区间、接车线路空闲，接车进路准备妥当后，向发车站以电话记录号码承认某次列车的闭塞。

（3）电话记录是采用电话闭塞法行车时，区间两端站办理行车闭塞事项的记录。车站在发出电话记录的同时还要编写电话记录号码，以明确办理的事项和责任。承认闭塞、列车到达、取消闭塞等行车事项应发出电话记录，电话记录应登记在行车日志上，以防遗漏。

（4）发车站接到接车站闭塞承认号后，填发路票并交付司机，司机确认路票正确后凭车站发车手信号开车，列车凭路票占用闭塞区段。列车发出后，发车站向接车站通报列车车次、出发时分，并向行车调度员报点，填写“行车日志”。

（5）司机在故障区段范围内采用 URM 模式驾驶列车，凭路票限速 60 km/h 运行，途中加强瞭望，严格控制速度，确保行车安全。

（6）路票的填写规定：路票是列车占用区间的行车凭证，填写路票是采用电话闭塞法时办理行车作业的重要环节。路票须在确认闭塞区间空闲，取得接车站承认闭塞，且发车进路准备妥当后，方可填发。路票应由车站行车值班员（或值班站长）亲自填写。列车反向运行时车站需在路票左上角加盖“反方向运行”专用章，非固定股道接车、折返或列车进出基地时应写明接车股道。

填写路票时要求内容齐全，字迹清楚，不得涂改，确认无误并签名后，方可交给司机。某地铁公司的路票如图 10.1 所示。

路　票　　　　NO:

电话记录第＿＿＿号，车次＿＿＿＿

＿＿＿＿＿至＿＿＿＿＿站（＿＿＿＿线/道）

×××站（基地）
行车专用章

车站（基地）值班员＿＿＿＿

＿＿年＿＿月＿＿日

图 10.1　路　票

（7）司机确认路票填写内容的“六要素”，包括：电话记录号码、车次、区间、值班站长姓名、日期和行车专用章。

三、采用站间电话联系法组织行车

1. 使用时机

目前国内部分城市轨道交通系统为了提高正线通过能力，规定当正线信号联锁故障时，采用站间电话联系法组织行车。只有车辆段和与车辆段相邻接的车站间线路的信号联锁故障时方可采用电话闭塞法组织行车。

2. 电话联系法

采用站间电话联系法组织行车时，行调应及时向有关车站发布命令：“从××（时间）起，在××站至××站间采用站间电话联系法组织行车”；行调亲自或通过车站通知司机口头调度命令的内容。车站和行调共同确认第一列发出的列车运行前方的车站和区间空闲。此时列车在故障区段范围内的行车凭证是行调的口头命令，列车采用RM驾驶模式。每一站间区间及前方站内线路内只允许一列列车占用。

采用站间电话联系法组织行车时，准备进路及接发列车作业方法同电话闭塞法。

司机必须记录电话号码和接车线路，在得到车站（或基地）的无线电发车通知后方可动车。司机按最高限速25 km/h驾驶，注意加强瞭望和行车安全。

四、基本行车闭塞法的变更或恢复

为保证同一区间在同一时间内不会采用两种闭塞法，在停止使用基本闭塞法改按电话闭塞法或恢复基本闭塞法时均应有调度命令。车站值班员根据行车调度员的命令，办理闭塞、准备进路、开闭信号（或交接凭证）和接发列车。

五、电话闭塞接发列车时显示手信号的时机和地点

采用电话闭塞法组织行车时，须按照列车运行图及行调命令，做好接车工作。车站接发列车人员应严格执行接发列车作业程序，手信号的显示地点应便于司机瞭望与确认。接发列车时显示手信号的时机如下：

① 接车时，在看见列车头部灯时开始显示信号。

② 通过列车，应待列车头部越过信号显示地点后方可收回。

③ 停站列车，应待列车停车后方可收回。

④ 发车信号，必须在司机动车或鸣笛回示后方可收回。

⑤ 引导信号，待列车头部越过引导信号显示地点后方可收回。

六、接发列车作业安全

接发列车是城市轨道交通行车工作中最重要的环节之一。接发列车的作业安全直接关系到城市轨道交通的行车安全，因此，所有参与接发列车的作业人员，均应以高度的工作责任感认真履行岗位职责，严格执行规章规范，保证接发列车作业安全。

1. 接发列车作业惯性事故的种类

（1）向占用区间发出列车。

（2）向占用线路接入列车。

（3）未准备好进路就接发列车。

（4）未办或错办闭塞就发出列车。

（5）列车冒进信号或越过警冲标。

（6）错误办理行车凭证发车或耽误列车。

2. 接发列车作业安全要求

接发列车作业，从办理闭塞、准备进路到开放信号、交递凭证，直至列车由车站发出或通过，其间任何一个环节的漏洞都可能埋下事故隐患，任何一项作业的差错都会危及列车安全。因此，日常办理每一趟列车，均须高度重视，认真作业。

第三节　列车在特殊情况下的运行

一、列车反方向运行

正常情况下，列车按正方向运行，但在特殊情况下，可组织列车反方向运行。所谓列车反方向运行是指下行列车在上行线运行或上行列车在下行线运行的情形。列车反方向运行，应按规定程序进行审批，以行车调度员的调度命令下达执行。行车调度员应对反方向运行列车重点监控，确保行车安全。

列车反方向运行的作业办法，根据采用设备类型的不同有以下两种情形：

（1）采用自动闭塞和 ATP 设备：反方向运行区段有 ATP 速度码时，列车以 ATP 防护下的人工驾驶方式运行，行车凭证为列车收到的 ATP 速度码，发车凭证为调度命令。

反方向运行区段无 ATP 速度码时，列车以双区间间隔、人工驾驶方式运行，行车凭证为调度命令，列车的区间运行限速为 60 km/h，进入车站限速为 30 km/h。

（2）采用非自动闭塞设备：反方向运行区段无闭塞设备控制时，控制权应下放，改用电话闭塞法行车，列车应按规定限速运行。此时，列车占用区间的行车凭证为路票。

工程车在明确行车计划和进路排列好的情况下，经行调同意可反方向运行。

二、切除 ATP 采用 URM 模式运行

因 ATP 设备故障需切除 ATP 采用 URM 模式（有的地铁称为 NRM 模式，以下同）运营时，司机必须得到行调命令后方可切除 ATPFS（ATP 隔离开关），严禁自行切除 ATPFS。

（1）采用后备行车模式或电话闭塞法组织行车时，司机采用 URM 模式驾驶可不派监控员上车监督驾驶。司机应根据线路限速要求，严格控制行车速度，确保行车安全。

（2）载 ATP 故障列车以 URM 模式运行时，行调应通知车站派监控员添乘。当列车在区间无法上监控员时可限速 40 km/h 运行至前方站，监控员上车后按 URM 模式规定速度运行。

（3）监控员应协助司机瞭望、监控速度表，提醒司机控制速度，必要时立即按压紧急停车按钮。当列车配备双司机时，由另一司机担任监控员。

（4）司机在 URM 模式驾驶时，须严格执行呼唤确认制度，加强地面信号、道岔位置的确认，对信号、道岔做到手比眼看，遇地面信号红灯、道岔位置不正确及时停车。

（5）司机在切除 ATP 运营时，严格执行“先上站台后开门”制度，防止错开车门和漏开

车门与安全门，在运营过程中应做好客室广播，防止漏报和错报。

（6）采用 URM 模式运行时，监控员添乘程序：

① 行调向有关车站、司机发布命令。

② 监控员向司机报命令号，经司机核对无误后，监控员添乘司机室。

三、检修施工时列车运行

除了必须中断列车运行的设备抢修和必须利用列车间隔来排除设备故障外，城市轨道交通的检修施工作业原则上安排在非运营时间进行。在确认进行夜间检修施工时，行车调度员既要根据检修施工计划的安排，保证检修施工作业能顺利完成，又要确保次日运营能正常进行。

为减少施工列车占用正线，在需要开行施工列车时，各部门应周密计划，尽量合并装运、压缩开行列次，行车调度员在满足检修施工作业的前提下，尽量缩小线路封锁或线路封闭的范围。

向封锁区间开行施工列车时，按电话闭塞法行车或根据调度命令办理。施工列车推进运行时应在列车前部设专人引导。到达检修施工地段后，应在防护人员显示的停车手信号前停车，然后再按调车作业办法进入指定地点。

为简化作业手续、提高作业效率，当封锁区间内只有一个施工列车，但该列车需多次往返运行时，可采用封闭区间运行的办法。采用该办法，除应有调度命令准许外，还必须做到：封闭区间内无其他检修施工作业，封闭区间内所有道岔均开通于施工列车运行方向，施工列车不准越出封闭区间，以及施工列车按调度命令指定时间离开封闭区间。

在检修施工中发生设备损坏、人员伤亡或不能按时完成检修施工作业时，行车调度员应立即报告值班主任，采取有效措施确保次日运营能正常进行。检修施工结束后，行车调度员根据车站值班员的报告，在确认行车设备完好、检修施工人员和机具撤离后，下达调度命令同意注销检修施工。

四、封锁区间的列车开行

所谓封锁区间，是指由于施工原因或者其他原因在指定的区间、指定的时间内禁止列车运行，必须进入该区间的救援列车、工程列车等可以经批准后进人。

（1）封锁区间适用于轨道交通运输中由于特殊情况的需要，如必须在运行区间内进行抢险、抢救、施工、救援时。有计划的调试列车、工程列车可以根据情况适用区间封锁行车方式。

（2）封锁区间必须有控制中心的行车调度员的调度命令。

（3）一切行车部门与人员都应该认真执行调度命令。

（4）有关人员及列车、车辆因工作需要而必须进入时应得到行车调度的同意，并得到允许进入封锁区间的调度命令作为凭证。

（5）解除区间封锁必须由行车调度员依据现场状态发布调度命令。

五、目视行车

目视行车指在正线行车的间隔在 4 min 及以内发生 SICAS 故障时，列车以司机目视距离范围内可随时停车的速度运行，是由司机控制列车运行安全的一种行车办法。

采用“目视行车法”时，司机和车站以行调命令作为“目视行车法”的启用依据。目视行车区内司机根据目视情况行车，采用 RM 模式驾驶，限速 15 km/h 运行。遇前方有列车占用时，司机应及时采取制动措施停车。

六、区段进路行车法

区段进路行车法是将列车运行进路划分为若干个固定的区段，区段站与区段站之间确认进路空闲，或确认本区段内进路空闲后，在信号集中设备上排列进路，列车按地面信号显示行车。区段可以由单个或多个信号进路组成。

列车行车凭证：列车凭信号显示及车载信号显示行车。

七、时间间隔法行车

在按电话闭塞法行车时，如果车站一切电话中断，为了维持列车运行，双线线路可采用时间间隔法行车。此时，列车占用区间的行车凭证是红色许可证，凭车站值班员手信号发车。车站值班员应指定按时间间隔法行车的第一趟列车司机将实行时间间隔法的情况通告前方车站。

为了保证行车安全，中间站道岔均应开通列车运行方向，禁止办理影响正线列车运行的调车作业。此外，连续发出两列车的间隔时间和列车运行速度均应符合《行规》的规定。

在电话通信恢复正常时，车站值班员向行车调度员汇报列车运行情况，并根据调度命令恢复原行车闭塞法。

八、错拿行车凭证的处置

（1）如果发现列车错带凭证时，列车已安全到达前方站，则汇报行调，该凭证收回，继续按规定办理接发列车作业。

（2）如果列车未动车，则收回错误凭证，补办正确的行车凭证。

（3）如果列车已动车且未到达前方站，行调需要立即判明前方进路是否安全。如果前方进路安全无事，则行调通知司机继续运行到前方站，到达前方站后，汇报行调，该凭证收回，继续按规定办理接发列车作业。如果前方进路存在安全隐患，则行调需立即通知司机停车待定，待确认前方进路安全后，再通知司机运行到前方站，汇报行调，该凭证收回，继续按规定办理接发列车作业。

九、发生紧急制动时的处理

客车在区间运行发生紧急制动时，若司机明确发生紧急制动的原因，在确认前方进路安全的情况下，先转换至 RM 模式驾驶运行，再向行调报告。当以 RM 模式运行未能在规定的范围内恢复 SM 或 ATO 时，应继续以 RM 模式运行到前方车站。若不明确发生紧急制动的原因，应向行调报告，按行调指示执行。

十、列车闯红灯运行

非正常情况下行车组织，必须服从行调指挥，严禁无凭证动车，需要越过红灯或故障关闭的信号机时须得到行调的同意。发现异常，立即停车。

第四节　列车突发事件的处理

一、总体要求

列车运行中和进站时，司机应加强瞭望，发现线路界限内有行人时应及时鸣笛警告；发现可能危及运营安全与行人生命安全的情况时，必须立即采取紧急停车；当发生突发事件，如接触网停电、车辆故障或轨道区间发生火灾时列车尽量运行到车站；对于各项突发事件要做好记录，并把情况及时向行调汇报。

二、城市轨道交通发生火灾、爆炸、投毒等突发性事件的处理

1. 处理原则

对火灾、爆炸、投毒案件要坚持“初期扑救、及时施救、快速疏散”的原则，将损失减少到最低限度。

2. 处理方法

（1）根据命令疏散乘客，施救伤员。

（2）根据命令尽快恢复通车。

（3）配合公安机关对事发现场的勘查、取证。

三、列车突发事件的处理

（一）列车脱轨、冲突等意外事故处理

（1）立即紧急停车。

（2）报告行调及车站值班员（车场内报告信号楼值班员）。

（3）确认有无伤员。

（4）确认事故现场是否影响其他线路，做好列车及线路的防护，保护现场。

（5）当事故处理小组到来后，听从其指挥。

（6）报告内容：事发日期、时间、地点、公里标（站名）、车次、车号、当事人姓名、部

门、职务、事故概况、人员伤亡情况、请求救援有关事项等。

（二）地外伤亡事故的处理

1. 处理原则

及时处理，迅速恢复。

2. 处理方法

（1）有障碍物侵入轨道限界时，立即停车，报告行调及车站值班员。如果需要，可要求站务人员协助。

（2）发生人员伤亡事故时，司机必须立即停车，由伤者所在地车站派人，采取施救措施。事故发生在区间，司机应将伤者随车送往前方站，再由车站处理。

报告内容：日期、时间、地点、车次、车号、报告人、部门、职务、事故概况、伤亡者姓名、性别、受伤情况、采取的抢救措施、伤者送往的医院、陪同者的姓名（若情况紧急可先口头报告部分内容）。受理报告部门人员，详细记录，迅速上报。

（三）恶劣天气引发的事件及处理

（1）因暴雨造成运行线路积水距离轨面小于 150 mm。列车应减速运行并报告行调。如积水已超过轨面应立即停车，报告行调，听从行调指挥。

（2）因台风造成高架线、地面线的接触网刮断或线路区间护栏、挡板、隔音屏等设施坠落至运行线路上，应立即停车报告行调。风力在 10 级（含 10 级）以上，正在运营中的列车限速 20 km/h 运行至就近车站，听从行调指挥。

（3）因雷击造成车辆、供电、行车等设备损坏，影响正常行车时，应立即停车报告行调，听从行调指挥。

（4）高架线、地面线积雪或严重结冰时，应减速运行并报告行调。

（5）遇大雾天气，运行列车在能见度低、瞭望条件不理想的情况下，按行调命令谨慎驾驶。

（四）乘客报警处理

乘客在运行中向司机报警时，司机可利用客室广播安抚乘客，报告行调，至前方站处理。

（五）客车火灾的处理

（1）司机发现列车着火或接到乘客反映的火情报告时，先通过 CCTV 进行确认，尽快了解着火部位、火势大小，迅速报告行调，并尽最大可能将客车驾驶到前方车站对标停车，紧急疏散乘客（同时降下受电弓），然后配合灭火工作。

（2）如客车不能进站停在区间时，司机应立即降下受电弓，将紧急情况及位置报告行调，听从行调安排，广播通知并引导乘客从客车的紧急逃生门或客室两侧的疏散平台疏散到车站。

（3）司机发现隧道火灾时，应试图在列车到达火源之前紧急停车，并立即报告行调，听从行调的安排。如不能及时停车，则必须开至下一站清客。

（4）列车在隧道发生火灾时，乘客应保持镇静，按压车厢内的紧急情况按钮，通知司机；在可能的情况下，使用车载灭火器灭火；司机在极端情况下：① 引导乘客向司机室疏散；

② 打开通道门，进入司机室；③ 打开疏散门，组织、引导乘客向车站方向疏散。

（六）接触网悬挂异物的处置

司机发现接触网悬挂有异物时，首先判断是否对列车正常运营造成影响，如有影响应立即采取减速或停车措施，如暂时无影响待通过悬挂地点后汇报行调具体地点、位置、是否影响行车。司机同时应观察 MMI 网压是否正常。

悬挂异物对列车有影响时，若列车停在异物前，做好相应客室广播，按行调命令执行（如采用换弓方式运行时，一定要掌握好停车位置，避免距离判断失误造成受电弓和接触网损坏）。若列车停车不及越过异物悬挂点，采用拍蘑菇方式停车的，一定要先判断受电弓是否越过异物悬挂点再升弓。若采用快速制动停车的，司机要判断受电弓状态和网压是否正常，不得盲目动车，以免造成受电弓和接触网损坏。

司机处置此类情况一定要果断，停车后做好客室广播，同时汇报行调一定要具体、详细。

（七）隧道积水处理

由于气候与环境及设备等因素影响，地铁运输中会遇到隧道内发生积水情况，列车应减速运行并报告行调；如积水已超过轨面应立即停车，报告行调，听从行调指挥。为了保证运营安全和秩序，对隧道内积水时的行车方法做以下规定：

（1）设 h 为积水面距轨面的高度（h 值的测量以积水最深处为准，负值表示积水漫过轨面，以下同），当 $h \geqslant 150$ mm 时，允许列车按规定速度通过积水段。

（2）当 $50\ \text{mm} \leqslant h < 150$ mm 时，允许列车按 25 km/h 速度通过积水段。

（3）当 $h < 50$ mm 时，原则上不准列车通过积水段，必须通过时限速 15 km/h。

（4）当水已淹过轨面，列车无法通过时，司机须在行车调度员的指示下后退回车站。

（5）当积水造成轨道电路短路时，司机应尽量以惰行方式通过积水区。

积水面距钢轨轨面的 h 值越小，对行车和列车车辆的影响越大。主要因是列车司机无法判断线路状况是否符合行车安全的要求与条件，并且当 h 很小时列车通过该段线路飞溅的水流会进入列车下部设备，特别是电机、电器设备等，造成对车辆的损坏。

（八）错开车门事件的处理

（1）司机发现错开车门后，立即报告行车调度员“在 × 站站台停车后车门错开”。

（2）向列车乘客广播“车门错开，请不要靠近；如有乘客跌落，请通知站台工作人员”。

（3）及时打开正确位置的车门，疏散乘客到站台。

（4）经行调许可，取下司机控制台钥匙，离开司机室（关好司机室车门），查询列车前三节车厢有无乘客跌落轨道。

（5）向行调汇报是否有乘客跌落在轨道上。

（6）如果无人跌落轨道，关闭错开一侧的车门。

（7）再次利用广播及时向列车乘客通报运营信息，听从行车调度员的指示动车。

注意事项：

① 载客列车发生错开车门后，司机不得有侥幸心理，擅自处理。

② 发生错开车门后，在事故未处理完前，司机不能将主控钥匙关闭。否则，全列车车门将会自动关闭。

③ 当发现有乘客掉下轨行区时，司机要及时汇报行调，启动“道床伤亡事故应急预案”。

（九）挤岔后的处理

发生挤岔后司机需立即停车，在正线应马上报告行车调度员，在车库或基地内则与信号楼调度员联系，说明情况，并确认道岔状态，等待专业人员处理。在此过程中，司机严禁擅自移动列车，必须等专业人员确认完毕后，在他们的指挥下移动列车。

（十）在正线遇道岔防护信号机显示红灯或错误显示时的处理

（1）立即停车。

（2）报行调，听行调指示动车。

（十一）在区间运行中发生牵引供电中断的处理办法

（1）维持列车进站；

（2）马上报告行调；

（3）广播安抚乘客；

（4）列车进站停稳后，打开车门；

（5）施加停车制动、降弓；

（6）报告行调，按行调的指示执行。若停电时间超过 30 min 建议清客，断开主控，在车站待令。

（十二）列车前/后溜时的处理

（1）在开门前出现，司机立即拉快制停车，如仍继续后溜，则立即施加停车制动。列车停下后再对标停车，开屏蔽门、车门，报告行调。

（2）在开门后出现，司机立即上车，施加停车制动，通知车站，确认车门与屏蔽门之间无人或物，关屏蔽门、车门，动车前报告行调。

（3）车站维持好站台秩序，确认站台安全时给司机“好了”信号。

（十三）列车脱钩时的应急处理

（1）被连挂客车上须留有司机监控。

（2）客车连挂运行时，原则上被连挂客车蓄电池处于开通状态。

（3）当被连挂客车采用切除 B05 缓解制动时，司机发现客车脱钩，要立即施加停车制动（客车风压须在 4.5 bar 以上），如不能施加停车制动，则先恢复最近一节车 B05 开关后再恢复其他车的 B05 开关。

（十四）在区间进行乘客疏散时的处置

（1）事故类别：按发生地点分为隧道乘客疏散、地面及高架区段乘客疏散。

（2）需要进行区间乘客疏散时，司机应做到以下几点：

① 做好车内广播，安抚列车上乘客情绪。

② 按命令打开列车的防护指示灯，按行调通知的疏散方向告知乘客，并不断进行广播，做好乘客引导工作。

③ 待车站救援人员到达后，两端车头位置都必须要有救援人员监护，司机方可打开疏散平台端的车门，组织乘客有序地疏散。

④ 确认客车上无乘客后，关闭车门，做好来车方向的连挂防护，等待救援：若无法清客，司机应立即将情况汇报行车调度，由调度决定列车是否要载客救援。

注意事项：

① 如在区间疏散时，司机作为现场指挥者，必须沉着冷静，组织乘客有序疏散。

② 疏散时，如已降下受电弓，列车在 45 min 后会自动休眠，司机要做好预想，避免列车休眠给乘客带来恐慌。

③ 司机要和站务人员共同确认客车清客完毕。

（十五）司机发现物体侵限时的处理

1. 司机发现有人侵入限界时的处理

在距离行人较远时司机应立即减速到随时可停车的速度并鸣笛示警，在距离较近时司机应立即采取紧急制动停车，随后将事件情况及时向行车调度员汇报。司机停车后将滞留于区间的行人带上车，到站台后交于车站处理。

2. 司机发现物体侵入限界时的处理

司机发现隧道内有物品侵限时，应立即紧急停车，通过广播安抚乘客并将情况报行调。

如能在侵限物品前停车，司机报行调，按行调的指示执行。若行调要求司机下车清除侵限物品时，司机马上施加停车制动，确认安全后方可下车。由于自身能力无法处理时，司机报行调，按行调的指示执行。

如不能在侵限物品前停车，司机在停车后严禁动车，将情况报告行调，按行调的指示执行。在站台区发现有物品侵限时，司机应马上紧急停车，报告行调及通知车站派人协助，按行调的指示执行。

（十六）列车在正线遇到通信故障时的处理

（1）列车前方站停站后，司机应用站台上轨旁电话或通过车站与行车调度汇报列车的车次、车号及故障内容。

（2）司机也可直接用手机与行车调度联系汇报情况。

（十七）发生乘客强行开门的处置

强开车门指没有按正常开门程序操作，使用客室手动紧急解锁开关强行打开车门。

发生乘客强行开门的事件时，司机应及时向行调汇报，汇报内容包括：车次、车号、地点（车站）、时间、发生强开车门的位置及车门编号。

司机处理：

（1）从列车 MMI 显示发现某扇车门手动紧急解锁被启动、门关好指示灯不亮，列车产生紧急制动，同时监控摄像头对准解锁车门。

（2）报告行车调度员列车的编号、位置和故障状态。

（3）根据行车调度员安排用方孔钥匙将被启动的手动紧急解锁复位。

（4）客室广播，安抚乘客。

注意事项：如在运行中发生强行开门，列车紧急停车后，通过监控观察有无乘客下车；若监控无法确认，应迅速到该门处，通过询问其他乘客了解有无乘客下车。

（十八）正线部分突发事件的应急处理

1. 列车在运营过程中发生正面碰撞

（1）碰撞位置在车体。车辆碰撞位置无严重变形、未超出车辆限界时，运营至终点下线，由专业人员进行检查。

（2）碰撞位置在转向架。司机应检查第一个转向架，若无异物且无明显碰撞变形时，就近清客、下线。

2. 列车在运营过程中单个车门无法关闭且不能切除

（1）在车内不拥挤的情况下，由车站使用警戒绳在故障车门的两个扶手上捆绑进行围栏，并派人跟车防护。

（2）列车启动车门旁路开关后运营至终点退出，OCC 通知沿线车站监视列车开关门状况。

（十九）列车冒进信号时的处理

（1）列车冒进信号时，司机应立刻停车并向行车调度员汇报情况。

（2）当被冒进的信号机前方无道岔时，行车调度员可视行车间隔、早晚点、进路等情况组织列车通过或退回车站。

（3）当被冒进的信号机前方有道岔时，由司机确认是否挤岔，并向行车调度员汇报。如未挤岔，行车调度员和行车值班员应共同在 ATS 或 LCW 上确认道岔表示正确后，由行车调度员视行车间隔、早晚点、进路等情况组织列车通过或退回车站，司机在动车前需再次确认；如已挤岔，则按《非正常行车组织办法》相关规定执行。

（二十）列车被迫停车后的处理

列车在区间被迫停车后，不能继续运行时，司机应立即使用列车无线调度通信设备通知行车调度员，报告停车原因和停车位置，根据需要迅速请求救援。已请求救援的列车，不得再行移动。

列车被迫停车可能妨碍邻线时，司机应立即用列车无线调度通信设备通知行调并采取防护措施。如发现邻线有列车开来时，使用无线调度通信设备呼叫紧急停车。

行调接到列车被迫停车可能妨碍邻线的通知后，在原因消除前不得向邻线放行列车。

第五节　正线列车救援

《行车组织规则》中规定：正线列车发生故障时，司机判断处理时间原则上为 3 min，如在 6 min 内仍不能动车时，由 OCC 决定是否采取救援措施。

为了减少列车故障救援对正常运营的影响，减少运营严重晚点事件的发生，应尽量缩短救援时间。为了提高在列车救援时的操作水平，熟悉救援操作程序，规范作业，确保救援时的行车安全，司机应认真学习正线列车救援知识。

一、列车故障救援的基础

（一）列车故障救援的含义

故障救援运行是城市轨道交通运输中较为常见的特殊运行方式，它是为了迅速及时地将在正线运行中出现故障而不能在规定时分内处理、排除故障的列车移动到指定地点而开通运营线路的运行方式。

（二）列车故障救援的基本方式

故障救援运行一般可使用停车场内的内燃机车或参加正线运行的列车进行牵引或推进作业完成。目前使用较多的是利用正线运行的列车完成，在一般情况下，它更加快捷、迅速，有利于线路开通。

（三）列车故障救援的基本原则

（1）故障救援运行的方式方法由行车调度员根据当时的运行状态决定，各车站、停车场、运行的列车驾驶员等有关人员必须根据行车调度员的命令执行操作，要遵循相关行车规则，积极、认真、负责地配合故障救援运行。

（2）正线运行的列车发生故障需要进行救援时，应竭力遵循“正向救援”的原则，以确保其他正线列车运行的秩序。

（3）正向救援作业原则上要求在实施中不排斥或禁止其他救援方式、方法，实际运用中须由行车调度员依据当时的实际情况应变处置，因为在部分实际状况下采用其他的方式会有更好的效果。在一般情况下，采用正向运行能够保持比较正常的对其他正线运行列车影响较小的调整效果，阻塞后续列车运行的概率小于反方向救援运行。

二、列车请求救援后的基本处置要求

在线列车发生故障需要救援时，应遵循“安全第一、尽快恢复正线运营”的处置原则。

（一）“清客”的时机要求

为防止线路堵塞，遇下列情况之一，应及时清客：

（1）列车故障，无法安全运行，或需要救援时；

（2）由于车辆故障（主回路一级故障、一个列车中有 1/2 车辆失去牵引力、制动一级故障、两辆以上失去制动力），列车最高速度为 40 km/h 及其以下时；

（3）列车内发生火灾、爆炸或不明物危及乘客安全时；

（4）列车中有一辆及以上整辆车门打不开，或全列中 1/2 车门打不开时；

（5）关门后，车辆外侧墙门灯不灭或外侧墙门灯显示正常，司机室关门灯不亮，制动无法缓解，且驾驶员处理后需切除关门旁路及 ATP 才能恢复行车时；

（6）担当救援列车时；

（7）由于 ATP 故障不能保证切除 ATP 能安全运行至终点站时；

（8）临时安排，公安请求时。

（二）故障司机请求救援的要求和内容

（1）救援要求：在运行过程中，如果出现故障，列车无法继续运行需要救援时，救援司机应及时向行车调度员报告。

（2）汇报内容：① 列车车次、车号；② 请求救援事由；③ 迫停时间、地点（以百米标为准）；④ 是否妨碍邻线；⑤ 其他必须说明的事项。

（3）行车调度员接到司机的救援请求后，应立即向有关车站发布救援命令，封锁救援区间，派出救援列车，并向故障车司机说明救援列车开来方向。向封闭区间开行救援列车，不办理行车闭塞手续，以行车调度员的命令作为进入封闭区间的许可，凭手信号发车。

（4）救援列车接到救援命令后在就近站清客。故障列车在站台清客，如在区间不能清客时，则救援后至就近站清客。

（5）故障列车司机打开救援列车开来方向的头灯进行防护，待救援列车到达，双方联系确认后，关闭头灯并关闭司机室钥匙，进行连挂。

（三）救援程序

（1）救援列车司机得到救援命令并在就近站清客后，以 SM 模式限速进入封闭区间（注意百米标），当收到 0 码后以 RM 模式接近故障车（具体行车模式可根据调度命令办理）。

（2）救援列车在接近故障车 20 m 时一度停车，并以 5 km/h 的速度接近故障列车，在 3 m 处一度停车，得到故障车司机可以连挂的信号后，再以洗车模式（3 km/h）进行连挂。

（3）列车连挂后，司机要进行试拉，确认两列车连挂可靠后方可通知故障车司机缓解停车制动（故障车司机逐个关闭各节车内常用制动隔离阀 BIPS）。

三、列车救援作业的基本要求

（一）执行信号与命令的要求

（1）救援调车作业必须按照行车调度员的救援命令和有关道岔的防护信号机或手信号显示的要求进行。

（2）进行手信号调车时，调车指挥人为故障列车驾驶员。

（3）作业时，调车指挥人（故障列车驾驶员）必须正确、及时地显示信号，救援驾驶员应确认信号并鸣笛回示。

（4）无论是故障列车驾驶员还是救援列车驾驶员在接受救援命令时都须复诵核对，确认无误后执行。

（5）故障列车驾驶员与救援列车驾驶员应将救援中各事件的发生时分比较完整地记录，以利于运行程序的处理、分析。

（二）救援连挂作业的要求

（1）救援列车开往故障地点时应使用 SM 人工驾驶方式，并且加强瞭望，限制行车速度。当接近故障车地点时列车收到零码，列车停车后驾驶员应使用 RM 模式驾驶列车进行。

（2）以内燃机车作为救援列车时必须在运行中高度警惕，不得超过规定速度。应加强瞭望，防止失去制动时机而发生撞车。

（3）救援车在距被连挂故障列车三车距离（约 75 m）时一度停车，慢行至一车距离（约 25 m）时再停车，作连挂准备，按显示的信号进行连接。

（4）故障列车驾驶员在完成等待救援的准备工作后应在与救援列车连挂端前方防护。发现救援列车到达，必须按规定显示手信号或用无线电对讲机与救援列车驾驶员联络，待救援列车驾驶员回复后才能允许挂车。

（5）故障列车应并按信号显示规定引导连挂作业，连挂作业时的速度不得超过 3 km/h。

（6）连挂后的列车必须进行试拉，试拉距离不小于 2 m，以确认连挂妥当。

（7）救援列车驾驶员与故障列车驾驶员必须进行无线电对讲设备的测试校对，确定良好后才能按规定动车。

四、救援运行进路确认和速度要求

（一）进路确认

（1）救援列车连挂故障列车牵引运行时，前方进路确认由救援列车驾驶员负责，行车方式为手动模式驾驶。

（2）救援列车连挂故障列车推进运行时，前方进路确认由故障列车驾驶员负责，并随时用无线电对讲设备通知救援列车驾驶员；遇有危及行车安全与人员安全的情况，要及时通知救援列车驾驶员采取紧急停车措施。推进运行的行车方式为人工驾驶。

（3）救援运行时，通过车站的运行方式、车站停车位置等事项按调度命令和有关规定执行。

（二）运行速度要求

（1）故障救援牵引运行时，正线限速为 40 km/h，进站及侧线限速为 30 km/h。

（2）故障救援推进运行时，限速为 30 km/h。

（3）天气不良或环境恶劣时应适当降低速度。

五、救援解钩操作

（1）在进尽头线停车时，要提前制动（此时制动力较弱），要控制好速度，防止冲撞车挡。

（2）列车运行至规定地点，故障列车司机与救援列车司机联系，待故障列车恢复制动后，方可进行解钩。

（3）救援列车司机可使用自动解钩按钮进行解钩，如该功能故障也可使用手动解钩。

六、救援注意事项

（1）列车连挂救援时，如果故障列车已施加了停放制动且无法缓解，则连挂后，司机需要下车缓解停放制动或由现场指挥指定胜任人员缓解停放制动。

（2）如果故障列车主风管泄漏严重，可能引起救援列车主风管压力迅速下降，此时需要关闭救援列车连接端自动车钩下的主风管隔离阀。

（3）如果连挂后紧急制动无法缓解，需断开两车司机室低压设备柜内的 CTCB 自动开关，切断自动车钩的电气连接。

复习思考题

1. 列车晚点时应如何组织行车？
2. 客车发生故障时，应如何组织行车？
3. ATP 设备发生故障时应如何处理？
4. ATO 子系统发生故障时应如何处理？
5. 车站道岔区段轨道电路发生故障时应如何处理？
6. 简述采用电话闭塞法时接发列车的程序。
7. 确认路票 “六要素”的内容有哪些？
8. 列车反方向运行时司机应注意什么？
9. 切除 ATP 采用 URM 模式运行时司机应注意什么？
10. 何谓目视行车法？
11. 何谓区段进路行车法？
12. 列车发生火灾、爆炸被迫停车时应如何处理？
13. 发生列车脱轨、冲突等意外事故时司机应如何处理？
14. 列车在区间运行中发生火灾时司机应如何处理？
15. 列车发生挤岔后应如何处理？

16. 在区间进行乘客疏散时应如何处理?
17. 列车冒进信号时应如何处理?
18. 列车发生紧急制动时应如何处理?
19. 列车被迫停车后应如何处理?
20. 司机发现有人或物体侵入限界时应如何处理?
21. 列车故障救援的基本原则是什么?
22. 司机请求救援的要求和内容有哪些?
23. 简述列车故障救援的基本程序。
24. 救援运行进路确认和速度要求有哪些?

附　录

附录1　地铁、轻轨司机通用知识问答

1. 世界上第一条地铁于何时何地建成？列车采用什么牵引系统？世界上第一条采用电力牵引的地铁于何时何地建成？

答：世界上第一条地铁于1863年1月10日在英国伦敦建成，列车采用蒸汽机车牵引；1890年12月18日伦敦开通了世界第一条电力牵引地铁。

2. 我国第一条地铁于何时何地建成？

答：我国第一条地铁线路于1969年在北京建成。

3. 目前我国地铁车辆普遍采用什么牵引技术和制动技术？

答：目前我国地铁车辆普遍采用了VVVF交流调频调压调速技术和微机控制的模拟直通电空制动系统。

4. ATC系统是由哪些基本功能系统组成的？

答：ATP（自动列车防护）系统、ATO（自动列车运行）系统及ATS（自动列车监控）系统。

5. 简述列车自动控制（ATC）信号系统的组成与功用。

答：列车自动控制（ATC）信号系统包括SICAS微机联锁系统、ATP列车自动保护系统、ATO列车自动驾驶系统、ATS列车自动监控系统（RTU降级模式是ATS系统的后备模式），四个子系统通过信息交换网络构成闭环系统，形成一个高效的综合自动化行车指挥系统。

（1）微机联锁（SICAS）子系统

SICAS子系统由车站设备和轨旁设备组成，具有3取2的冗余功能，是以“故障—安全”为原则的安全微机系统。可实现的主要功能包括：控制并监督轨道电路的空闲及占用，道岔转换及锁闭，信号机的开放和进路的排列、解锁等功能。

SICAS联锁的操作和显示可借助操作控制系统的人机接口系统（LOW、MMI）来完成。

（2）列车自动监控（ATS）子系统

ATS子系统由控制中心、车站和车辆段设备组成，主要功能包括：实现列车自动识别、自动追踪、自动调整，进路自动控制或人工控制；完成列车运行时刻表的编制与管理，描绘列车运行图；进行正线、车辆段列车运行监视及系统设备状况的检测、报警等。

（3）列车自动保护（ATP）子系统

ATP子系统由车载设备和地面设备组成，该系统必须符合“故障—安全”原则，主要功

能包括：自动连续检测列车位置，确定 ATP 信息的发送方向；确保列车之间的安全距离，防止列车超速运行，及时显示列车车速、列车限速、目标速度、目标距离等信息，对列车超速、设备故障进行报警；完成列车自动折返的监督。

（4）列车自动驾驶（ATO）子系统

ATO 子系统由车载设备和地面设备组成，结合 ATS 和 ATP 子系统完成以下主要功能：完成列车区间运行自动控制、车站站台定位停车控制、车站通过控制；实现司机监督下的自动折返控制、车门（站台屏蔽门）开关控制；进行列车运行调整和节能控制。

6. 当切除 ATP 以人工驾驶方式维持运行时，司机应注意什么？

答：行车调度员命令切除 ATP 以人工驾驶方式维持运行时，列车司机要加倍集中精力，谨慎驾驶，防止错开客室车门、冒进信号、用错误凭证驾车进入区间，列车司机必须严格遵守速度规定，避免和防止行车事故发生。

7. 受流器有哪几种？受流器的选择有哪些要求？

答：受流器分为三轨受流器和受电弓受流两种。受流器的选择主要取决于供电电压。供电电压为 DC 750 V，一般采用三轨受流器，其优点是对市容景观影响较小；供电电压为 DC 1 500 V，一般采用受电弓受电，其优点是线路电压降低、能量损失少，同时需要的牵引变压站数量少。

8. 列车牵引系统的功能有哪些？

答：列车牵引系统是城轨车辆的核心部分，是列车动力的来源，主要有两个工况：牵引工况和制动工况。

牵引工况下列车牵引系统为列车提供牵引动力，它是把地铁电网上的电能转换为列车在轨道上运动的动能。

制动工况可以细分为再生制动工况和电阻制动工况。列车在起动时会把大量的电能转化为列车前进的动能。牵引系统再生制动就是在列车进行制动时把列车动能转换为电能反馈到电网供其他列车使用，这极大地降低了列车的实际能量损耗。若列车制动时牵引系统反馈的电能使得电网电压超过 1 800 V，此时列车电制动产生的电能将会消耗在制动电阻上，列车动能转换为热能散逸在大气中，这种通过制动电阻消耗电能来实现电制动的工况叫电阻制动工况。

列车牵引系统提供列车的前进动力，电制动和气制动共同配合完成列车的制动功能。

9. 简述 VVVF 逆变器的牵引、再生制动及电阻制动工作方式。

答：牵引状态：通过三个逆变模块将电网直流 1 500 V 电压逆变为三相变频变压的交流电，供给牵引电机，VVVF 逆变器采用脉宽调制（PWM）方式。

再生制动状态：当车辆处于电制动状态时，牵引电动机以发电状态运行，若此时电网有其他负载，牵引电动机所产生的能量可以通过 VVVF 逆变器反馈回电网，消耗到电网负载设备上，此时车辆以再生制动状态运行。

电阻制动状态：当电网上没有可消耗的负载，车辆处于电制动状态时，牵引电机以发电机运行时产生的能量通过制动模块将能量消耗到本车的制动电阻上，而不反馈回电网。

10. 半自动车钩和全自动车钩有何异同点？

答：目前，车辆一般都采用密接式车钩。密接式车钩分为自动车钩、半自动车钩、半永久车钩三种。

半自动车钩：可以自动实行机械、气路连接，但电气连接必须是人工操作；解钩时，可通过解钩按钮进行气路和机械的分离，但电气连接部分必须通过人工进行分离。

全自动车钩：可自动实行机械、气路、电气的连接；解钩时按压司机台上的解钩按钮或拉全自动车钩处的解钩绳手柄进行手动解钩。

11. 防爬器的作用有哪些？

答：防爬器不仅可以起到车辆相撞时车辆之间防爬的作用，且可以设计为具有吸收能量的双重功能，通过对防爬器内部剪切部件的破坏实现能量的吸收，起到保护司机、乘客和车体的作用。

12. 什么是制动装置？如何分类？

答：制动装置是使车辆减速、停车，保证列车安全运行所必不可少的装置。制动系统分为：

（1）电制动系统（包括电阻制动和再生制动）。

（2）空气制动系统。

（3）弹簧制动系统（也称停放制动）。

13. 列车常用制动、紧急制动、快速制动三者有什么区别？

答：（1）常用制动采用混合制动，可恢复，制动减速度为 0 ~ 1.1 m/s^2；

（2）紧急制动采用单纯摩擦制动，不可恢复，制动减速度为 1.3 m/s^2；

（3）快速制动采用混合制动，可恢复，制动减速度为 1.3 m/s^2。

（注：当前部分车辆也有区别，如武汉地铁 2 号线，快速制动的减速度为 1.0 m/s^2，紧急制动的减速度为 1.3 m/s^2。）

14. 列车的制动系统包括哪些？其基本制动系统是什么？常用制动采用什么制动方式？

答：列车的制动系统包括电制动系统、空气制动系统和弹簧制动系统。其基本制动系统采用的是微机控制的单侧式空气摩擦制动系统。常用制动下，列车采用电-空联合制动的方式。

15. 简述常用制动优先级别。

答：第一优先：再生制动。

再生制动与接触网线路吸收能力有关，包括网压高低、负载利用能力。

第二优先：电阻制动。

第三优先：摩擦制动。

16. 什么叫电制动？有几种电制动形式？

答：电制动是利用电机的可逆性原理，在牵引时，牵引电机作电动机运行，将电网的电能转变为机械能，轴上输出牵引转矩以驱动列车运行；在制动时，列车的惯性力带动牵引电动机，此时牵引电机将作发电机运行，将列车动能转变为电能，输出制动电流的同时，在牵引电机轴上产生反转矩并作用于轮对，形成制动力使列车减速。多余的电能可以再转化为热能、磁场能消耗掉。例如：再生制动、电阻制动、涡流制动、磁轨制动等。

17. 再生制动与电阻制动的区别是什么？

答：再生制动：将电能反馈回送到接触网，供给区段内其他列车使用。具有制动列车和产生电功率的双重效用，因此对于行车密度大的地铁车辆具有明显的效果。

电阻制动：将电能供给车辆上的制动电阻，变为热能散逸到大气中。电阻制动往往是在接触网不能接受牵引电机作为发电机产生的电功率时方才使用。

18. 客车出库前，有哪些情况严禁出库？

（1）受流器、高速断路器、母线短路器、车间高压电缆等高压设备故障；

（2）VVVF 等牵引系统故障；

（3）ECU、单元制动器等制动系统故障；

（4）客室门、安全疏散门故障：

（5）ATC 车载设备故障；

（6）空气压缩机系统、通风系统故障；

（7）空气压缩机、SIV 等辅助系统故障；

（8）车载通信、信号设备（VOBC）故障；

（9）头灯、尾灯、行车灯及电笛故障，无相应显示；

（10）其他影响列车运行的故障。

19. 简述车辆电气牵引系统的分类及优缺点。

答：车辆电气牵引系统有直流电气牵引系统和交流电气牵引系统两种。车辆电气牵引系统采用直流牵引电机，虽然它有重量重、体积大、维修量大的缺点，但由于具有调速容易的优点，曾得到广泛的应用。随着电力电子技术和微电子技术的高速发展，人们逐渐采用交流调频调压 VVVF 技术，其效率高、性能好，目前几乎所有车辆都采用交流牵引电机和 VVVF 控制的交流电气牵引系统。

20. 简述交流调频调压（VVVF）变速控制的优点。

答：交流调频调压（VVVF）变速控制的优点是：采用交流异步牵引电机 VVVF 无接点控制，维修量大大减少；电气牵引系统小型轻量化，减少重量；黏着性能好，提高了黏着能力。

DC 110 V 输出还有一类是与辅助静态逆变器分开设置，单独直接将 DC 1 500 V 输入转换成 DC 110 V 低压直流输出供给车辆辅助直流负载。

21. 什么叫线路限界？它包括哪几种？

答：以约束车辆构造的外形尺寸和建筑物、设备的占用空间位置的规定，称为线路限界。它分为建筑接近限界、车辆限界和设备限界。

22. 车辆段（或基地）线路按作业目的、功能可分为几种？

答：（1）运用线，包括转换轨、停车线、双周检线、三月检线、洗车线、试车线、走行线、牵出线等；

（2）检修线，包括定修线、临修线、静调线、不落轮镟修线等；

（3）其他线，包括装卸线、工程车库线、材料总库线、调车机库线等。

23. 轨道的组成与作用是什么？

答：轨道由钢轨、轨枕、道床、道岔、联结零件及防爬设备组成。其主要作用是引导车辆运行，直接承受由车轮传来的荷载，并把它传给路基或桥隧建筑物。

24. 道岔的作用是什么？

答：道岔是车辆从一股轨道转入或越过另一股轨道时必不可少的线路连接设备，是轨道的一个重要组成部分。

25. 道岔如何分类？

答：其主要类型有：

（1）普通单开道岔；

（2）单式对称道岔；

（3）对称三开道岔；

（4）复式交分道岔。

26. 道岔开通左右位如何判别？

答：（1）面对尖轨，尖轨和左基本轨密贴的道岔开通右位；

（2）面对尖轨，尖轨和右基本轨密贴的道岔开通左位。

27. 地铁所采用的钢轨及道岔类型有哪些？轨距是多少？

答：（1）正线及辅助线采用 60 kg/m 钢轨，车厂采用 50 kg/m 钢轨；

（2）正线及车厂试车线采用 60 kg/m 钢轨的 9 号道岔，其他采用 50 kg/m 钢轨的 7 号道岔；

（3）轨距为 1 435 mm。

28. 城市轨道交通供电系统一般包括哪些？

答：城市轨道交通供电系统一般包括外部电源、主变电所(或电源开闭所）、牵引供电系统、动力照明系统、电力监控系统。

29. 简述接触网导线距轨面标准距离的规定。

答：接触网导线距轨面的标准距离：隧道内 4 040 mm；隧道外正线和试车线 5 000 mm，车厂悬挂点最大高度为 5 350 mm，接触网与车辆装载货物的距离不少于 200 mm。

30. 蓄电池的作用是什么？

答：列车蓄电池主要供列车起动使用，同时在辅助逆变器不工作的时候，为列车提供紧急照明，为紧急通风、控制系统、通信提供电源。

31. 遇不良天气运行时司机应注意什么？

答：遇大雾、大雨、烟雾、大雪等不良天气运行时，为了防止行车线路中有行人或者线路两侧有异物侵入运行限界，司机应加强瞭望，看清进路情况，使用 SM 模式人工驾驶时要适当减速并鸣笛。

32. 辅助电源系统的定义是什么？

答：辅助电源系统是城轨车辆上的一个必不可少的电气部分，它可为列车空调、通风机、空压机、蓄电池充电器及照明等辅助设备提供供电电源。目前世界上在城轨车辆辅助系统中大都采用绝缘栅双极型晶体管（IGBT）模块来构成。其定义如下：

辅助电源系统是指除为牵引动力系统之外的所有需要电力的负载设备提供电能的系统，包括辅助供电系统和蓄电池系统。

辅助电源系统的电力主要来自牵引供电接触网（或第三轨），经受电弓（或集电靴）进入列车；当电力不来自牵引供电接触网（或第三轨）时，采用外接电源（例如车间电源）或者蓄电池供电。

辅助电源系统的负载设备主要包括：牵引逆变器冷却风扇，辅助逆变器冷却风扇，空气压缩机，空调及各种电动阀门、继电器、接触器，头灯、车厢照明及各种服务性电气设备，以及蓄电池充电机，等等。此外，辅助系统还须为列车控制系统提供不间断的电源。所以说，辅助电源系统是与牵引动力系统同等重要的系统。

采用动力分散型的城轨车辆一般都按列车每个单元组成一个辅助系统，由辅助逆变装置分别向各车厢的负载提供交流电。

33. 辅助电源系统由哪几部分组成？

答：主要有下述三部分：

（1）逆变部分：辅助用电设备大都需要三相 50 Hz，380 V/220 V 交流电源，因而首先要将波动的直流网压逆变为恒压恒频的三相交流电。

（2）变压器隔离部分：为了安全必须将电网上的高压与低压用电设备，尤其是常需人工操作的控制电源的设备，在电气电位上实现隔离。通常采用变压器进行电气隔离，同时也可通过设计不同的匝比以满足电压值的需要。

（3）直流电源（兼作蓄电池充电器）：车辆上各控制电器都由直流电源 DC/DC 供电。车辆上蓄电池为紧急用电所需，所以 DC 110 V 控制电源同时也是蓄电池的充电器。

上述三部分构成完整的辅助供电系统。

34. 地铁信号的作用是什么？

答：信号是指示列车运行与调车工作的命令，它传达指挥者的意图，指示列车运行条件，表示有关行车设备的位置和状态等，是行车指挥的一种形式，有关行车人员必须严格执行。

35. 简述信号系统的基本概念。

答：（1）信号系统：信号是指示列车运行与调车工作的命令，用技术手段保证行车安全、提高行车效率的信息系统叫信号系统。

（2）进路：在车站范围及区间线路上列车由某一指定地点（始端信号机）运行到另一指定地点（终端信号机）所经过的路段。

（3）联锁：为了保证行车安全，在信号机、道岔及进路之间建立的相互制约的关系。其目的是防护进路。

（4）闭塞：按照一定的规律组织列车在区间内运行的技术方法。

（5）长进路：具有延时保护区段的进路，称为长进路。一般为跨联锁区之间的进路。

（6）短进路：具有非延时保护区段的进路，称为短进路。一般为本联锁区里的进路。

（7）联锁站：是指有 SICAS 联锁计算机设备的车站。

（8）设备站：是指有与现场信号机、道岔设备接口的联锁接口设备（不含联锁计算机）的车站。

36. 简述音响信号的鸣示规定。

答：音响信号的长声鸣示时间为 3 s，短声鸣示时间为 1 s，间隔时间为 1 s。重复鸣示时，须间隔 5 s 以上。

起动注意信号：一长声；

退行信号：二长声；

紧急停车信号：连续短声。

37. 信号机按作业目的可分为哪几种？

答：（1）入车厂信号机；

（2）出车厂信号机；

（3）调车信号机；

（4）阻拦信号机；

（5）防护信号机等。

38. 简述调车信号的显示方式。

答：蓝灯—— 禁止越过该信号机；

月白灯—— 允许越过该信号机调车。

39. 简述紧急停车信号手信号显示方式。

答：昼间—— 展开红旗下压数次，无信号旗时，两臂高举头上，向两侧急剧摇动。

夜间—— 红色灯光下压数次，无红色灯光时，用白色灯上下急剧摇动。

40. 简述发车（指示）信号显示方式。

答：昼间—— 展开的绿色信号旗上弧线向列车方面作圆形转动。

夜间—— 绿色灯光上弧线向列车方面作圆形转动。

41. 引导手信号如何显示？

答：昼间—— 展开的黄色信号旗高举头上左右摇动。

夜间—— 黄色灯光高举头上左右摇动。

42. 减速信号应如何显示？

答：昼间—— 展开的黄色信号旗，没有黄色信号旗时，用绿色信号旗下压数次。

夜间—— 黄色信号灯，无黄色信号灯时，用白色或绿色灯光下压数次。

43. 调车信号机故障开放不了，必须越过关闭的信号机时应如何处理？

答：调车信号机故障开放不了，列车必须越过关闭的信号机时，调车员得到车厂值班员通知，确认进路开通后，方可引领列车越过该信号机。

44. 什么是列车冒进信号？

答：有下列情况之一的，属于列车冒进信号：

（1）列车前端任何一部分越过固定信号显示的停车信号或规定的手信号显示地点；

（2）停车列车越过信号机或警冲标（不含因紧急情况扣车、信号突变，致使列车采取紧急制动停车后越出信号机）。

45. 简述微机联锁设备（SIMISPC）的功能。

答：（1）正线不设进、出站信号，只设进路防护信号机。

（2）SICAS 具有追踪进路功能，列车每出清一段轨道电路，进路自动逐段解锁。

（3）车厂与正线连接站的信号接口，设有相互照查进路电路。

46. 简述列车左、右侧的定义。

答：列车的左、右侧是按列车向前牵引的方向定义。列车的左侧是指观察者朝向列车的牵引方向时，观察者左边所对应的一侧，另一侧为列车的右侧。

47. 车辆的Ⅰ端位、Ⅱ端位如何定义？

答：A 车车辆Ⅰ端：指带有全自动车钩的一端，另一端则为Ⅱ端；

B 车车辆Ⅰ端：指与 A 车连接的一端，另一端则为Ⅱ端；

C 车车辆Ⅰ端：指连接半永久牵引杆的一端，另一端则为Ⅱ端。

48. 车站头端墙、尾端墙如何定义？

答：头端墙——按列车运行方向，列车停在车站时头部对应的车站端墙。

尾端墙——按列车运行方向，列车停在车站时尾部对应的车站端墙。

49. 空转/滑行保护如何实现？

答：空转：牵引力大于黏着力，发生空转的轮对转速大于列车速度。

滑行：制动力大于黏着力，发生滑行的轮对转速小于列车速度。

列车的实际速度由 A 车轮轴上速度传感器提供，与动车上的电机速度信号分别比较，判断轮对是否发生空转/滑行。即使在无 A 车轮轴的速度信号时，DCU 仍可采用对 3 个电机速度信号的计算值，作为列车的实际速度。

城轨车辆一般采用一节动车的一台 VVVF 逆变器并联向 4 台牵引电机供电，当 DCU 监测到任一轮对出现电制动滑行时，会向 VVVF 发出降低电制动力的指令，使本车的 4 个轮对的制动力矩同时下降，待滑行消除后再恢复。

电制动严重滑行时，如果黏着力小于 50%，而且时间超过 3 s，DCU 将切除电制动，由 ECU 补充气制动。

50. 防滑系统的作用是哪些？

答：防滑系统用于车轮与钢轨黏着不良时，对制动力进行控制。它的作用如下：

（1）防止车轮抱死。

（2）避免滑动。

（3）最佳地利用黏着，以获得最短的制动距离。

51. 安全停车点与非安全停车点的定义是什么？

答：安全停车点是基于危险点定义的，危险点是不能被超越的点，如果危险点被超越，将会出现危险情况，因此要提供保护区段给的危险点。非安全停车点指在每个车站按照运行方向设置的一个运营停车点。但是，在出站端如果设有信号机，其显示红灯时，安全停车点叠加在该运营停车点上。

52. 《事规》的管理目标是什么？

答：（1）严格规章，严肃纪律。

（2）减少、杜绝各类行车事故的发生。

（3）做到安全、准点、快捷、舒适地为广大乘客服务。

53. 《事规》的管理原则是什么？

答：为贯彻“安全第一，预防为主”的安全生产方针和执行党、政、工、团齐抓共管的原则，各级领导要把安全工作当作首要任务来抓，加强安全管理和安全思想教育，强化职工安全意识。严肃劳动纪律和作业纪律，教育职工自觉执行各项规章制度。

54. “三不放过”的原则是什么？

答：事故原因分析不清不放过，责任者和群众没有受到教育不放过，没有制订防范措施不放过。

55. 对事故分析处理应持什么态度？

答：对事故分析处理拖延、推托责任、姑息纵容、隐瞒不报或不如实反映事故情况者，应予以严肃批评教育或纪律处分。

56. 行车事故分为那几类？

答：按照事故的性质、损失及对行车造成的影响，分为特别重大事故、重大事故、较大事故和一般事故。

57. 何谓点式通信移动闭塞？

答：点式通信移动闭塞（ITC），通过线路上的应答器建立地与车之间的通信，实现 ATP 保护下的 ATO 驾驶。点式移动闭塞组织行车时，正线进路防护信号机正常开放，列车凭地面信号及车载信号运行。

58. 何谓无线通信移动闭塞？

答：无线通信移动闭塞（CTC），通过感应环线或无线通道建立地与车之间的双向连续通信，实现 ATP 保护下的 ATO 驾驶。无线移动闭塞组织行车时，正线进路防护信号机无显示（处于灭灯状态），列车凭车载信号运行。

59. 列车网络控制的主要任务有哪些？

答：（1）实现列车间的自动重联控制（城轨车辆多为固定编组设置，只有少数车型为了能够灵活配置才配置了自动重联功能）。

（2）实现全列车的信息共享和统筹控制。

（3）实现全列车的自检、故障诊断及安全保护控制。

60. 列车诊断控制系统的功能有哪些？

答：网络管理、网络转发、远程输入/输出（非连续信号）、事故记录、数据处理、列车牵引制动控制、监控系统设备、低压接地故障探测、蓄电池监控、远程复位、设备状态管理命令、警报处理、通过触摸显示屏进行警报记录、重大故障通知控制中心、便携式试验设备交换数据、触摸屏显示器人机接口等。

这一系列的功能的最终目的就是实现列车的运行服务功能，提高列车的可利用率。而实现这些功能的核心就是列车系统信息的实时交互和传输。

61. 地铁列车上采用了哪些安全措施？

答：采用的主要安全措施有：自动列车保护（ATP），警惕按钮，自动紧急制动，车门“不动”保护，制动安全电路，电气设备保护性接地，车钩撞击能量吸收功能。

62. 转向架的定义是什么？

答：转向架是城市轨道交通车辆的重要行走部件，列车在线路上行驶时，车体与转向架之间、转向架与轨道之间会产生各种力和位移，转向架即承受并传递这些力和位移，保证列车沿着轨道安全、可靠地运行。转向架类型按轴数分，一般分为单轴转向架、两轴转向架和多轴转向架。城市轨道交通车辆多采用两轴转向架。

63. 转向架的作用是什么？

答：（1）增加车辆的载重、长度和容积，提高列车运行速度。

（2）通过转向架的轴承装置使车轮沿着钢轨的滚动转化为车辆沿线路运动的平动。

（3）支承车体，承受并传递各种载荷及作用力，并使轴重均匀分配。

（4）保证车辆安全运行，能灵活地沿直线线路运行及顺利地通过曲线。

（5）缓和车辆和线路之间的相互作用，减小振动和冲击，减小动应力，提高车辆运行的平稳性和安全性。

（6）充分利用轮轨之间的黏着，传递牵引力和制动力。

64. 直线电机车辆的优点是什么？

答：（1）噪声低。由于省去了传统的机械减速传动机构，轮轨间不传递牵引力，从而减轻轮轨间的磨耗，减少了许多噪声源。

（2）车辆小半径曲线通过能力强。采用线性电机，可采用小轮径的径向转向架，提高车辆通过小半径曲线的能力。

（3）车辆的爬坡能力强。车辆依靠直线电机直接驱动和制动，车轮仅起导向和支承作用，牵引力直接由轨道上的感应轨作用于装在车辆上的定子，所以不受轮轨间的黏着力影响，可产生较高的加、减速度，不会出现车轮打滑现象。

65. 直线电机车辆的缺点是什么？

答：（1）效率低，约为旋转电机效率的70%。直线电机比同样功率旋转电机的耗电量大。

（2）需要在线路的全长范围铺设感应轨，工艺要求高，工程投资大，控制技术复杂，车辆的制造成本高。

66. 列车的牵引工况和制动工况是如何实现的？

答：（1）在牵引工况：从接触网吸收电能，牵引电机作为电动机，将电能转换成机械能，产生牵引力；

（2）在制动工况：停止接触网供电，牵引电机反过来作为发电机，将列车运行的机械能转换为电能，产生制动力。

附录 2　列车司机应知应会

一、列车司机应知

1. 司机出勤应带好的行车备品有哪些？

答：列车门钥匙、手持台、时刻表和司机报单等。

2. 司机出勤准备时要仔细确认什么？

答：应清楚所担当的列车车次、列车号、停放股道、出库方向、发车时间、是否担当运营等。

3. 叫班遵循的原则是什么？

答："一叫，二答，三催，四复查"的原则，确保司机准点出勤。

4. 正线出勤、交接班步骤有哪些？

答：（1）出勤地点根据出勤表确定。

（2）司机根据出勤表出勤，必须在指定时间前到达指定地点，按规定方式出勤。

（3）到达出勤点后，司机抄写行车安全注意事项，确认所接列车车次、接车点时间等。

（4）司机提前 5 min 到交班点，等候交班。

（5）交班时，交接班司机共同确认行车备品完备；交班司机向接班司机简要说明本车状况，有无故障、异常等；有调度命令时，交班司机有责任向接班司机说明清楚。

（6）交班司机立岗，目送列车离开。

5. 出库列车应遵守哪些规定？

答：以 5 km/h 的速度运行至平交道，库门处一度停车，"手比眼看，呼唤应答"，确认信号正确，库门开启，线路无障碍物侵入限界后再次鸣笛，以 5 km/h 动车，待全列车出库后以限速 20 km/h 运行。

6. 地铁列车的高压、中压、低压电压分别为多少？

答：高压为 DC 1 500 V，中压为 400/230 V，低压为 DC 110 V。

7. 哪种制动方式列车的受电弓会自动落弓？

答：紧急制动。

8. 当主风管压力低于 700 kPa 有何现象？

答：当主风管压力低于 700 kPa 时列车紧急制动。

9. B 车的牵引逆变器高压供电转换开关有哪三个位置？

答：车间电源位、接地位、受电弓位。

10. 路票需要确认哪些内容？

答：电话记录号码、车次、使用区间、值班站长姓名、日期和行车专用章。

11. 列车运行中遇信号不明、熄灯、红灯时，司机应如何处理？

答：列车在站场内动车时必须严格按信号显示要求进行。列车运行中如遇信号不明、熄灯、红灯时，司机应立即采取措施将列车停下。

12. 列车驶离车站进入车场，列车司机必须认真确认什么？

答：列车司机必须认真确认车场的入场信号机的显示，确认车场内的进路以及调车信号机的显示状态。

13. ATO功能包括哪几个基本控制功能？

答：ATO功能包括三个基本控制功能，这三个控制功能是相互独立的，分别为：自动驾驶（站间）、自动折返（无人）、车门自动打开。

14. 移动闭塞的三个基本要素是什么？

答：移动闭塞的三个基本要素是列车定位、安全距离、目标点。

15. 当列车部分唤醒时，几分钟后列车重新进入休眠模式？

答：当列车部分唤醒时（仅仅蓄电池，受电弓不升弓），10 min后列车重新进入休眠模式。

16. 最大网压再生制动时，网压限制在多少？

答：网压限制在1 800 V。

17. 列车处于运行状态可在什么情况下进行模式转换？

答：列车处于运行状态，可在没有触发紧急制动的情况下实现从RMF向WM间转换。

18. 列车静止，模式选择CM/RMF/WM/RMR位，按下警惕按钮超过几秒，紧急制动触发？

答：列车静止，模式选择CM/RMF/WM/RMR位，按下警惕按钮超过5 s，紧急制动触发。

19. 蓄电池箱安装在什么车上？

答：蓄电池箱安装在A车和B车上，并且通过自身的充电器充电。

20. 引导信号作用是什么？

答：准许列车进入车站或基地，引导手信号显示：昼间展开黄色信号旗高举头上左右摇动，夜间黄色灯光高举头上左右摇动。

21. 车场内7号道岔与正线9号道岔各限速多少？

答：25 km/h（广州地铁为30 km/h）；30 km/h（广州地铁为35 km/h）。

22. 电制动包括哪些制动？

答：电阻制动和回馈（再生）制动。

23. 列车空气压缩机的正常工作范围是多少？

答：我国地铁列车空气压缩机的正常工作范围主要有两种：一种为8.4 ~ 9.5 bar（如南京）；另一种为7.5 ~ 9 bar（如武汉）。

24. DDU 显示 SPL 黄色时，列车将限速多少？

答：60 km/h。

25. 每个牵引制动箱驱动几台牵引电机？

答：驱动 4 台并联的牵引电机。

26. 当 PCE 探测到车轮出现空转时，有何现象？

答：牵引力将减小，直到空转现象消除。

27. 非限制人工驾驶模式（URM）客车运行限速有何规定？

答：正线运行限速 60km/h；客车通过车站限速 40km/h；客车进站停车限速 35km/h；客车推进限速 25km/h；客车牵引限速 35km/h；客车退行限速 10km/h；引导接车限速 25km/h。

28. 司机室受电弓控制开关有几个位置？

答：有 4 个位置，分别为："无"、"前"位、"升双弓"位、"后"位。

29. 按下司机室对讲按钮时的作用是什么？

答：为启动或结束同另一司机室的对话。

30. 洗车模式的作用是什么？

答：用于列车连挂，洗车时移动列车。

31. 摩擦制动故障指示灯（FBFI）亮黄灯表示什么？

答：表示一辆车的气制动隔离。

32. 限制向前 RMF 模式限速多少？限制向后 RMR 模式限速多少？

答：限制向前 RMF 模式的限速为 25 km/h；限制向后 RMR 模式的限速为 10 km/h。

33. 司机警惕按钮（DMS），除了停车，ATO 或洗车模式外，如果司机将 DMS 松开超过几秒就自动触发紧急制动？

答：如果司机将 DMS 放手超过 3 ~ 5 s 就自动触发紧急制动。

34. 列车挂钩/洗车速度是多少？

答：3 km/h。

35. 停放制动按钮（PBPB）红灯亮时表示什么意思？

答：至少一个停放制动施加。

36. 列车转向架分为哪几种？

答：PB（动力转向架）、TBIN（拖车中间转向架）、TBEX（拖车端部转向架）。

37. 电话联系法行车时，列车进出区间的凭证是什么？

答：路票。

38. 电话联系法行车时，列车进出车场的凭证是什么？

答：电话记录号码。

39. 哪种情况时列车的受电弓会自动落弓？

答：拍蘑菇紧急制动按钮。

40. 主风缸气压低于 4 bar 时，怎么切除停放制动？

答：关断 BC 阀和 PB 阀，然后拉弹簧拉手缓解停放制动。

41. 当失去 1 500 V 电源时，专用逆变器可维持紧急照明多长时间？

答：60 min。

42. 当一节动车故障时，列车将限速多少？

答：60 km/h。

43. 正线 SM 模式运行的速度要求？

答：低于设定速度 5 km/h。

44. 正线 ATP 控车列车倒行有何后果？

答：第一次倒行超过 2 m，会产生紧急制动，第二次以后，每超过 0.5 m，都会产生紧急制动。

45. 地铁列车的驾驶模式一般有哪几种？

答：（1）ATO 模式，即 ATO 自动驾驶模式；

（2）SM 模式，即 ATP 监督下的人工驾驶模式；

（3）RM 模式，即 ATP 限制允许速度的人工驾驶模式；

（4）关断模式（OFF），即无 ATP 监督的非限制速式人工驾驶模式；

（5）AR 模式，即自动折返驾驶模式。

46. RM 模式下客车退行时速度要求是多少？

答：10/25 km/h（推进/牵引）。

47. URM 模式下客车退行时速度要求是什么？

答：10/35 km/h（推进/牵引）。

48. 轨道淹水时，当 50 mm≤h<150 mm（h 为积水面到轨面的高度），怎么处理？

答：列车以限速度 25 km/h 通过。

49. 轨道淹水时，当 h<50 mm（h 为积水面到轨面的高度），怎么处理？

答：列车以限速度 15 km/h 通过。

50. 中压提供给哪些负载？

答：（1）空压机、客室空调、司机室空调；

（2）牵引逆变器风扇、制动电阻风扇；

（3）滤波电抗风扇。

51. 哪些情况下施加紧急制动？

答：（1）违反速度曲线。

（2）超过最高车辆运行速度。

（3）按压位于站台的紧急制动按钮引起紧急停车。

（4）报文传输故障，运行超过 10 m 且时间超过 5 s。

（5）起动方向错误，车辆后退。

（6）列车连挂失败或出现分离情况时。

（7）列车运行时（0.36 km/h$<v<$5 km/h）打开车门。

（8）ATP 车载设备全面的故障。

（9）在手动驱动模式下未按下警惕按钮。

（10）主风管压力 < 7 bar 等。

52. 无折返轨的自动折返（换向）步骤有哪些？

答：（1）列车以 SM 或 ATO 模式进入无折返轨的终端站站台，显示屏出现折返图标和 AR 符号，列车停稳后，自动折返灯亮；

（2）司机按下自动折返按钮；

（3）自动折返灯灭，显示屏上的折返图标出现黄色背景，此时司机可关主控钥匙，到另一驾驶室；

（4）另一驾驶室的自动折返灯闪亮，刚灯亮，这时司机才可开主控钥匙，自动折返灯灭，显示屏显示 SM 模式，换向完成。

53. 有人折返步骤有哪些？

答：（1）列车以 SM 或 ATO 模式进入有折返轨的终端站站台，显示屏出现折返图标和 AR 符号，列车停稳后，自动折返灯亮；

（2）司机按下自动折返按钮；

（3）自动折返灯灭，显示屏上的折返图标出现黄色背景；

（4）关车门后，停车点取消，司机可用 ATO 或 SM 模式驾驶列车进入折返轨至停车点停车，关主控钥匙开关；

（5）另一驾驶室的自动折返灯闪亮，RM 亮，司机开主控钥匙开关，自动折返灯灭，显示屏显示 SM 模式；

（6）信号机 X 开放，停车点取消，司机可用 ATO 或 SM 驾驶列车到站台，有人自动折返完成。

54. 无人折返步骤有哪些？

答：（1）列车以 SM 或 ATO 模式进入站台，显示屏出现折返图标和 AR 符号，列车停稳后，自动折返灯亮；

（2）司机按下自动折返按钮，使自动折返灯灭，显示屏上的折返图标出现黄色背景；

（3）清客，车门关好后，关主控钥匙开关；

（4）离开驾驶室到站台的无人折返钥匙开关处，操作“DTRO”开关；

（5）当进路准备好后，列车自动驶入、驶出折返轨，到达站台停下；

（6）司机进入下行端驾驶室（运行方向），此时自动折返灯闪亮，RM 灯亮，司机开主控钥匙开关，自动折返灯灭，显示屏显示 SM 模式，无人折返完成。

55. 当发生报文故障时，将会出现什么情况？

答：当从轨道至列车的数据传输受干扰或中断时，车载设备将不会接收到任何列车当前的运行信息。系统允许报文故障的时间间隔小于 5 s，且走行距离不超过 10 m。当故障时间间隔大于 5 s，已走行距离超过 10 m，那么 ATP 车载设备将实施紧急制动。

56. 司机在区间看到有人或物侵入限界时应该怎样处理？

答：(1) 在距离较远时，司机应立即减速到随时可停车的速度并鸣笛以示警告，随后将事件情况向行车调度员汇报；

(2) 在距离较近时，司机应立即采取紧急制动停车，随后将事件情况及时向行车调度员汇报；

(3) 司机应立即停车将滞留于区间的人带上第一节客室，到站台后交于车站处理；

(4) 司机应立即停车将异物搬离至轨道两旁（不能侵入限界），确认不侵入限界后方可动车。

57. 尽头线上调车时司机应注意什么？

答：尽头线上调车时，距线路终端应有 10 m 安全距离，遇特殊情况应接近小于 10 m 时，应与司机联系，严格控制速度并采取防溜措施。

58. 客车推进运行的规定是什么？

(1) 严格执行 OCC 行调的调度命令；

(2) 学习司机或另一司机负责在运行方向前端司机室引导，与司机进行不间断联系，遇危及行车安全及人身安全时，立即采取停车措施；

(3) 客车进站前，必须一度停车，确认车站显示机械或人工引导（手）信号；

(4) 严格控制速度，鸣笛进站。

59. 列车退行有何规定？

(1) 列车因故在站间停车需要退行时，司机必须通过车站报告行调，在得到行调的命令后方可退行。行调应及时通知有关车站。

(2) 列车退行进入车站时，车站接车人员应于进站站台端处显示引导信号，列车在进站站台端外必须一度停车，确认引导信号正确方可进站。

(3) 退行列车到达车站后，司机应及时通过车站向行调报告，同时根据行调的命令处理。

60. 向封锁线路发出救援列车时的凭证是什么？

答：向封锁线路发出救援列车时，不办理行车闭塞手续，以行调命令作为进入该封锁线路的许可。

61. 列车救援前司机需向行调汇报的具体内容有哪些？

答：(1) 车次和车号；

(2) 故障地点（区间以百米标为准）；

(3) 故障情况及是否妨碍临线。

62. 救援列车在接近故障车约多少米一度停车？

答：20 m 一度停车。

63. 列车救援时，救援列车在被救援列车尾部推进时速度要求是多少？

答：列车推进限速 25 km/h。

64. 列车救援时，救援列车在被救援列车牵引时列车速度要求是多少？

答：列车牵引限速 45 km/h。

65. 司机库内动车应做到哪四个“确认”？

答：（1）确认股道，列车及触网送电情况；

（2）确认两侧及地沟无人或无障碍物侵入限界；

（3）确认前方进路无人或无障碍物侵入限界；

（4）确认列车驾驶室内无“禁动牌”标志，驾驶台加锁设备正常。（“禁动牌”包括“禁升弓”、“禁动车”。）

66. 对列车进行检查的基本要求是什么？

答：顺序检查，不错不漏；目标明确，灵活熟练；耳听目视，仔细周到；仪表量具，运用自如；判断故障，迅速准确；消除隐患，保证质量。

67. ATO 模式起动列车，必须具备哪些条件？

答：（1）ATP 设备无故障，RM 和 URM 模式没有被激活。

（2）起动程序完整或车站停车时间已经通过，ATP 轨道侧设备已经复位非安全停车点。

（3）进路被设置，ATP 轨旁设备正常。

（4）车门关闭（由车载 ATP 监视）。

（5）主控手柄在“0”位，方向手柄在“向前”位。

（6）“ATO 启动”按钮被点亮。司机按下“ATO 启动”按钮直至灯熄灭。

68. RM 模式驾驶列车，必须具备哪些条件？

答：（1）列车静止。

（2）车载 ATP 无故障。

（3）车门关闭（由车载 ATP 监视）。

（4）RM 模式按钮已经被司机激活。

69. 钥匙开关、方向手柄和主控手柄之间的机械联锁关系是什么？

答：（1）只有当钥匙开关由主钥匙转到“1”位时，方向手柄才能由“0”位推至“前进”位或“后退”位。

（2）只有当方向手柄在“前进”位或“后退”位时，主控手柄才能由“0”位推至“牵引”位或拉至“制动”位，或“快制”位。

（3）只有当主控手柄在“0”位，方向手柄才能回到“0”位；主控手柄、方向手柄都在“0”位时，钥匙开关才能由钥匙转回“0”位。

70. 车辆显示屏车门图标各个颜色的意义？

答：灰色：门关好；

黄色：门打开；

黑色：紧急解锁；

红色：门人工切除；
闪烁红色：门故障；
闪烁黑色：通信中断（接收不到车门状态信号）。

二、列车司机应会

1. 列车司机应会的基本技能有哪些？

答：（1）应熟悉列车检查的路线、程序、方法，能熟练对列车进行日常检查和功能试验。列车功能试验的主要项目有：试灯、照明、广播、应急通风、开、关门试验、制动、牵引动态等试验和测试。

（2）能熟练按列车操作规程驾驶列车，做到规范操作、停车位置准确。

（3）能进行地铁列车一般运行故障与应急故障的处理。

（4）熟悉地铁列车应急与突发事件（如紧急救援、列车火灾、地铁伤亡等）的应急预案、处理流程与处置方法。

2. 如何按规定的检查项目和顺序对列车进行检查？

答：（1）客车整备作业检查路线；
（2）走行部检查；
（3）司机室检查；
（4）客室设备检查。

3. 如何对紧急疏散门进行操作？

答：（1）紧急打开司机室门与疏散门。安全门（梯）位于 A 车 I 位端司机室左前方，与司机室门配合形成一条直线安全通道，使旅客能有方向地到达安全梯。安全门（梯）仅在隧道中的列车处于紧急疏散情况时才用于旅客撤离。

（2）紧急打开客室车门。

（3）组织乘客疏散。

4. 列车收车步骤有哪些？

答：（1）将模式开关打到“关闭”位；
（2）关闭照明、客室空调；
（3）受电弓控制开关扳至“落弓”位，受电弓落下，DDU 显示受电弓落下且网压为“0”；
（4）关闭主控制器钥匙；
（5）按下“列车睡眠”按钮，15 ~ 20 s 后，DDU 及控制台指示灯熄灭，收车完毕。

5. 电动受电弓手动升弓的步骤有哪些？

答：（1）将司机驾驶台升弓开关 PCS 置于升弓位；
（2）司机到 B 车，打开Ⅱ位端右侧设备柜旁上盖板，将摇杆插入人工升弓装置入口内；
（3）司机手持摇杆作顺时针转动，受电弓升起；
（4）当摇到无法摇动时，说明受电弓升到位，司机确认受电弓升到位；
（5）按“自举蓄电池按钮”持续 12 ~ 15 s，辅助逆变器开始工作。

6. 气动受电弓手动升弓步骤有哪些?

答：当蓄电池电源电压≤91 V，主风缸风压≤4.0 bar 时：

（1）到 B 车二位端，用方孔钥匙打开左侧的柜子，将 B 车脚踏泵气路控制塞门从横向位置打向垂向位置，取出脚踏泵。

（2）司机操作脚踏泵，直至受电弓升起。

（3）司机按压充电机紧急启动按钮，当蓄电池电压上升到正常（大于 91 V）之后，激活列车；合主控钥匙，司机台激活；按压受电弓“升”按钮，受电弓保持升起。

（4）确认高压设备工作，压缩机打风（至少 5.0 bar），到 B 车恢复相应设备，锁闭好柜门。

7. 简述故障救援时列车解钩操作程序。

答：（1）解钩前故障列车司机与救援列车司机联系，恢复列车制动后，通知解钩。

（2）救援列车司机可使用自动解钩按钮进行解钩，如该功能故障方可使用手动解钩。

8. 简述车载手提式灭火器的操作方法。

答：操作程序：

（1）选取正确型号的灭火器。

（2）手提灭火器到火场。

（3）离火点 3～4 m 时，撕去灭火器上的封记。

（4）拨出保险销。

（5）一手紧握喷嘴，对准火源，另一手用力握压把，干粉即可喷出，并要迅速摇摆喷嘴，由近而远，向前推移，使粉雾横扫整个火区，很快将火扑灭。

9. 简述故障列车救援前的准备工作的实施程序。

答：（1）在列车运行过程中，如果发生列车故障，司机应在 3 min 内判断出故障能否现场应急处理，如需救援，应立即向行调提出救援申请，并报告故障列车的车次、车号、故障情况、故障地点（区间以百米标为准）、是否妨碍领线以及其他必须说明的事项。

（2）故障列车和救援列车接到救援命令后，在就近车站清客；如故障车在区间内，则等救援列车与故障车连挂后，运行到就近车站清客。清客或在区间停车时，司机要用列车广播向乘客说明清客及停车的原因。

（3）故障列车司机在得到行调救援指令，得知救援的列车开来方向后，要做好救援准备工作。此时故障列车司机仍可进行故障处理，但若处理完毕后，必须汇报行调，得到行调许可后方可按行调指令动车。

（4）故障列车司机打开救援列车开来方向的头灯，进行防护，待救援列车到达，双方联系确认可以连挂后，关闭头灯并关闭司机室钥匙。

10. 简述有人自动折返的操作步骤。

答：列车以 SM 或 ATO 模式进入站台，显示屏出现折返图标和 AR 符号，列车停稳后，自动折返灯亮，司机按下自动折返按钮，使自动折返灯灭，显示屏上的折返图标出现黄色背景，当折返进路排好，信号机开放，停车点取消，关车门后司机可用 ATO 或 SM 模式驾驶列车进入折返轨至停车点停车，关主控钥匙开关，到另一驾驶室。另一驾驶室的自动折返灯闪亮，RM 灯亮，司机开主控钥匙开关，显示屏显示 SM 模式，当进路排好，信号机开放，停车点取消，司机可用 ATO 或 SM 模式驾驶列车到站台停稳后，自动折返完成。

附录 3　主要缩略语对照表

序号	英文缩写	中文描述	序号	英文缩写	中文描述
1	ATC	列车自动控制	23	CI	正线计算机联锁系统
2	ATO	列车自动驾驶	24	CBI	计算机联锁子系统
3	ATP	列车自动保护	25	CLOW	中央联锁工作站
4	ATS	列车自动监控	26	CN	车载网络
5	A/C	空调装置	27	CC	车载控制器
6	A/CU	空调控制单元	28	COAST	惰行
7	A/CMP	空压机	29	CP	压缩机
8	AF	音频	30	CLK	时钟系统
9	APS	辅助电源	31	CCR	中央控制室
10	AXI	辅助逆变器	32	CBTC	基于无线通信的列车控制系统
11	AR	自动折返	33	DCU	牵引控制单元
12	AM	ATO 自动模式	34	DCC	车辆段控制室
13	ACS	计轴系统	35	DTRO	无人驾驶列车折返运行
14	BCU	电-空制动控制单元	36	DTI	发车时间显示器
15	BATT	蓄电池	37	DAB	报警按钮
16	BAS	设备监控系统	38	DBU	辅助逆变器
17	BC	广播控制	39	DCH	司机牵引/制动手柄
18	BZ	制动电阻	40	DMS	司机警惕按钮
19	CCTV	闭路电视系统	41	DIAS	数字式广播装置
20	CCU	中央控制单元	42	DMD（FSM）	动态地图显示屏
21	CAN	控制器局域网	43	ED brake	电制动
22	CPU	中央处理器	44	EDCU	车门控制单元

序号	英文缩写	中文描述	序号	英文缩写	中文描述
45	EED	紧急开门装置	70	LVPS	低压电源
46	EB	紧急制动	71	LVSC	低压系统控制
47	EBCU	电子制动控制单元	72	LCW	现地控制工作站
48	ESB	紧急停车按钮	73	LOW	微机联锁区域操作员工作站
49	EPB	电空制动	74	LCP	站控室控制盘
50	EUS	车门紧急解锁开关	75	MicroLoK	联锁控制器
51	EBA	施加紧急制动	76	MMI	人机界面
52	EL	电子柜	77	MRE	主风管
53	EMI	电磁干扰	78	MR	车载无线台
54	FB	快速制动	79	MVB	多功能列车总线
55	FSB	全常用制动	80	MC	主控制器
56	FTGS	音频无绝缘轨道电路	81	MCB	小型断路器
57	FAS	火灾报警系统	82	NMS	网络管理站
58	GSM	全球移动通信系统	83	NRM	非限制人工模式
59	HVSS	高压选择开关	84	OCC	地铁运营控制中心
60	HV	高压	85	OPS	大屏幕显示系统
61	HDB	保压制动	86	P/AP	气动/主动和被动控制
62	IL	联锁	87	PB	停放制动
63	ILC	联锁控制器	88	P/B	牵引/制动系统
64	I/O	输入/输出	89	PECU	乘客紧急通话单元
65	iATP	点式 ATP	90	PIS	乘客信息系统
66	IBP	综合后备控制盘	91	PTI	车地通信系统
67	LCD	液晶显示器	92	PCE	牵引控制
68	LAN	局域网	93	PANT	受电弓
69	LOS	车门切除行程开关	94	PSCADA	电力监控系统

序号	英文缩写	中文描述	序号	英文缩写	中文描述
95	PSD	站台屏蔽门	117	TOD	列车司机显示器
96	PSL	屏蔽门就地控制盘	118	TI	牵引变流器
97	PA	广播	119	TIS	列车信息系统
98	P/AP	气动/主动和被动控制	120	TL	列车线
99	PWM	脉宽调制	121	TOD	列车司机显示器
100	PC	便携式计算机	122	TIMS	列车综合管理系统
101	PM（SM）	ATP 保护下的人工驾驶模式	123	TMS	列车管理系统
102	RTU	远程控制单元	124	TCMS	列车监督控制系统
103	R	继电器	125	TCC	地铁线网应急指挥中心
104	RM	限制人工驾驶模式	126	TSR	临时速度限制
105	RF	无线电频率、射频	127	URM（NRM）	非限制人工驾驶模式
106	RX	车辆	128	UPS	不间断电源
107	SBD	安全制动距离	129	VR	列车调整
108	S、X	信号机	130	VCBS	重要旁路开关
109	S	开关	131	VVVF	牵引逆变器
110	SI	国际标准	132	VCUT	列车控制单元故障诊断
111	SER	信号设备室	133	VCC	车辆控制中心
112	SMC	系统管理中心	134	VTCU	列车控制单元
113	STC	车站控制器	135	W	转辙机
114	SICAS	西门子计算机辅助信号联锁系统	136	WSP	防滑保护
115	SCR	车站控制室	137	WDS	综合图文显示屏
116	SBA	施加常用制动	138	ZC	区域控制器

附录4　主要专业用语说明

序号	术　语	定　义
1	行车调度员	负责行车指挥工作的专职人员
2	电力调度员	负责供电系统的管理和调度的专职人员
3	设备调度员	设备的维修、检查、施工的组织实施的专职人员
4	环控调度员	负责环境监测、控制系统的管理和调度的专职人员
5	司机	驾驶列车运行的专职人员，有客车、工程车司机
6	车长	工程车开行时指挥列车运行及监视装载货物的安全，推进运行时负责引导瞭望的人员
7	值班站长	车站当值的负责人，下设行车、客运值班员、站务等
8	车站值班员	车站行车及客运值班员，协助值班站长管理行车及客运工作的人员
9	值班主任	OCC调度指挥当值负责人，下设行车、电力、环控等调度员
10	引导员	客车故障或救援需要司机在列车尾部驾驶推进运行时，在客车前端瞭望，与司机随时保持联系控制列车运行及停车的人员
11	行车凭证	列车占用前方进路的凭据
12	手信号	利用手信号灯、信号旗或手势发出的信号
13	固定信号	永久装于特定位置用来控制列车运行的信号，为信号系统的一部分
14	运营时刻表	列车在车站（车场）出发 、到达（或通过）及折返时刻的集合
15	客车	指在正线上运行的客车、工程车、救援列车、调试列车等
16	列车	指可载客运行的列车，由两个牵引单元，每单元由2～3节车厢组成。多采用四动二拖的编组型式
17	工程车	以内燃机为动力，用于调车、救援等作业的轨道车
18	备用车	用于替换故障客车或在需要加开时使用的客车
19	运用车	使用车和备用车总称运用车
20	使用车	按列车运行图上线运行的列车
21	检修车	在基地内大修、中修、架修各种检修及临修等车辆统称为检修车

序号	术 语	定 义
22	机车	指有内燃机动力的车辆，用来调车和牵引车辆运行
23	关门车	关闭截断塞门而失去制动能力的车辆
24	道岔	是一种使机车车辆从一股道转入另一股道的线路连接设备
25	进路	列车和调车车辆由某一指定地点运行至另一指定地点所经过的路段称为进路
26	联锁	信号系统中的信号机、道岔和进路之间建立一定的相互制约关系
27	联锁控制站	在 ATC 模式或后退模式下，集中控制道岔和办理进路的车站
28	监控员	指采用 URM 模式驾驶时，协助司机瞭望信号，监控列车运行速度及运行安全的人员。由车站胜任人员担任
29	站控室控制盘	LCP 设于站控室控制台上，设有扣车、取消扣车、紧急、取消紧停、灯泡测试等按钮，与站台 ESB 相连通
30	转换轨	连接正线及车辆段/停车场的一段轨道。在 ATC 模式下，列车在转换区实现车场与正线信号系统的转换
31	整备作业	列车、机车、车辆、轨道车等在出乘前所进行的一切检查、试验、清扫等整理与准备作业
32	限速	在区间慢行地段、长大下坡道和道岔区段，为保证行车安全，列车运行不得超过限定速度的运行方式
33	限界	为保证安全，规定车辆、设备及建筑物等不能超出（侵入）的轮廓线
34	后退模式	在 ATC 模式因故不能使用时，利用固定闭塞原理组织行车的一种方式
35	闭塞	按照一定的规律组织列车在区间内运行的技术方法
36	电话闭塞法	因信号 SICAS 故障，采用电话闭塞法组织行车。列车凭路票占用区间，司机以 URM 模式驾驶列车运行
37	电话联系法	基地与正线站之间，列车的行车组织办法，列车占用区间线路的行车凭证为电话记录号码。
38	路票	在采用大区间闭塞和电话闭塞行车时列车进入区间的凭证
39	推进运行	在列车尾部驾驶室操纵列车运行，或救援列车在被救援客车尾部推进运行
40	退行	列车与原运行方向相反运行为退行，退行可以推进或牵引运行
41	反方向运行	列车运行进路分为上、下行方向运行，如违反常规运行方向的称反方向运行
42	头端墙	按列车运行方向，列车停在车站时头部对应的车站端墙
43	尾端墙	按列车运行方向，列车停在车站时尾部对应的车站端墙

序号	术 语	定 义
44	信号装置	一般分为信号机和信号表示器两类
45	信号机	用于指挥列车运行，信号开放时允许列车通过进路，信号关闭时禁止列车通过进路
46	防护信号	道岔前端具有出发防护功能的信号机简称为“防护信号”
47	阻挡信号	指示列车停车，且具有阻挡作用的信号机简称为“阻挡信号”
48	出段信号	车辆段与正线分界处的信号机简称为“出段信号”
49	入段信号	正线与车辆段分界处的信号机简称为“入段信号”
50	出库信号	列车在正线停车线折返的发车或列车由停车库发车所需确认的信号机简称为“出库信号”
51	入库信号	正线车站信号显示黄灯时，列车进入折返线司机确认的发车信号机简称为“入库信号”
52	信号机内(外)方	信号机防护的一方为内方，相反的为外方
53	列车折返	通过道岔的转换、进路改变，列车由一条线路运行至另一条线路运营的方式称为列车折返，包括站前折返和站后折返
54	刚性接触网	将传统断面的接触网导线镶嵌在铝合金汇流排上，再悬挂于轨道上方给列车传输电能的架空线路
55	柔性接触网	在轨道上方由接触线、承力索、馈线、架空地线等组成并向列车传输电能的架空线路

附录 5　电话闭塞法组织行车时车站接发车作业程序

表一　车站发车作业程序

程序	作业标准	
	值班站长	值班员（站务员）
请求闭塞	1.根据《行车日志》确认区间线路空闲	
	2.向接车站请求闭塞“××次闭塞”	
准备发车进路	3.布置值班员“准备××次发车进路”	4.复诵“准备××次发车进路”
	5.听取汇报，复诵“××次××道发车进路好了，线路出清”	6.将进路上的道岔及防护道岔开通正确位置并加锁。经确认正确后，向值班站长报告“××次××道发车进路好了，线路出清”
办理闭塞	7.复诵接车站发出的电话记录。“电话记录××号，××分同意××次闭塞”	
	8.填写《行车日志》，对照《行车日志》，填写路票	
列车出发	9.向值班员交付路票并共同核对	10.接受路票并检查核对
	11.指示值班员发车	
	12.列车出发后，向接车站行调报点，“××次××分开”	13.征得值班站长指示发车的同意后，向司机递交路票，显示发车信号
开通区间	14.复诵车站列车到达时刻及号码“电话记录××号××次××点××分到”，填写《行车日志》	
	15.填写《行车日志》，确认区间开通	

表二　车站接车作业程序

程　序	作业程序及用语	
	值班站长（值班员）	值班员（站务员）
听取闭塞预报	1.听取发车站闭塞请求复诵××次闭塞	
	2.根据《行车日志》和LOW确认区间空闲	
检查及准备进路	3.布置值班员（站务员）：“检查××道，准备××次接车进路”	
		4.检查线路空闲将进路上的道岔及防护道岔开通正确位置并加锁。经确认正确，向值班站长报告“××次××道接车进路好了，线路出清”
	5.听取汇报后，复诵“××次××道接车进路好了，线路出清”	
承认闭塞	6.承认闭塞“电话记录××号××点××分同意××次闭塞”	
	7.填写《行车日志》准备接车	
引导接车	8.听取发车站发车通知，填写《行车日志》	
	9.布置值班员“××次开过来，引导接车”	10.复诵“××次开过来，引导接车”
		11.显示引导信号，监视列车进站停车，收回路票　打“×”作废
开通区间	12.填写《行车日志》，报发车站“电话记录××号××次××点××分到”向行调报点	13.向值班站长交回路票
	14.收回路票	

附录 6 正线呼唤应答标准用语

序号	呼唤时机	呼唤用语	手比	备注
1	道岔防护信号	绿灯	√	按正常速度通过
		黄灯，注意限速	√	控制速度（低于 25 km/h）
		红灯	√	立即停车
2	列车接近道岔时	道岔好	√	非正常情况下道岔必须呼唤
		停车		道岔位置显示不正确时，停车
3	距离开车 15 秒时	关门		按压关门按钮
4	车门关好时	车门关好 无夹人夹物，空隙安全	√	需确认安全门与车门之间空隙安全
5	站台门关好时	站台门关闭灯亮	√	需确认站台门 PSL 上站台门关闭灯亮
6	进入司机室	门关好灯亮 有速度码	√	原则上必须在站台确认，如因光线等原因在站台无法确认时，可进入司机室内确认
7	列车接近站台时	进站注意		
8	列车接近站台中部时	对标停车	√	ATO 时注意 MMI 上目标速度为“0”，目标距离变红，控制速度，准备停车
9	列车停稳开门时	开左（右）门	√	司机需执行先上站台后开门的作业标准
10	车门打开立岗时	车门打开，安全门打开	√	2 次手比，移位确认
11	列车接近进（出）场信号机时	黄灯（白灯）	√	
12		红灯停车	√	列车必须在红灯前停车
13	终点站折返前	确认折返		图标出现黄色背景
14	列车折返换端两司机交接时	设备正常，安全无事		由交班司机确认设备正常后向接班司机交班

附录 7　车场内呼唤应答标准用语

序号	呼唤时机	呼唤用语	手比	备注
1	整备完了	出库（场）准备好了	√	确认车上、车下、驾驶室、地沟安全，人员到岗
2	库门前	一度停车	√	列车必须在库门前/一度停车牌前/平交道口前停车
3	平交道口前			
4	一度停车牌			
5	入库库门前	库门好		确认库门开启位置正确，无接地棒
		红灯亮	√	
6	列车接近道岔时	道岔好	√	
7		停车		道岔位置显示不正确时，立即停车
8	列车接近调车信号机时	白灯	√	
9		红灯停车	√	列车必须在红灯前停车
10	列车进入尽头线	尽头线注意		自进入该线起，控制好速度，准备停车

说明：

1. 手比方式为：左手握拳，食指中指并拢平伸，指尖需指向确认内容。（上海地铁规定手比方式：五指并拢，并伸直手臂分别指向确认内容。具体手比方式按公司规定执行。）

2. 列车进出库停车规定：

（1）入库列车需在 5 km/h 限速牌、库门前分别停车 1 次。

（2）列车出库，动车至库门前、库门外平交道口前各停车 1 次。

附录 8 司机报单

司机报单

N0: 00001　　　　　　　　　　　　　　　　　　　　日期: 20____年____月____日

<table>
<tr><td>代码</td><td></td><td></td><td></td><td colspan="3">派班员签章</td></tr>
<tr><td>姓名</td><td></td><td></td><td></td><td>出勤时间</td><td colspan="2"></td></tr>
<tr><td>职务</td><td></td><td></td><td></td><td>退勤时间</td><td colspan="2"></td></tr>
<tr><td>序号</td><td>车组号</td><td>车次号</td><td>始发站</td><td>时间</td><td>终点站</td><td>时间</td></tr>
<tr><td>1</td><td></td><td></td><td></td><td></td><td></td><td></td></tr>
<tr><td>2</td><td></td><td></td><td></td><td></td><td></td><td></td></tr>
<tr><td>3</td><td></td><td></td><td></td><td></td><td></td><td></td></tr>
<tr><td>4</td><td></td><td></td><td></td><td></td><td></td><td></td></tr>
<tr><td>5</td><td></td><td></td><td></td><td></td><td></td><td></td></tr>
<tr><td>6</td><td></td><td></td><td></td><td></td><td></td><td></td></tr>
<tr><td>7</td><td></td><td></td><td></td><td></td><td></td><td></td></tr>
<tr><td>8</td><td></td><td></td><td></td><td></td><td></td><td></td></tr>
<tr><td>9</td><td></td><td></td><td></td><td></td><td></td><td></td></tr>
<tr><td>10</td><td></td><td></td><td></td><td></td><td></td><td></td></tr>
<tr><td>11</td><td></td><td></td><td></td><td></td><td></td><td></td></tr>
<tr><td>12</td><td></td><td></td><td></td><td></td><td></td><td></td></tr>
<tr><td>13</td><td></td><td></td><td></td><td></td><td></td><td></td></tr>
<tr><td>14</td><td></td><td></td><td></td><td></td><td></td><td></td></tr>
<tr><td colspan="2">本班工时</td><td colspan="2"></td><td colspan="2">走行公里数</td><td></td></tr>
<tr><td colspan="7">行车记录</td></tr>
</table>

附录 9　客车状态记录卡

电客车状态记录卡

____年____月____日　　　　　　　　　　编号：

<table>
<tr><td>车次：</td><td>停放位置：</td><td>道　　段</td><td colspan="2">出车辆段方向：</td><td></td></tr>
<tr><td colspan="6">______________电客车技术状态良好，符合运行条件。

检修调度员：__________　　______年______月______日

车辆段调度员：__________　　______年______月______日</td></tr>
<tr><td colspan="2">Ⅰ位端驾驶室公里表计数　　km</td><td rowspan="2">备注</td><td colspan="3" rowspan="2"></td></tr>
<tr><td colspan="2">Ⅱ位端驾驶室公里表计数　　km</td></tr>
</table>

附录 10　车辆故障报告单

车辆故障报告单

____年____月____日　　　　　　　　　　　　　　　　编号：

序号			车辆状态	故障描述
1	车卡号		牵引	
	车次号		制动	
	故障时间		惰行	
	故障等级		停车	采取措施：　　　　报告人：
2	车卡号		牵引	
	车次号		制动	
	故障时间		惰行	
	故障等级		停车	采取措施：　　　　报告人：
3	车卡号		牵引	
	车次号		制动	
	故障时间		惰行	
	故障等级		停车	采取措施：　　　　报告人：
4	车卡号		牵引	
	车次号		制动	
	故障时间		惰行	
	故障等级		停车	采取措施：　　　　报告人：
5	车卡号		牵引	
	车次号		制动	
	故障时间		惰行	
	故障等级		停车	采取措施：　　　　报告人：

参考文献

[1] 徐安. 城市轨道交通电力牵引[M]. 北京：中国铁道出版社，2005.
[2] 苏桃. 列车牵引计算与操纵[M]. 北京：中国铁道出版社，2008.
[3] 上海申通地铁集团有限公司. 城市轨道交通电动列车驾驶[M]. 北京：中国铁道出版社，2010.
[4] 人力资源和社会保障部教材办公室，广州地下铁道总公司. 城市轨道交通概论[M]. 北京：中国劳动社会保障出版社，2009.